彩图 1 比亚迪 e5 纯电动汽车

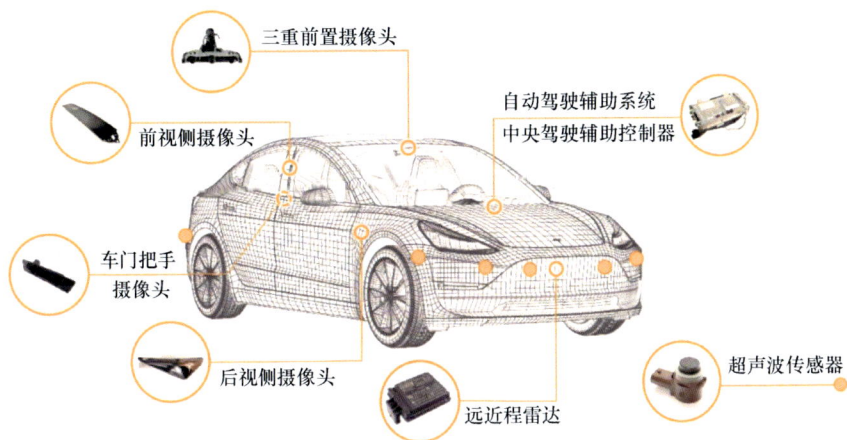

三重前置摄像头

前视侧摄像头

自动驾驶辅助系统
中央驾驶辅助控制器

车门把手
摄像头

后视侧摄像头

远近程雷达

超声波传感器

彩图 2 特斯拉 model 3 电动汽车

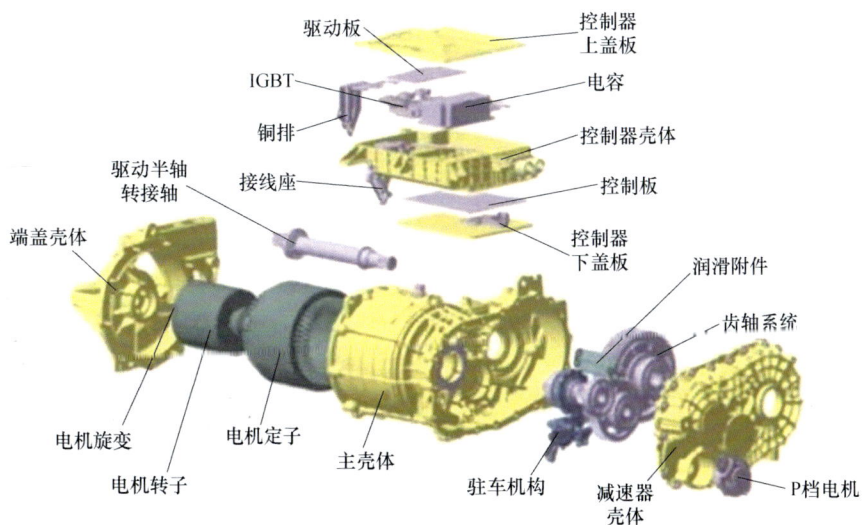

驱动板

控制器上盖板

IGBT

电容

铜排

控制器壳体

驱动半轴
转接轴

接线座

控制板

端盖壳体

控制器下盖板

润滑附件

齿轴系统

电机旋变

电机转子

电机定子

主壳体

驻车机构

减速器壳体

P档电机

彩图 3 电驱动系统（含驱动电机及其控制系统、传动总成）

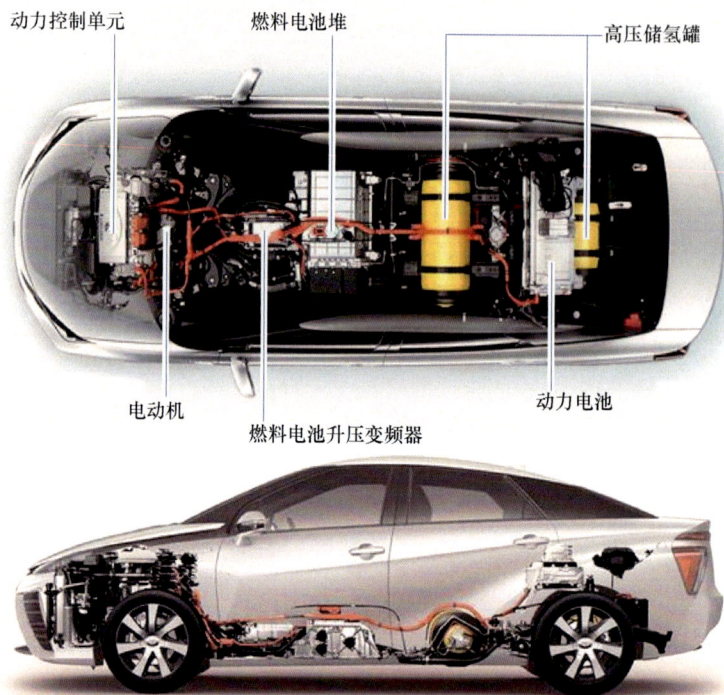

动力控制单元　　　燃料电池堆　　　　　　　　高压储氢罐

电动机　　　　　　　　　　　　　　　　　　　动力电池

燃料电池升压变频器

彩图 4　丰田 Mirai 氢燃料电池电动汽车

彩图 5　百度（Apollo）无人驾驶汽车

新工科·普通高等教育汽车类系列教材

新能源汽车技术

丛书主编　王海林　蔡兴旺

本书主编　吴伟斌

副 主 编　蔡位子　侯俊伟

参　　编　刘志军　周　俊

主　　审　蔡兴旺

机械工业出版社

全书共 7 章，系统介绍了新能源汽车的发展概况，以及纯电动汽车、混合动力电动汽车、燃料电池电动汽车和智能网联汽车等的基本结构和工作原理，重点介绍了电动汽车的动力电池及其管理系统、驱动电机与动力控制系统和整车控制系统的结构原理、关键技术和系统匹配，同时介绍了智能网联汽车技术在新能源汽车方面的融合和结构原理。

本书可作为普通高等院校应用型本科汽车类各专业的专业基础或专业教材，也可作为高职高专、成教、职大、中专技校及汽车培训机构的参考教材。

本书附带大量视频资料，生动、形象地展示了新能源汽车各总成与零部件的构造、工作原理、拆装与部分实验调试，可直接扫码观看，方便教师授课和学生课外学习。

图书在版编目（CIP）数据

新能源汽车技术/吴伟斌主编. —北京：机械工业出版社，2023.7
（2025.8 重印）
新工科·普通高等教育汽车类系列教材
ISBN 978-7-111-73167-2

Ⅰ.①新⋯ Ⅱ.①吴⋯ Ⅲ.①新能源-汽车-高等学校-教材
Ⅳ.①U469.7

中国国家版本馆 CIP 数据核字（2023）第 082776 号

机械工业出版社（北京市百万庄大街 22 号　邮政编码 100037）
策划编辑：宋学敏　　　　　　责任编辑：宋学敏　戴　琳
责任校对：张爱妮　张　薇　　封面设计：张　静
责任印制：常天培
河北虎彩印刷有限公司印刷
2025 年 8 月第 1 版第 3 次印刷
184mm×260mm·11.25 印张·1 插页·273 千字
标准书号：ISBN 978-7-111-73167-2
定价：39.00 元

电话服务　　　　　　　　　　网络服务
客服电话：010-88361066　　　机　工　官　网：www.cmpbook.com
　　　　　010-88379833　　　机　工　官　博：weibo.com/cmp1952
　　　　　010-68326294　　　金　书　网：www.golden-book.com
封底无防伪标均为盗版　　机工教育服务网：www.cmpedu.com

前　言

由王海林、蔡兴旺、刘仁鑫、吴伟斌、杜灿谊、李锦等教授主编的"汽车构造与原理"系列丛书从 2004 年出版到 2019 年，历经 3 次修订，不断完善和改进，受到全国广大师生的认可和好评，其中《汽车构造与原理实训》《汽车构造与原理（上册　发动机）》被教育部评为"普通高等教育'十一五'国家级规划教材"，《汽车构造与原理实训》还被评为普通高等教育精品教材。

近年来，随着汽车专业教学改革的不断深入，大量本科院校不断转型，着力于加强技术技能型人才的培养，加上汽车新技术和新结构不断涌现，为了适应新形势下汽车相关专业教学改革需要，对原系列丛书进行第 4 次修订。本次修订，根据现行的教学需求重新组织了教材构架形成了新工科背景下的"汽车构造与原理"系列丛书（以下简称"本丛书"）。

本丛书由《汽车构造与原理（上册　发动机）》《汽车构造与原理（下册　底盘　车身）》《汽车电器与电子控制技术》《新能源汽车技术》《智能网联汽车技术》共5 册组成，另外还有相应的实训（网络出版物）。本丛书以乘用车为主，将汽车的构造与原理有机融合，系统地介绍了现代汽车的结构、工作原理、日常使用维护、常见故障与部分主要检查调整以及拆装等内容，突出了现代汽车电子控制技术及新一代高压共轨电控柴油机、直喷汽油机、可变气缸控制、车辆动态集成控制、车载网络、智能起动系统、新能源汽车和智能网联汽车等新结构、新技术的介绍。本丛书主要突出以下理念：

1）以国家教育事业发展"十四五"规划为指导，以社会需求为目标，从学生学习视角组织教材内容。

2）以问题为导向和体例，以培养学生技术应用能力为主线，着力提高学生的应用水平、实践技能、创新能力和综合素质。

3）理论紧密结合实践，教材配套相应的实训（网络出版物），围绕汽车结构原理学

习的需要，组织学生自己动手检索资料，进行汽车和零部件组装、拆解和部分检测，培养学生的动手能力、劳动观念、团队协作和创新精神。

4）精简和删除陈旧内容，将学科、行业的新标准、新知识、新技术、新成果写入教材。注重传授获取知识和创新知识的方法，同时注重知识的传承，梳理技术发展的脉络，体现追求卓越的科学精神。

5）按照学生的认知规律进行教材设计，由感性至理性，实用性、实践性、科学性、先进性、思想性、趣味性、人文交融性相结合，尤其注意融入社会主义的思想导向和价值观。

6）教材风格新颖、活泼、通俗、精练，多采用图表，重要内容配备了相关视频。教材配套了课件和教师参考资料等，方便教学和学生自学。

本丛书由王海林、蔡兴旺两位教授担任主编。

本书由吴伟斌教授担任主编，蔡位子、侯俊伟担任副主编，蔡兴旺教授担任主审。参加编写人员有：吴伟斌（第4、5章）、蔡位子（第3章）、侯俊伟（第6、7章）、刘志军（第1章）、周俊（第2章）。

本书的编写及视频、课件制作得到了广东省教育厅、广州汽车工业集团有限公司、机械工业出版社、清华大学、华南理工大学、华南农业大学、江西农业大学、韶关学院、广东技术师范大学、温州大学、广东科贸职业学院、顺德东升汽车修理厂、广州智维电子科技有限公司、深圳市风向标科技有限公司等单位的大力支持与帮助，在此深表感谢。本书参考了国内外一些工厂、研究所、大专院校的产品图样和试验研究资料，在此谨致深切的谢意。

本书涉及面广，加之编者水平有限，书中疏忽谬误之处在所难免，敬请广大读者批评指正。

编　者

缩略语

AC——逆变器（Alternating Current）

AFC——碱性燃料电池（Alkaline Fuel Cell）

BEV——纯电动汽车（Battery Electric Vehicle）

BMS——电池管理系统（Battery Management System）

BMU——电池管理控制器（Battery Management Unit）

BMB——电池监控板（Battery Monitor Board）

BCU——从控盒（Battery Control Unit）

CAN——控制器局域网络（Controller Area Network）

CID——车载信息终端系统（Car Information Device）

CNG——压缩天然气（Compressed Natural Gas）

CNGV——压缩天然气汽车（Compressed Natural Gas Vehicle）

CSC——单体管理系统（Cell Supervision Circuit）

DC——直流斩波器（Direct Current）

DSP——数字信号处理（Digital Signal Processing）

DM——双模（Dual Mode）

DOD——放电深度（Depth Of Discharge）

DMFC——甲醇燃料电池（Direct Methanol Fuel Cell）

ECU——电子控制单元（Electronic Control Unit）

EMB——电子机械制动（Electromechanical Braking）

FCEV——燃料电池电动汽车（Fuel Cell Electric Vehicle）

GTR——功率晶体管（Giant Transistor）

HEV——混合动力电动汽车（Hybrid Electric Vehicle）

IGBT——绝缘栅极双极型晶体管（Insulated Gate Bipolar Transistor）

IrDA——红外数据组织（Infrared Data Association）

IVU——高压盒/电流电压采集单元（Intensity Voltage Unit）

LNGV——液化天然气汽车（Liquefied Natural Gas Vehicle）

LTE-V——高清通话（Voice over Long-Term Evolution）

MOSFET——电力场效应晶体管

MCFC——熔融碳酸盐燃料电池（Molten Carbonate Fuel Cell）

MEA——膜电极（Membrane and Electrode Assembly）

NFC——近距离无线通信技术（Near Field Communication）

MCU——微控制单元（Micro Controller Unit）

PWM——脉宽调制信号（Pulse Width Modulation）

PTC——正的温度系数（Positive Temperature Coefficient）

PSHEV——混联式混合动力电动汽车（Parallel Series Hybrid Electric Vehicle）

PHEV——并联式混合动力电动汽车（Parallel Hybrid Electric Vehicle）

PEMFC——质子交换膜燃料电池（Proton Exchange Membrane Fuel Cell）

PAFC——磷酸燃料电池（Phosphoric Acid Fuel Cell）

PEU——集成式控制系统（Power Electronics Unit）

RFID——射频识别系统（Radio Frequency Identification System）

SOC——荷电状态（State of Charge）

SOH——健康状态（State of Health）

SHEV——串联式混合动力电动汽车（Series Hybrid Electric Vehicle）

SOFC——固体氧化物燃料电池（Solid Oxide Fuel Cell）

TNGA——丰田新全球架构（Toyota New Global Architecture）

UWB——无线载波通信技术（Ultra Wide Band）

VCU——整车控制器（Vehicle Control Unit）

V2I——专用短程通信技术（Dedicated Short Range Communication）

V2P——从虚拟到物理（Virtual to Physical）

V2V——从虚拟到虚拟（Virtual to Virtual）

V2X——未来智能交通运输系统的关键技术（Vehicle to Vehicle）

Wi-Fi——无线上网（Wireless-Fidelity）

YSZ——氧化钇稳定的氧化锆（Yttria Stabilized Zirconia）

ZigBee——紫蜂协议

教学资源

为方便教师教学和学生自学，本书根据实际教学过程的内容安排配备了教学资源，见下表。同时，在正文中设置了"温馨提示"栏目，以提示教师教学和学生自学过程中进行观看。

第 1 章　新能源汽车概论					
序号	名　　称	二维码	序号	名　　称	二维码
1.1	新能源汽车分类识别		1.2	电动汽车仪表盘识读	

第 2 章　新能源汽车结构原理					
序号	名　　称	二维码	序号	名　　称	二维码
2.1	纯电动汽车结构认识与使用		2.3	燃料电池电动汽车结构原理	
2.2	混合动力电动汽车结构认识与使用				

第 3 章　动力电池及其管理系统					
序号	名　　称	二维码	序号	名　　称	二维码
3.1	比亚迪 e5 电动汽车动力电池内部组成及结构认识		3.4	电动汽车充电系统组成与结构认识	
3.2	特斯拉电动汽车动力电池系统结构原理		3.5	电动汽车充电系统拆装与检测	
3.3	电动汽车动力电池系统拆装与检测		3.6	电动汽车高压分配系统结构原理	

（续）

第4章　驱动电机与动力控制系统

序号	名　　称	二维码	序号	名　　称	二维码
4.1	驱动电机结构原理		4.3	驱动电机及其控制系统拆装	
4.2	驱动电机控制系统结构原理		4.4	驱动电机及其控制系统检测	

第5章　电动汽车整车控制系统

序号	名　　称	二维码	序号	名　　称	二维码
5.1	整车控制器拆装与检测		5.2	整车控制系统结构介绍	

第6章　其他高压与电动化部件

序号	名　　称	二维码	序号	名　　称	二维码
6.1	电动变频空调压缩机结构与工作原理		6.5	电动助力转向器拆装与检测	
6.2	电动空调压缩机的拆装与检测		6.6	制动系统电动真空泵的拆装与检测	
6.3	电辅助加热器拆装与检测		6.7	比亚迪BSC系统结构与工作原理	
6.4	电动助力转向系统结构与工作原理				

第7章　智能网联汽车技术

序号	名　　称	二维码	序号	名　　称	二维码
7.1	智能网联汽车总体结构原理		7.2	无人驾驶汽车	

（续）

序号	名　　称	二维码	序号	名　　称	二维码
第 7 章　智能网联汽车技术					
7.3	视觉传感器结构原理		7.10	线控换档系统结构原理	
7.4	超声波雷达结构原理		7.11	线控制动系统结构原理	
7.5	激光雷达结构原理		7.12	汽车自适应巡航控制系统组成	
7.6	环境感知系统传感器的拆装与检测		7.13	汽车自动制动辅助系统组成与控制原理	
7.7	GPS卫星导航系统组成与原理		7.14	汽车平视显示系统组成与工作原理	
7.8	线控节气门控制系统结构原理		7.15	汽车自动泊车辅助系统组成与工作原理	
7.9	线控转向系统结构原理		7.16	无人驾驶物流配送车工作	

目　录

第1章　新能源汽车概论

【本章内容架构】

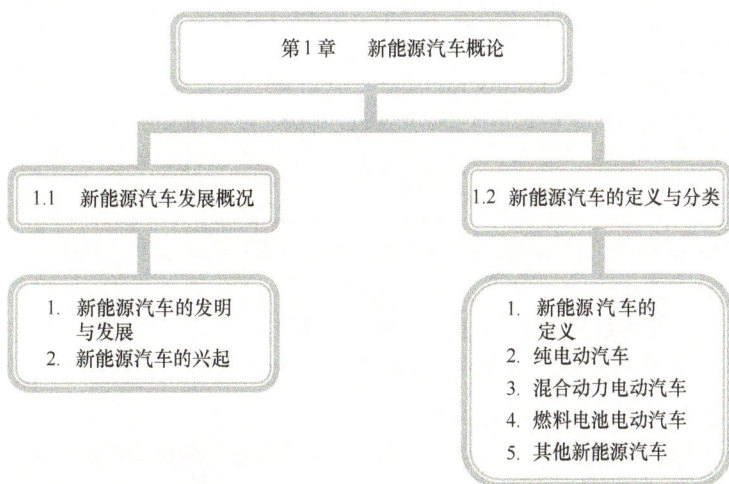

```
┌─────────────────────────────┐
│  第1章　新能源汽车概论        │
└─────────────────────────────┘
         │
    ┌────┴─────────────────────────┐
    │                              │
┌──────────────────┐      ┌──────────────────────┐
│ 1.1 新能源汽车发展概况 │      │ 1.2 新能源汽车的定义与分类 │
└──────────────────┘      └──────────────────────┘
    │                              │
┌──────────────────┐      ┌──────────────────────┐
│ 1. 新能源汽车的发明  │      │ 1. 新能源汽车的        │
│    与发展          │      │    定义              │
│ 2. 新能源汽车的兴起  │      │ 2. 纯电动汽车         │
│                  │      │ 3. 混合动力电动汽车     │
│                  │      │ 4. 燃料电池电动汽车     │
│                  │      │ 5. 其他新能源汽车       │
└──────────────────┘      └──────────────────────┘
```

【学习目标要求、重点与难点】

序号	学习目标要求	学习重点	学习难点
1	了解新能源汽车的发明、发展与兴起		
2	掌握新能源汽车的定义与分类	√	
3	掌握纯电动汽车、混合动力电动汽车、燃料电池电动汽车的定义与区别	√	√
4	了解其他新能源汽车		

案例：2003 年，美国硅谷成立了一家独具一格的汽车公司，名为特斯拉。彼时创始人艾伯哈德由于没有建造电动汽车所需的资金和材料制造经验，导致特斯拉公司濒临破产。2004 年，埃隆·马斯克向艾伯哈德团队投资 630 万美元，并成为公司董事长。如今特斯拉公司市值已达 1 万亿美元，是排名第二的丰田汽车公司市值的 4 倍多。请畅想新能源汽车未来的发展趋势。

1.1 新能源汽车发展概况

知识点 1 新能源汽车的发明与发展

一百多年前，汽车的出现改变了世界，促进了全球经济和社会发展，世界上第一辆机动车就是电动汽车，是最古老的汽车之一。电动汽车由于受到当时的技术水平和社会环境所限，不适应长距离行驶，发展几乎停滞不前。随着世界经济高速发展，由于内燃机汽车长期消耗大量的不可再生能源，汽车尾气的排放对人类健康和生活也构成了威胁，使用清洁能源、低排放的新能源汽车被世界各国重新重视起来。随着车用动力电池技术飞速发展，汽车电气化水平不断提高，新能源汽车在电机、电池等关键技术上不断取得突破，新能源汽车又迎来了新的发展机遇。

电动汽车诞生于 1834 年，由美国人托马斯发明，比内燃机汽车早了半个多世纪。这辆电动汽车所用的蓄电池比较简单，是不可再充的。随后，斯特町应用法拉第电磁感应原理组装了一台电动三轮车，电磁感应原理在这辆电动汽车上的应用开启了新技术在电动汽车领域的应用之门。1873 年，英国人罗伯特·戴维森制作了世界上最初的可供实用的电动汽车（图 1-1）。这比德国人戴姆勒和本茨发明汽油发动机汽车早了 10 年以上。

罗伯特·戴维森发明的电动汽车是一辆载货车，长 4800mm，宽 1800mm，使用铁、锌、汞合金与硫酸进行反应的一次电池。其后，从 1880 年开始，应用了可以充放电的二次电池（铅酸蓄电池）。从一次电池发展到二次电池，这对于当时电动汽车来讲是一次重大的技术变革，由此电动汽车需求量有了很大提高，在 19 世纪下半叶成为交通运

图 1-1 罗伯特·戴维森制作的电动汽车

输的重要工具，写下了电动汽车在人类交通史上的辉煌一页。

1888 年，华德电气公司制造了一辆速度达 11km/h 的电动公共汽车，用于伦敦的公共交通，这是世界上第一辆电动公共汽车（图 1-2）。与马车相比，电动公共汽车不会造成路面的损坏和街道的污染，受到伦敦市民的欢迎。这辆电动汽车采用蜗杆机构转向和脚踩制动，驾驶人站立在电动汽车的前部操纵车辆。此后，电动轿车、电动出租车陆续在英国出现。

1899 年，德国人波尔舍发明了一台轮毂电动机以替代当时在汽车上普遍使用的链条传

动。随后开发了 Lohner-Porsche 电动汽车，该车采用铅酸蓄电池作为动力蓄电池，由前轮内的轮毂电动机直接驱动，这也是第一部以保时捷命名的汽车。在 1900 年的巴黎世博会上，该车以 Tou jours-Contente 之名登场亮相，轰动一时。随后，波尔舍在 Lohner-Porsche 的后轮上也装载两个轮毂电动机，由此诞生了世界上第一辆四轮驱动的电动汽车。但这辆车所采用的蓄电池体积和重量都很大，而且最高速度只有 60km/h。为了解

图 1-2　第一辆电动公共汽车

决这些问题，1902 年，波尔舍在这辆电动汽车上又加装了一台内燃机来发电驱动轮毂电动机，这也是世界上第一台混合动力汽车。

　　19 世纪末至 20 世纪初是电动汽车的黄金时期。在当时，电动汽车是金融巨头的代步工具及财富象征。与此同时，大洋彼岸的美国在汽车的普及上比欧洲稍晚，但有自己的优势，美国在电力技术发展和普及上领先于欧洲。发明电灯、留声机的美国著名发明家托马斯·爱迪生是电动汽车的坚定支持者，他在 1911 年的《纽约时报》上曾经这样评论电动汽车：它经济，不排放废气，是理想的交通工具。舆论与名人效应对于电动汽车在美国的推广与普及无疑起到了推波助澜的作用。到 1912 年，美国已拥有 34000 辆电动汽车。19 世纪末，英国、法国、美国公司开始量产电动汽车，如最早为 Morris 和 Salmon 拥有的电动客车和货车公司。法国生产电池的 BGS 公司生产的电动汽车，在 1900 年之前保持着电动汽车续驶里程 290km 的最长纪录。

　　随着燃油汽车技术的迅速发展，以及电动汽车在电池技术和续驶里程等问题上长期未能实现突破，电动汽车在 1920 年之后渐渐地失去了发展优势，进入了一个漫长的沉寂期，汽车市场也逐步被内燃机驱动的燃油汽车所占领。

知识点 2　新能源汽车的兴起

　　1990 年，加利福尼亚州议会通过一项零排放汽车（ZEV）法案，要求在 1998 年的汽车总销售量中，必须有 2% 的零排放污染汽车。到 2003 年，零排放污染汽车应占汽车总销售量的 10%。随后，美国东部的 10 个州也仿效加州的做法，出台了相应的法案。

　　从能源安全的角度看，截至 2016 年底，全球已探明的石油和天然气分别可供人类消费约 50 年和 52 年，未来能源需求的进一步增长将对化石能源供应造成更大压力。从环境保护的角度看，汽车尾气排放是环境污染的主要因素之一。20 世纪 90 年代初，因糟糕的空气质量，美国加利福尼亚空气资源管理委员会号召各车企减少新车型的平均排放，于是排放更低、更具燃油效率，甚至是零排放的新产品纷纷上市。2010 年之后，全球石油价格持续走高，保护环境呼声日益强烈，全球变暖等问题越来越突出，全球各大经济体均提出碳达峰和碳中和的中长期减碳目标。在消费者对低碳生活的积极需求等诸多因素的影响下，电动汽车再度成为低碳经济大幕下的必然选择。世界各大车企都在大力发展以纯电动汽车为主的新能源汽车，一个电动汽车发展的新时代就此来临。

　　近年来，我国新能源汽车自主品牌呈现"百花争艳"的良好局面，并带动新能源汽车

产业迅速发展。在政策扶持方面，我国已将新能源汽车确立为国家七大战略性新兴产业之一，政策体系日益完善。对新能源汽车的扶持由财税补贴优惠为主的模式逐步转变为市场主导模式，促进新能源汽车市场向创新驱动转型，并通过制定和完善标准体系，规范行业管理和监管，推动我国新能源汽车产业健康发展。从产业技术方面看，我国新能源汽车自主研发的技术水平显著提高，实现了三纵三横的技术体系；在动力电池、驱动电机和智能网联等关键核心技术上已接近国际领先水平；同时，结合新能源汽车的发展，在无人驾驶、整车设计和制造、售后服务一体化、人工智能技术方面也取得了长足进步。在基础设施建设方面，我国不断加强充电设施建设、完善相应的技术规范和标准，初步建立起城市及城际充电网络，实现适度超前、车桩相随、智能高效的充电基础设施体系。我国新能源汽车保有量占汽车保有量的比例逐年攀升。2021 年，我国新能源汽车保有量占汽车保有量的 2.60%，较 2016 年的 0.47% 增长了 2.13%，未来有望进一步提升；同年，新能源汽车产量达 354.5 万辆，较 2020 年增加了 217.90 万辆，同比增长 159.52%，占全国汽车总产量的 13.59%。在国家"十四五"规划和 2035 年远景目标纲要中提到，到 2025 年，我国新能源汽车新车销售量达到汽车新车销售总量的 20% 左右，要突破新能源汽车高安全动力电池、高效驱动电机、高性能动力系统等关键技术，加快研发智能（网联）汽车基础技术平台及软硬件系统、线控底盘和智能终端等关键部件。"十四五"规划为新能源汽车与智能网联汽车提出了新的发展目标，随着电气化和智能化技术的发展，将给我国汽车行业发展带来新的机遇和广阔的空间。

1.2 新能源汽车的定义与分类

知识点 1　新能源汽车的定义

新能源汽车是指采用非常规的车用燃料作为动力来源（或使用常规的车用燃料、采用新型车载动力装置），综合车辆的动力控制和驱动方面的先进技术，形成的技术原理先进，具有新技术、新结构的汽车，包括纯电动汽车（Battery Electric Vehicle，BEV）、混合动力电动汽车（Hybrid Electric Vehicle，HEV）和燃料电池电动汽车（Fuel Cell Electric Vehicle，FCEV）三种类型。

知识点 2　纯电动汽车

纯电动汽车是一种驱动能量完全由电能提供、由电机驱动的汽车。电机的驱动电能来源于可充电蓄能系统或其他能量存储装置。纯电动汽车具有以下优点：

① 无污染、噪声小。纯电动汽车使用的电能是二次能源，可以利用水力、风力、核能等发电，在使用过程中无汽油机工作时产生的废气，几乎是"零污染"，同时电机运转温和噪声低。

② 结构简单、操作和维修方便。纯电动汽车搭配自动变速器，从而不需要手动变速，省去了离合器，中间传动装置也相应减少了，维修保养工作量少。

③ 能量转换效率高。可更好地回收制动、下坡时的能量，特别是在城市的拥堵路段上行驶则更有优势，减少了能源的浪费。

在早期的开发中有镍氢蓄电池还有铅酸蓄电池,但是其能量密度并不高,造成电动汽车动力无法满足加速与爬坡需求。其后逐渐发展到锂电池,图1-3所示为我国比亚迪汽车公司生产的e6纯电动汽车外观,是国内首款量产的BEV,还是全球首款用于出租汽车的BEV。

1)BEV总体组成。BEV主要由电池组、驱动电机、控制系统等组成(图1-4)。电池组是电动汽车的能源。驱动电机用于将电池组的电能转化为机械能,带动车辆行驶。控制系统

图1-3 e6纯电动汽车

对电池组进行管理,对电机进行控制和对人及机器进行保护。BEV保留了传统汽车的加速踏板、制动踏板和各种操纵手柄等,但它不需要离合器。

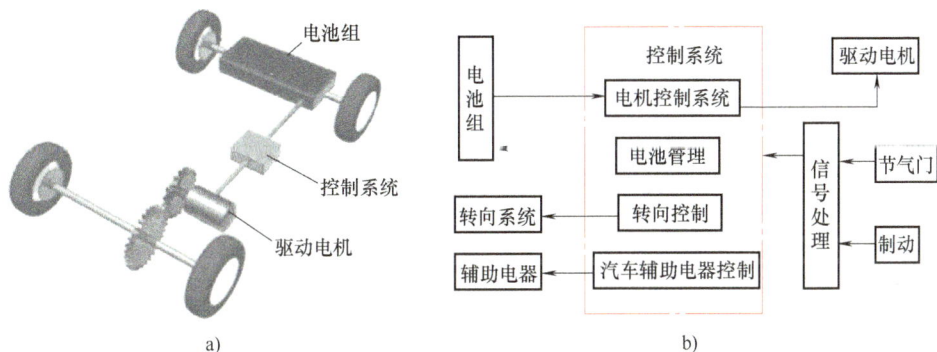

图1-4 BEV总体组成
a)结构示意图 b)结构框图

2)BEV基本工作原理。在电动汽车工作时,传感器将加速踏板、制动踏板机械位移的行程量转换为电信号,输入中央控制系统,经中央控制器处理后发出驱动信号,实现对电动汽车工况的控制。

当汽车行驶前进时,电池组输出的直流电经电机控制系统变为交流电后输入驱动电机,电动机输出的转矩经传动系统驱动车轮。当汽车减速时,车轮带动驱动电机转动,通过电机控制系统使感应电动机成为交流发电机产生电流,再将交流电转换为直流电向电池组充电(制动再生能量)。同时,BEV控制系统通过各种传感器、电流检测器对电池组、驱动电机进行监控并及时反馈信息和报警,并通过电流表、电压表、电功率表、转速表和温度表等仪表进行显示。

3)BEV行驶状态与要求。如图1-5所示,BEV行驶状态主要有起动、起步、正常行驶、急加速、上坡、减速制动、倒车和停车等。起动、起步时,要求电动机供给大转矩,低速起步;平路正常行驶时,要求电动机提供足够的驱动力和速度,同时能耗最低;急加速和上坡时,要求电动机提供较大的驱动力,有较好的超载能力;减速制动时,要求电动机转化为发电机,进行回收减速制动的能量,向电池组充电;汽车停车时,电动机自动停止。

起步·低速	正常行驶	急加速·上坡	减速·制动	倒车	停车
行驶时主要依靠电动机			利用制动能量回收，给电池充电	电动机反转	电动机自动停止

图 1-5　BEV 行驶状态与要求

知识点 3　混合动力电动汽车

1. 混合动力电动汽车的定义及分类

混合动力电动汽车是指能够至少从消耗的燃料和可再充电能存储装置两类车载存储能量中获得动力的汽车，车辆的行驶动力依据车辆行驶状态由单个动力源或多个动力源共同提供。从广义上讲，它是使用电动力和其他动力源组合的汽车。目前汽车业界普遍认为它是由动力蓄电池、电动机与内燃机组合的汽车，所以本节介绍的混合动力电动汽车主要指后者。

2. HEV 动力系统的基本结构与工作原理

HEV 是在 EV 的基础上增加了一套动力系统，本节主要指内燃机。HEV 总体组成如图 1-6 所示，主要由电池组、发动机、发电机、驱动电机、控制器等组成。电池组和发动机是 HEV 的动力源，驱动电机用于将电池组的电能转换为机械能，驱动车辆行驶。发电机将发动机的机械能转换为电能向电池组充电，也可以直接提供给电动机。控制系统对电池组、发动机及驱动电机进行管理和控制。

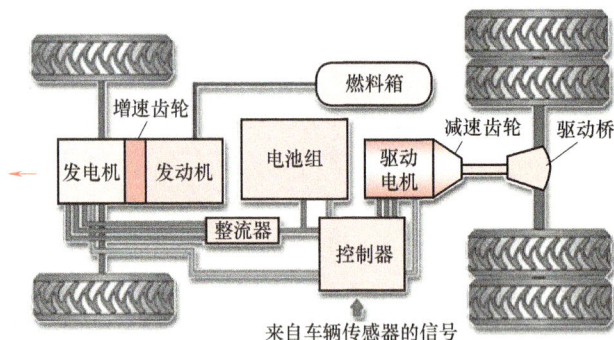

图 1-6　HEV 总体组成

HEV 基本工作原理如图 1-7 所示。在车辆行驶之初，电池组处于电量饱满状态，其能量输出可以满足车辆要求，发动机不需要工作，电池组输出的直流电经控制器输入驱动电机，驱动电机输出的转矩经减速齿轮、传动轴及驱动桥驱动车轮。

当电池组电量低于一定值时，发动机在控制器控制下自动起动，为驱动电机提供能量，同时还对电池组进行充电。

当车辆能量需求较大时，比如上坡或加速，发动机与电池组同时为汽车提供能量，驱动车辆行驶。

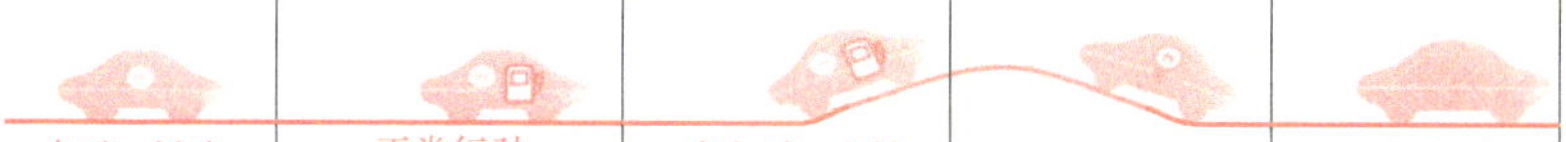

起步·低速	正常行驶	急加速·上坡	减速·制动	停车时
行驶时主要依靠电动机	通过控制电动机和发动机，实现最低油耗行驶	为得到更大的功率输出同时使用电动机和发动机	利用车轮转动发电，给蓄电池充电	电动机和发电机均自动停止、不消耗汽油

图 1-7 HEV 基本工作原理

当车辆减速或制动时，发动机与电池组都停止对外供给能量，在控制器的控制下，电动机转换为发电机，回收减速和制动能量，向电池组充电。

3. 混合动力电动汽车相比内燃机汽车的优势

1）可使原动机在较佳的工况区域稳定运行，减少或避免发动机变工况情况下的不良运行，使得发动机的排污和油耗大为降低。

2）在人口密集的商业区、居民区等地可用纯电动方式驱动车辆，实现零排放。

3）可通过电动机提供动力，因此可配备功率较小的发动机，并可通过电动回收汽车制动时的能量，进一步降低汽车的能量消耗和排污。

知识点 4　燃料电池电动汽车

1. 燃料电池电动汽车的定义和特点

1）燃料电池电动汽车的定义。以燃料电池系统作为单一动力源或者是以燃料电池系统与可充电储能系统作为混合动力源的电动汽车。

2）燃料电池电动汽车的特点。燃料电池电动汽车与内燃机汽车和纯电动汽车相比，具有以下优点：

① 燃料电池的工作过程是化学能转换为电能的过程，不受卡诺循环的限制，能量转换效率高达 60%～80%，而汽油机和柴油机汽车整车效率分别为 16%～18% 和 22%～24%。

② 续驶里程长。采用燃料电池系统作为能量源，克服了纯电动汽车续驶里程短的缺点，其长途行驶能力及动力性已经接近传统汽车。

③ 绿色环保。燃料电池没有燃烧过程，以纯氢作为燃料，生成物只有水，属于零排放。采用其他富氢有机化合物用车载重整器制氢作为燃料电池的燃料，生产物除水之外还可能有少量的 CO_2，接近零排放。

④ 过载能力强。燃料电池除在较宽的工作范围内具有较高的工作效率外，其短时过载能力可达额定功率的 200% 或更大。

⑤ 低噪声。燃料电池属于静态能量转换装置，除空气压缩机和冷却系统以外无其他运动部件，因此与内燃机汽车相比，运行过程中噪声和振动都较小。

燃料电池电动汽车的主要缺点如下：

① 燃料电池电动汽车的制造成本和使用成本过高。

② 辅助设备复杂，且质量和体积较大。

③ 起动时间长，系统抗振能力有待进一步提高。此外各种管道的连接和密封可靠性有

待验证，防止泄漏引发安全事故。

2. 燃料电池电动汽车的分类

燃料电池电动汽车按氢气供给方式可分为非改质型和改质型两种（图 1-8）。

1）非改质型：由车载氢气直接供应燃料电池（图 1-9a）。车辆构造简单，体积小，质量小。主要问题是车辆续驶里程短，氢燃料的补给设施费用高，目前，氢燃料电池的成本是普通汽油机的 100 倍，这个价格是市场所难以承受的。

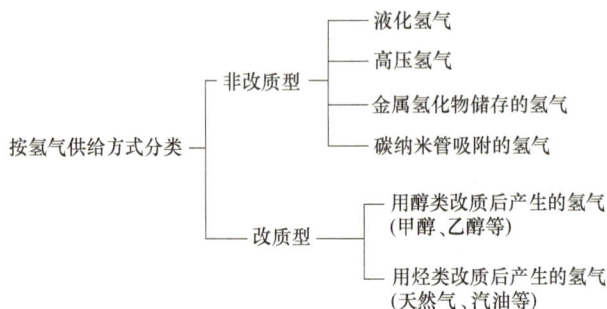

图 1-8　燃料电池电动汽车的分类

2）改质型：其车载液体燃料（甲醇或汽油等），需利用车载改质装置制造氢气，再供给燃料电池（图 1-9b）。优点是可使用多种燃料，缺点是结构复杂，体积庞大，而且需要 10min 以上才能产生足够的氢气，起动时间长，要由蓄电池组来提供电能，同时预热燃料电池。

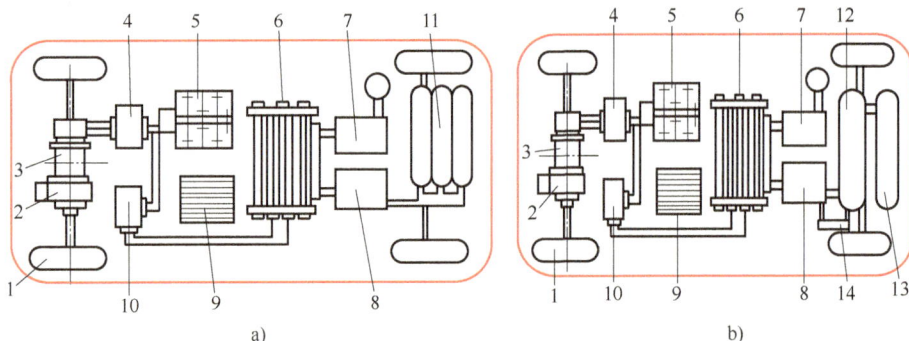

图 1-9　非改质型和改质型 FCEV 组成比较

a）以纯氢为燃料的 FCEV　b）以改质燃料制氢的 FCEV

1—驱动轮　2—驱动系统　3—驱动电机　4—逆变器　5—辅助电源（蓄电池、超级电容器）　6—燃料电池发动机　7—空气压缩机和空气加湿装置　8—氢气管理系统　9—中央控制器　10—DC/DC 变换器　11—氢气储存罐　12—燃烧器和改质器　13—甲醇储存罐　14—H₂ 净化器

知识点 5　其他新能源汽车

1. 太阳能汽车

（1）太阳能汽车概述　太阳能汽车是一种靠太阳能来驱动的汽车，具有节能、安全、环保的特点。由于其零污染，能源用之不竭，人们称其为"未来汽车"。图 1-10 所示为荷兰

的恩荷芬科技大学的太阳能研究团队 2013 年发布的全球第一辆可以实用化的太阳能汽车 Stella（在拉丁文中的意思是"星星"），车重 380kg，可供 4 人乘坐，最高速度为 120km/h。它结合电动汽车和太阳能汽车的特点，太阳能板安装在车顶，同时以电池驱动，一天充电一次，续驶里程高达 600km。

图 1-10　太阳能汽车 Stella

（2）太阳能汽车的特点

1）汽车能量来自太阳，太阳表面温度为 6000℃左右，太阳内部温度超过 2000 万℃，是取之不尽、用之不竭的能源聚宝盆。

2）没有任何排放，零污染。

3）结构简单，没有复杂的内燃机、离合器、变速器、传动轴、散热器、排气管等零部件，而是由电池板、储电器和电机组成。

4）缺点是依赖太阳，续驶里程较短。

（3）太阳能汽车的发展与现状　1883 年，美国科学家 Charles Fritts 制造出第一个硒太阳电池。1946 年，半导体研究学者 Russell Ohl 开发出现代化的硅制太阳电池。1978 年，英国研制成功世界上第一辆太阳能汽车，速度达到 13km/h。1999 年 5 月巴西圣保罗大学的科研人员设计出一款新型太阳能汽车，最高速度超过 100km/h。1996 年，清华大学研制了"追日"号太阳能汽车，重 800kg，最高车速达 80km/h。2003 年澳大利亚太阳能汽车比赛上，由荷兰制造的"Nuna Ⅱ"太阳能汽车取得了冠军，它以 30h54min 的时间跑完了 3010km 的路程，创造了当时太阳能汽车最高速度 170km/h 的新世界纪录。

由于太阳能汽车的诸多优点，世界各国都在加紧开发步伐。鉴于目前的技术水平，太阳能功率较小，一般太阳辐射功率至多 1kW/m²，光电转换效率小于 30%，因此全部用太阳能驱动传统的汽车难以实现。但作为传统汽车的辅助动力，减少常规燃料的消耗，太阳能已经得到较多应用。

2. 超级电容器新能源汽车

（1）超级电容器　超级电容器（super capacitor）又称为电化学电容器、双电层电容器，是一种新型的电容器，它的出现使得电容器的极限容量骤然上升了 3～4 个数量级。不同于传统意义上的电容器，它类似于充电电池，但比传统的充电电池（镍氢电池和锂离子电池）具有更高的功率密度和更长的循环寿命，其功率密度可达到甚至超过 1kW/kg 数量级。

（2）超级电容器新能源汽车的特点　超级电容器在充电—放电的整个过程中，没有任何化学反应且无高速旋转等机械运动，不存在对环境的污染，也没有任何噪声，结构简单，质量小，体积小，是一种更加理想的储能器。超级电容器是在混合动力汽车和电动汽车停车时，由外接电源向超级电容器充电使电容器集聚大量的电荷，然后在汽车行驶时放电，向驱动电机提供电能。超级电容器能够实现快速充电，在极短时间内即可完成电容器的充电。

3. 插电式（含增程式）混合动力电动汽车

插电式（含增程式）混合动力电动汽车是指车辆的驱动力由驱动电机及发动机同时或

单独供给，并且可由外部提供电能进行充电，纯电动模式下续驶里程符合我国相关标准规定的汽车。其动力系统的基本结构如图1-11和图1-12所示。

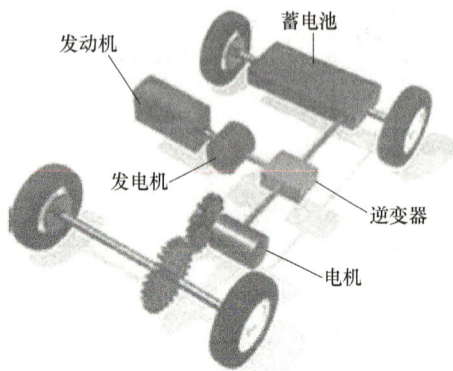

图1-11 典型插电式混合动力系统的基本结构

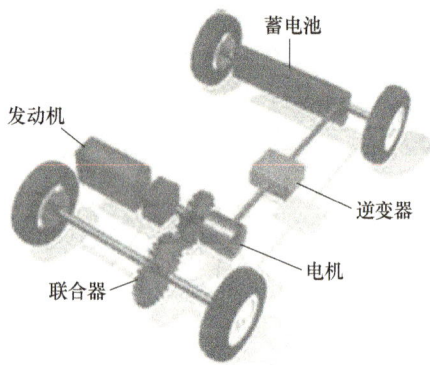

图1-12 增程式混合动力系统的基本结构

【温馨提示】

新能源汽车分类识别视频请扫教学资源1.1对应的二维码进行观看。

【温馨提示】

电动汽车仪表盘识读视频清扫教学资源1.2对应的二维码进行观看。

本章小结

1. 电动汽车诞生于1834年，由美国人托马斯发明。20世纪初期，随着内燃机的发展，燃油汽车成了主力，电动汽车逐渐退出了市场。时至今日，电动汽车的核心技术得到了飞跃式的发展，我国目前已经成为全球新能源汽车保有量最大、年产量最高的国家。

2. 纯电动汽车（BEV）是一种驱动能量完全由电能提供、由电机驱动的汽车。电机的驱动电能来源于车载可充电储能系统或其他能量储存装置。其主要特点是无排气污染、噪声小、能源来源广泛、结构简单，使用维修方便，但续驶里程较短，动力蓄电池寿命短，售价较高。BEV主要由电池组、驱动电机、控制系统及安全保护系统等组成。行驶前进时，电池组输出的直流电经控制系统驱动电机和车轮运转；当汽车减速制动时，车轮带动驱动电机转动发电，通过控制系统向电池组充电（制动再生能量）。

3. 混合动力电动汽车（HEV）是指能够至少从消耗的燃料和可再充电能存储装置两类车载存储能量中获得动力的汽车。其主要特点有排气污染少、节能、续驶里程长、可以利用现有的加油站，但是长距离高速行驶基本不能省油。混合动力电动汽车动力系统一般由动力蓄电池及其控制系统、发动机、发电机、电动机及其动力控制系统等零部件组成。其基本工作原理一般有纯电动模式、混合动力模式、加速模式和减速模式四种工作模式。

4. 燃料电池电动汽车（FCEV）是以燃料电池系统作为单一动力源或者是以燃料电池系统与可充电储能系统作为混合动力源的电动汽车。其主要优点是真正的零污染，能量转化效率高，缺点是燃料电池成本过高。FCEV一般由燃料箱、燃料电池、控制系统、驱动系统、辅助动力系统和电池组等部分组成。

思考题

1. 名词解释：BEV、HEV、FCEV。
2. BEV主要由哪几部分组成？基本工作原理如何？
3. HEV主要由哪几部分组成？基本工作原理如何？
4. FCEV主要由哪几部分组成？基本工作原理如何？

第2章　新能源汽车结构原理

【本章内容架构】

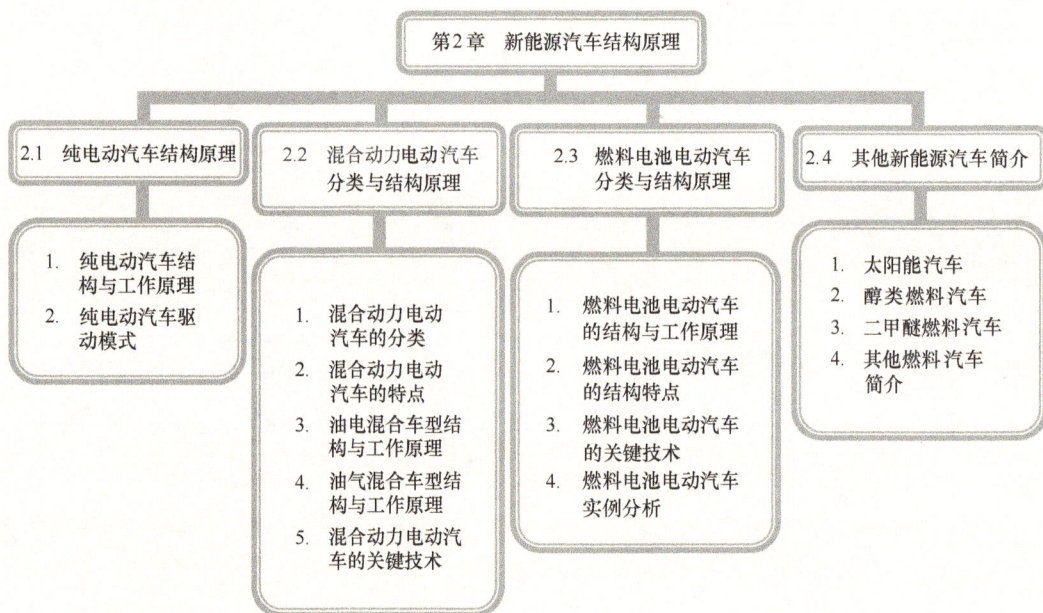

```
                    第2章  新能源汽车结构原理
    ┌──────────────┬──────────────┬──────────────┬──────────────┐
  2.1 纯电动汽车结构原理  2.2 混合动力电动汽车  2.3 燃料电池电动汽车  2.4 其他新能源汽车简介
                        分类与结构原理        分类与结构原理
```

2.1 纯电动汽车结构原理	2.2 混合动力电动汽车分类与结构原理	2.3 燃料电池电动汽车分类与结构原理	2.4 其他新能源汽车简介
1. 纯电动汽车结构与工作原理 2. 纯电动汽车驱动模式	1. 混合动力电动汽车的分类 2. 混合动力电动汽车的特点 3. 油电混合车型结构与工作原理 4. 油气混合车型结构与工作原理 5. 混合动力电动汽车的关键技术	1. 燃料电池电动汽车的结构与工作原理 2. 燃料电池电动汽车的结构特点 3. 燃料电池电动汽车的关键技术 4. 燃料电池电动汽车实例分析	1. 太阳能汽车 2. 醇类燃料汽车 3. 二甲醚燃料汽车 4. 其他燃料汽车简介

【学习目标要求、重点与难点】

序号	学习目标要求	学习重点	学习难点
1	掌握纯电动汽车的结构及工作原理	√	√
2	理解纯电动汽车的驱动模式		√
3	理解混合动力电动汽车的分类		√
4	掌握油电混合动力汽车的结构与工作原理	√	√
5	理解燃料电池电动汽车的分类		√
6	掌握燃料电池电动汽车的结构与工作原理	√	√
7	理解燃料电池电动汽车关键技术		√
8	理解其他新能源汽车的结构原理		√
9	学会辨认不同类型的新能源汽车	√	√

案例：特斯拉 model 3 的 NEDC（新欧洲驾驶循环周期）续驶里程为 468km，比亚迪汉 EV 的 NEDC 续驶里程为 506km，蔚来 ES8 的 NEDC 续驶里程为 580km。新能源汽车目前的续驶里程与燃油汽车相比还存在一定差距，您认为可以从哪些方面提高新能源汽车的续驶里程？

2.1 纯电动汽车结构原理

知识点 1 纯电动汽车结构与工作原理

纯电动汽车是电动汽车三大家族成员之一，是完全由可充电电池提供动力源的汽车。纯电动汽车的三电技术指的是电池、电机、电控，其中电池是电动汽车的核心技术。这是因为电池技术的进步将会提升汽车的续驶里程，突破电动汽车的发展瓶颈，从而满足人们较远路程的出行需求。

纯电动汽车是一种节能、环保、可持续发展的新型交通工具，具有广阔的发展前景。国内的代表车型有比亚迪 e5、元 EV，小鹏汽车 G3，荣威 i5，蔚来 ES8 等；国外则有特斯拉 Model S、Model X、Model 3，宝马 i3，奥迪 e-tron，丰田 C-HR EV 等。下面以比亚迪 e5 纯电动汽车为例介绍其结构原理。

1. 比亚迪 e5 纯电动汽车结构

比亚迪 e5 纯电动汽车总体组成如图 2-1 所示。它与传统汽车最大不同在于动力驱动与控制部分，主要由动力蓄电池及其管理系统、驱动电机及其控制系统、车载充电系统、整车控制系统和辅助系统等组成。

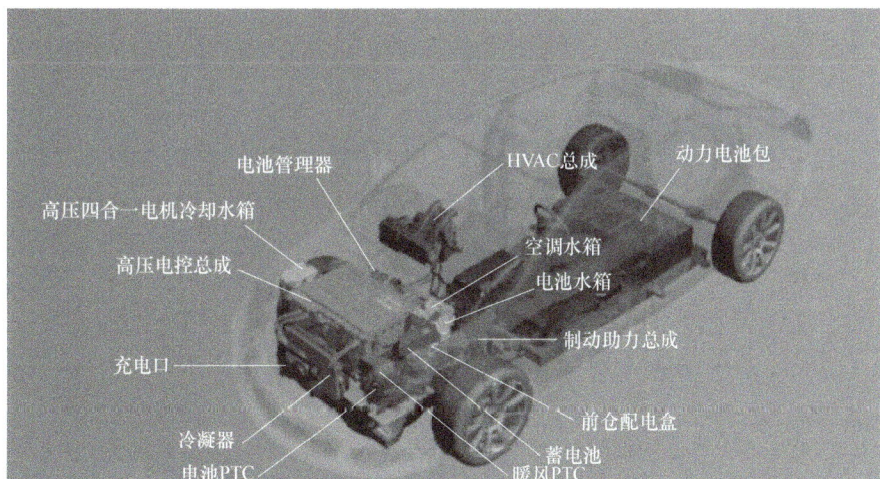

图 2-1　比亚迪 e5 纯电动汽车总体组成

比亚迪 e5 动力蓄电池安装在车架底部，使用 198 个磷酸铁锂电池单体组装而成。每个单体电池的标称电压是 3.2V，动力电池包总电压可以达到 633.6V，容量为 75A·h。

动力蓄电池管理系统包括主控模块和从控模块，主要由数据采集单元、中央处理单元、显示单元、均衡单元检测模块（电流传感器、电压传感器、温度传感器、漏电检测装置）、控制部件（熔断装置、继电器）等组成。动力蓄电池管理系统用于监控电池的工作状态，包括电池的电压、电流和温度，预测蓄电池的 SOC（荷电状态），管理电池的工作情况，避免出现过放电、过热，对出现的问题能及时报警，以便最大限度地利用电池的存储能力和循环寿命。

该车型配用的驱动电机为稀土永磁感应电机，功率为 160kW，最大转矩为 310N·m，0~100km/h 加速时间低于 14s。

车载充电系统由蓄电池、电压调节器、点火开关、充电指示灯和相关的导线等共同组成，用于给起动机以外的所有用电设备供电，发动机运行后，给蓄电池充电。

整车控制系统包括整车控制器、电机控制器、电池管理系统、混合动力驱动系统中的多能源管理系统、车身控制管理系统、信息显示系统和通信系统等。整车控制系统主要用于驱动力矩控制、制动能量的优化控制、整车的能量管理、CAN 网络的维护和管理、故障的诊断和处理、车辆状态监视等，它起着控制车辆运行的作用。因此，整车控制系统的优劣直接决定了车辆的稳定性和安全性。

辅助系统包括辅助动力源、动力转向系统、导航系统、空调器、照明及除霜装置、刮水器、收音机和音响等，用于提高汽车的操纵性和乘员的舒适性。

2. 纯电动汽车工作原理

以比亚迪纯电动汽车为例，其工作原理如图 2-2 所示。电源接通，汽车前进时，主控 ECU 接收档位控制器、加速踏板传感器等各方面信息，传递给电动机控制器，以控制流向前驱电动机的电流。此时电池组电流通过应急开关、配电箱/继电器之后，一路经过电动机

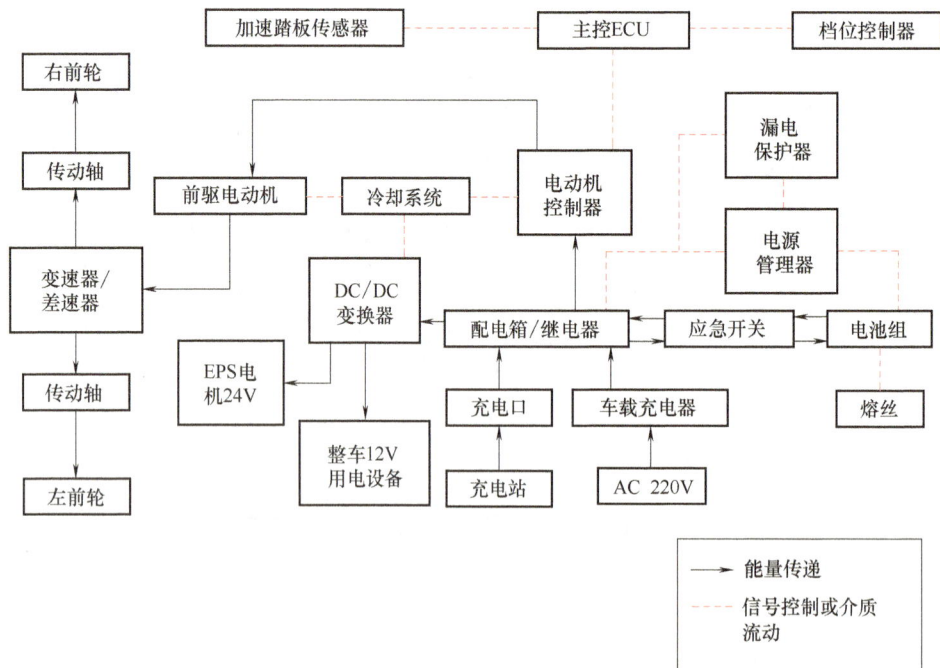

图 2-2 比亚迪纯电动汽车工作原理

控制器向前驱电动机供给需要的电流，从而使前驱电动机运转，通过变速器/差速器和传动轴，带动左、右前轮转动，使汽车行进；另一路经过 DC/DC 变换器，将电池组 330V 高压直流电转换为低压 24V，提供给电动转向系统 EPS 使用。同时电池组接受电池管理器管理，将电池组的瞬时电压、电流、温度、存电情况等信息传递给电源管理器，以防止电池组过放电或温度过高损坏电池组。如果发生漏电情况，漏电保护器起作用。一旦发生短路等紧急情况，保护装置熔丝即熔断保护。

【温馨提示】

　　纯电动汽车结构认识与使用视频请扫教学资源 2.1 对应的二维码 ▨ 进行观看。

知识点 2　纯电动汽车驱动模式

1. 电动汽车驱动模式的概念

　　电动汽车驱动模式是指驱动轮数量、位置以及驱动电机系统布置的形式，其性能决定着电动汽车行驶性能的好坏。电动汽车的驱动系统布置取决于电机驱动方式，可以有多种类型，主要有后轮驱动、前轮驱动和四轮驱动。

2. 纯电动汽车驱动模式的分类

（1）后轮驱动方式　　后轮驱动方式是传统的布置方式，适合高级电动轿车和各种类型的电动客货车，有利于车轴负荷分配均匀，汽车操纵稳定性、行驶平顺性较好。

　　后轮驱动方式主要有传统后驱动布置形式、电机驱动桥组合后驱动布置形式、电机变速器一体化后驱动布置形式、轮边电机后驱动布置形式、轮毂电机后驱动布置形式。

　　1）传统后驱动布置形式。传统后驱动布置形式如图 2-3 所示。除将发动机换成电机之外，其他与传统内燃机汽车后轮驱动系统的布置形式基本一致，带有离合器、变速器和传动轴，驱动桥和内燃机汽车驱动桥也一样。

　　2）电机驱动桥组合后驱动布置形式。电机驱动桥组合后驱动布置形式如图 2-4 所示。它取消了离合器、变速器和传动轴，但具有减速差速机构，把驱动电机、固定减速比的减速器和差速器集成为一体，通过两个半轴来驱动车轮。此种布置形式的整个传动长度比较短，传动装置体积小，占用空间小，容易布置，可以进一步减小整车的质量；但对电机的要求较高，不仅要求电机具有较高的起动转矩，而且要求具有较大的后备功率，以保证电动汽车的起动、爬坡、加速超车等动力性。

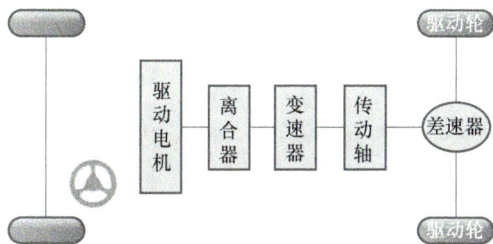

图 2-3　传统后驱动布置形式　　　　　　　图 2-4　电机驱动桥组合后驱动布置形式

3）电机变速器一体化后驱动布置形式。电机变速器一体化后驱动布置形式如图 2-5 所示。相比单一的电机驱动系统，一体化驱动系统可以综合协调控制电机和变速器，最大限度地改善电机输出动力特性，增大电机转矩输出范围，在提升电动汽车动力性的同时，使电机最大限度地工作在高效经济区域内，同时也可以缩小轴向尺寸。

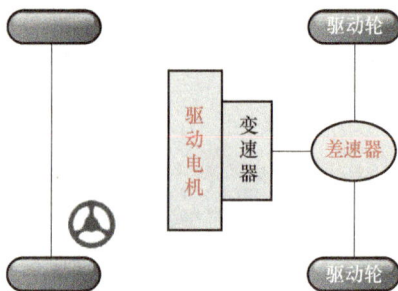

图 2-5　电机变速器一体化后驱动布置形式

4）轮边电机后驱动布置形式。轮边电机后驱动布置形式如图 2-6 所示。轮边电机与减速器集成后融入驱动桥，采用刚性连接，减少高压电器数量，缩短动力传输线路长度。优化后的驱动系统可降低车身高度、提高承载量、提升有效空间。

5）轮毂电机后驱动布置形式。轮毂电机后驱动布置形式如图 2-7 所示。轮毂电机直接安装在车轮上，此时，轮毂是电机的转子，羊角轴承座是定子。它大大提高了车内空间的实用性和利用率。每个车轮独立的轮毂电机相比一般电动汽车，也省掉了传统半轴和差速器等装置，同时节省了大量空间且传动效率更高。将动力蓄电池放置在传统的发动机舱中，而将蓄电池、电机控制器、充电机等布置在车尾附近，根据实际需要可以在车辆上灵活布置电池组。从另一个方面来看，在满足目前空间需求的前提下，使用轮毂电机驱动的车辆体积上可以更小巧，这将改善城市中的拥堵和停车等问题。同时，独立的轮毂电机在驱动车辆方面灵活性更高，能够实现传统车辆难以实现的功能和驾驶特性。

图 2-6　轮边电机后驱动布置形式

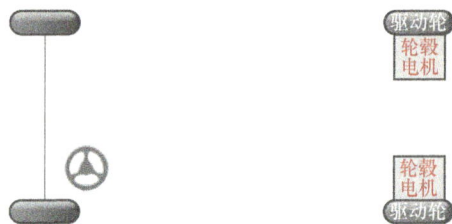

图 2-7　轮毂电机后驱动布置形式

（2）前轮驱动方式　前轮驱动电动汽车结构紧凑，有利于其他总成的安排，在转向和加速时行驶稳定性较好；但前轮既是转向轮又是驱动轮，结构复杂，上坡时前轮附着力减小，易打滑。

1）电机驱动桥组合前驱动布置形式。电机驱动桥组合前驱动布置形式如图 2-8 所示。

2）电机变速器组合前驱动布置形式。电机变速器组合前驱动布置形式如图 2-9 所示。

3）电机变速器一体化前驱动布置形式。电机变速器一体化前驱动布置形式如图 2-10 所示。

4）轮边电机前驱动布置形式。轮边电机前驱动布置形式如图 2-11 所示。

5）轮毂电机前驱动布置形式。轮毂电机前驱动布置形式如图 2-12 所示。

（3）四轮驱动方式　四轮驱动适合要求动力性强的电动轿车或城市 SUV，与四轮驱动内燃机汽车相比，四轮驱动纯电动汽车可以取消部分传动零件，提高空间的利用率和动力的传递效率。四轮驱动主要采用轮边电机或轮毂电机方式。轮边电机四轮驱动布置形式如图 2-13 所示。轮毂电机四轮驱动布置形式如图 2-14 所示。

图 2-8   电机驱动桥组合前驱动布置形式

图 2-9   电机变速器组合前驱动布置形式

图 2-10   电机变速器一体化前驱动布置形式

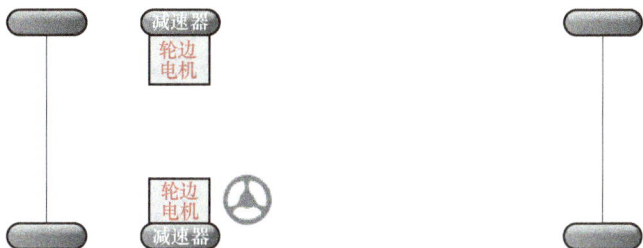

图 2-11   轮边电机前驱动布置形式

图 2-12   轮毂电机前驱动布置形式

图 2-13   轮边电机四轮驱动布置形式

图 2-14   轮毂电机四轮驱动布置形式

电动四轮驱动可以极大地节省空间，并且每一个车轮都是一个独立的动力单元，因此能够实现对每一个车轮进行精准的转矩分配，反应更快、更直接，效率更高。轮边电机和轮毂电机驱动布置形式是纯电动汽车驱动系统布置形式的发展趋势。

2.2 混合动力电动汽车分类与结构原理

知识点1 混合动力电动汽车的分类

1）按照动力系统结构形式划分为：串联式混合动力电动汽车（Series Hybrid Electric Vehicle，SHEV）、并联式混合动力电动汽车（Parallel Hybrid Electric Vehicle，PHEV）和混联式混合动力电动汽车（Parallel Series Hybrid Electric Vehicle，PSHEV）。

串联式混合动力电动汽车是在传统汽车上增加一个发电机、能量存储系统、驱动电机和逆变器及其控制系统。并联式混合动力电动汽车是指以先进控制技术为纽带，将内燃发动机与电动机通过机械连接接入驱动系统，两个动力源根据不同工作模式，分别进行驱动或者联合驱动，进而结合传统内燃机汽车与纯电动汽车的优点而生产出来的新能源汽车。混联式混合动力电动汽车是综合了串联式和并联式的结构而组成的电动汽车，主要由发动机、电动-发电机和驱动电机三大动力总成组成。

2）按照混合度（指电力驱动系统的功率占总功率的百分比）划分为：微混合型混合动力电动汽车、轻度混合型混合动力电动汽车、中度混合型混合动力电动汽车和重度混合型混合动力电动汽车。

微混合型混合动力电动汽车是以发动机为主要动力源，不具备纯电动行驶模式的混合动力电动汽车。只具备怠速停机功能的混合动力电动汽车是一种典型的微混合模式。一般情况下，电动机的峰值功率和发动机的额定功率比≤5%。

轻度混合型混合动力电动汽车是以发动机为主要动力源，电动机作为辅助动力，在车辆加速和爬坡时，电动机可向车辆行驶系统提供辅助驱动力矩，但不能单独驱动车辆行驶的混合动力电动汽车。一般情况下，电动机的峰值功率和发动机的额定功率比为5%~15%。

中度混合型混合动力电动汽车是以发动机或电动机作为动力源的混合动力电动汽车。一般情况下，电动机的峰值功率和发动机的额定功率比为15%~40%。

重度混合型混合动力电动汽车是以发动机和电动机作为主要动力源，且电动机可以独立驱动车辆行驶的混合动力电动汽车。一般情况下，电动机的峰值功率和发动机的额定功率比>40%。

3）按照外接充电能力划分为：可外接充电型混合动力电动汽车和不可外接充电型混合动力电动汽车。

可外接充电型混合动力电动汽车是一种被设计成可以在正常使用情况下从非车载装置中获取能量的混合动力电动汽车，一般称为插电式混合动力电动汽车。不可外接充电型混合动力电动汽车是一种被设计成在正常使用情况下从车载燃料中获取全部能量的混合动力电动汽车，一般称为常规混合动力电动汽车。

4）按照行驶模式的选择方式划分为：有手动选择功能的混合动力电动汽车和无手动选择功能的混合动力电动汽车。

有手动选择功能的混合动力电动汽车是指具有行驶模式手动选择功能的混合动力电动汽车，车辆可以选择的行驶模式包括热机模式、纯电动模式和混合动力模式三种。

无手动选择功能的混合动力电动汽车是指不具备行驶模式手动选择功能的混合动力电动

汽车，车辆的行驶模式根据不同工况自动切换。

5）按照与发动机混合的可再充电能量储存系统划分分为：动力蓄电池式混合动力电动汽车、超级电容式混合动力电动汽车、机电飞轮式混合动力电动汽车和动力蓄电池与超级电容器组合式混合动力电动汽车。

知识点2　混合动力电动汽车的特点

1. 混合动力电动汽车与纯电动汽车的比较

1）由于有原动机作为辅助动力，蓄电池的数量和质量可减小。

2）汽车的续驶里程和动力性可达到甚至超过内燃机的水平。

3）借助原动机的动力，可带动空调、真空助力、转向助力及其他辅助电器，无须消耗蓄电池组有限的电能，从而保证了驾车和乘坐的舒适性。

2. 不同结构形式混合动力电动汽车的比较

串联式、并联式和混联式混合动力电动汽车之间在燃油经济性、尾气排放和控制的难易程度等方面的比较见表2-1。表2-2对串联式、并联式和混联式混合动力电动汽车在驱动模式、传动效率、整车总布置和适用条件以及优缺点等方面进行了比较。

表 2-1　串联式、并联式和混联式混合动力电动汽车的性能比较

比较项目	串联式	并联式	混联式
高速公路行驶燃油经济性	较优	优	优
城市行驶燃油经济性	优	较优	优
郊区行驶燃油经济性	较优	优	优
低排放性能	优	较优	较优
成本	低	较低	较低
复杂程度	低	较高	高
控制难度	低	较高	高

表 2-2　串联式、并联式和混联式混合动力电动汽车的特点比较

结构模型	串联式	并联式	混联式
动力总成	发动机、发电机、驱动电机三大动力总成	发动机、电动机/发电机	发动机、电动机/发电机
驱动模式	电动机是唯一的驱动模式	发动机驱动模式、电动机驱动模式和发动机-电动机混合驱动模式	发动机驱动模式、电动机驱动模式、发动机-电动机混合驱动模式和电动机-电动机混合驱动模式
传动效率	较低	较高	较高
整车总布置	三大动力总成之间没有机械式连接装置,结构布置的自由度较大,但三大动力总成的质量和尺寸较大,一般在大型车辆上采用	发动机驱动系统保持机械式传动系统,发动机与电动机两大动力总成之间被不同的机械装置连接起来,结构复杂,使布置受到一定限制	三大动力总成之间采用机械装置连接,三大动力总成的质量和尺寸都较小,能够在小型车辆上布置,结构更加紧凑

（续）

结构模型	串联式	并联式	混联式
适用条件	适用于大型客车或货车,适应在路况较复杂的城市道路和普通公路上行驶,更加接近纯电动汽车性能	适用于中小型汽车,适应在城市道路和高速公路上行驶,接近普通的内燃机汽车性能	适用于各种类型的汽车,适应在各种道路上行驶,更加接近普通的内燃机汽车性能
优点	1)发动机能够经常保持在稳定、高效和低污染的运转状态,将有害排放气体控制在最低范围 2)从总体结构上来看,比较简单且易于控制,只有电动机的电力驱动系统,其特点更加趋近于纯电动汽车 3)三大部件总成在电动汽车上布置起来,有较大的自由度	1)发动机的动力可以直接用来驱动车辆,能量损失小 2)一个电机既可以作为电动机使用,也可以作为发电机使用,且可以采用较小功率的电机,成本低	控制方便,驱动模式更加丰富,在并联式混合驱动模式的基础上,加入了充电功能
缺点	1)三大部件总成各自的功率较大,外形尺寸与质量也较大,在中小型电动汽车上布置有一定的困难 2)在发动机-发电机-电动机驱动系统中的热能—电能—机械能的能量转换过程中,能量损失较大	1)发动机和驱动轮间还是机械连接,因此发动机的工作点不可能总处于最佳区域,发动机效率得不到充分发挥 2)需要搭载变速器,且适合搭载自动变速器 3)混合度较低,不便于向插电式混合动力过渡	结构复杂,相应车型价格偏高

知识点 3　油电混合车型结构与工作原理

1. 串联式混合动力电动汽车

串联式混合动力电动汽车系统结构如图 2-15 所示。它主要由发动机、发电机、电动机和蓄电池组等部件组成。发电机仅用于发电,发电机发出的电能通过电动机控制器直接输送到电动机,由电动机产生的电磁力矩驱动汽车行驶。发电机发出的部分电能向蓄电池充电,来延长混合动力电动汽车的续驶里程。另外蓄电池还可以单独为发动机提供电能来驱动电动汽车,使混合动力电动汽车在零污染状态下行驶。

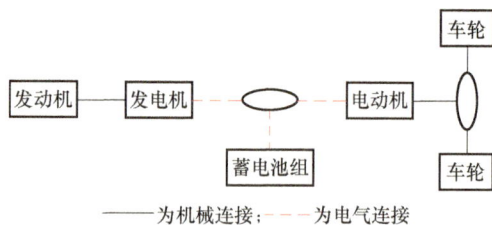

图 2-15　串联式系统结构

在串联式混合动力电动汽车上,由发动机带动发电机所产生的电能和蓄电池输出的电能,共同输出到电动机来驱动汽车行驶,电力驱动是唯一的驱动模式。动力流程如图 2-16 所示。电动机直接与驱动桥连接,发动机与发电机直接连接产生电能,来驱动电动机或者给蓄电池充电。汽车行驶时的驱动力由电动机输出,将存储在蓄电池中的电能转换为车轮上的机械能。当蓄电池的荷电状态降到一个预定值时,发动机即开始对蓄电池进行充电,发动机与驱动系统并没有机械地连接在一起,这种方式可以很大程度地减少发动机所受的车辆瞬态

响应。瞬态响应的减少可以使发动机进行最优的喷油和点火控制，使其在最佳工况点附近工作。

串联式混合动力电动汽车从发动机发出的能量以机械能的形式从曲轴输出，并立即被发电机转换为电能，由于发电机的内阻和涡流，将会产生能量损失（效率为90%~95%）。电能随后又被电动机转换为机械能，在电动机和控制器中能量又进一步损失，平均效率为80%~85%，能量转换

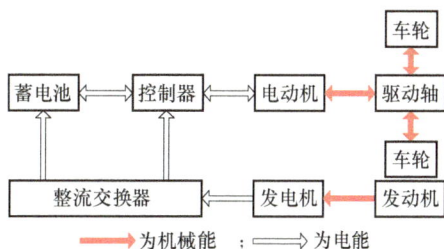

图 2-16　串联式动力流程

的效率要比内燃机汽车低。串联式混合动力驱动系统比较适合在大型客车上使用。

2. 并联式混合动力电动汽车

并联式混合动力电动汽车系统结构如图 2-17 所示。它主要由发动机、电动机/发电机和蓄电池组等部件组成，有多种组合形式，可以根据使用要求选用。并联式混合动力系统采用发动机和电动机两套独立的驱动系统驱动车轮。发动机和电动机通常通过不同的离合器来驱动车轮，可以采用发动机单独驱动、电动机单独驱动或者发动机和电动机混合驱动三种工作模式。当发动机提供的功率大于车辆所需驱动功率时或者当车辆发生制动时，电机工作于发电机状态，给蓄电池充电。发动机和电动机的功率可以相互叠加，发动机功率和电动机/发电机功率为电动汽车所需最大驱动功率的50%~100%，因此，可以采用小功率的发动机与电动机/发电机，使得整个动力系统的装配尺寸、质量都较小，造价较低，续驶里程也可以比串联式混合动力电动汽车的长一些，其特点更加趋近于内燃机汽车。并联式混合动力驱动系统通常被应用在小型混合动力电动汽车上。

并联式驱动系统的动力流程如图 2-18 所示。发动机和电动机通过某种变速装置同时与驱动桥直接相连接。电动机可以用来平衡发动机所受的负荷，使其能在高效率区域工作，因为通常发动机工作在满负荷（中等转速）下燃油经济性最好。当车辆在较小的路面负荷下工作时，内燃机车辆的发动机燃油经济性较差，而并联式混合动力电动汽车的发动机此时可以被关闭掉而只用电动机来驱动汽车，或者增加发动机的负荷使电动机转变为发电机，给蓄电池充电以备后用（即一边驱动汽车，一边充电）。由于并联式混合动力电动汽车在稳定的高速下发动机具有比较高的效率和相对较小的质量，所以它在高速公路上行驶时具有较好的燃油经济性。

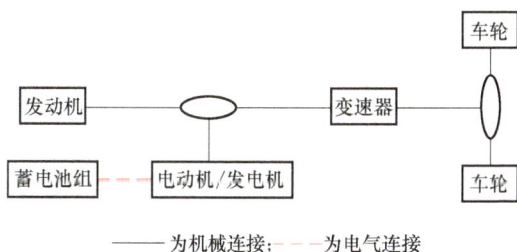

图 2-17　并联式系统结构

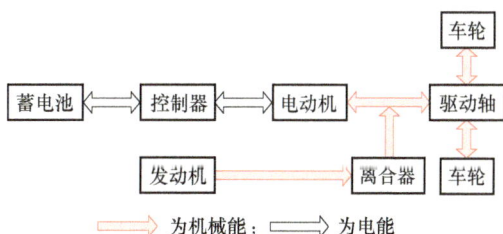

图 2-18　并联式动力流程

并联式驱动系统有两条能量传输路线，可以同时使用电动机和发动机作为动力源来驱动汽车，这种设计方式可以使其以纯电动汽车或低排放汽车的状态运行，但是此时不能提供全部动力能源。

并联式驱动系统的主要元件为动力合成装置，由于动力合成的实现方法具有多样性，相应的动力传动系统结构也多种多样，通常可以归类为驱动力合成式、转矩合成式和转速合成式。

1）驱动力合成式。驱动力合成式并联混合动力电动汽车示意图如图2-19a所示，其采用一个小功率的发动机，单独地驱动汽车的前轮。另外一套电动机驱动系统单独地驱动汽车的后轮，可以在汽车起动、爬坡或加速时增加混合动力电动汽车的驱动力。两套驱动系统可以独立驱动汽车，也可以联合驱动汽车，使汽车变成四轮驱动的电动汽车。此种混合动力电动汽车具有四轮驱动汽车的特性。

2）转矩合成式（单轴式和双轴式）。转矩合成式并联混合动力电动汽车示意图如图2-19b、c所示。发动机通过传动系统直接驱动混合动力电动汽车，并直接（单轴式）或间接（双轴式）带动发动机/发电机转动向蓄电池充电。蓄电池可以向电动机/发电机供电，此时电动机/发电机转换成电动机，用来起动发动机或驱动汽车。

3）转速合成式。转速合成式并联混合动力汽车示意图如图2-19d所示。发动机通过离合器和一个"动力组合器"来驱动汽车，电动机也是通过"动力组合器"来驱动汽车。可以利用普通内燃机汽车的大部分传动系统的总成，电动机只需通过"动力组合器"与传动系统连接，结构简单、改制容易、维修方便。通常"动力组合器"就是一个行星齿轮机构，这种装置可以使发动机或电动机之间的转速分配更加灵活，但它们组合在特定的"动力组合器"中，因为"动力组合器"使它们的转矩固定在电动汽车行驶的转矩上，用调节发动机节气门的开度来与电动机的转速相互配合，才能获得最佳传动效果，从而使得控制装备变得十分复杂。

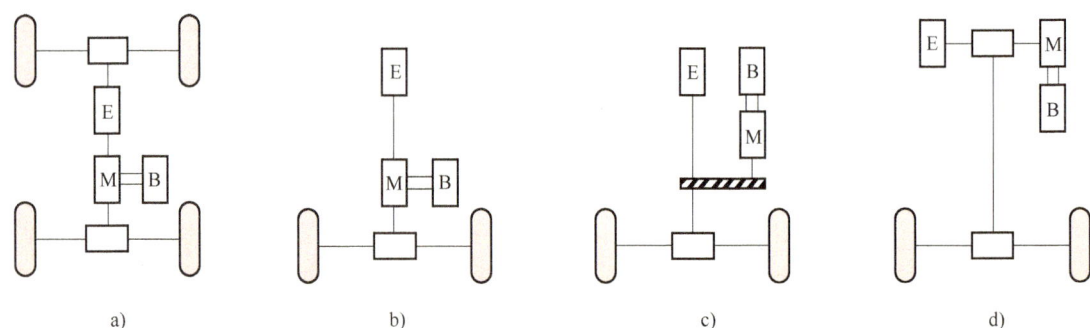

图 2-19 并联式混合动力电动汽车的驱动方式
a）驱动力合成式 b）单轴转矩合成式 c）双轴转矩合成式 d）转速合成式
E—发动机 M—电动机 B—蓄电池

3. 混联式混合动力电动汽车

混联式驱动系统是串联式与并联式的综合，其系统结构如图2-20所示，它主要由发动机、发电机、电动机、行星齿轮机构和蓄电池组等部件组成。发动机发出的功率一部分通过机械传动输送给驱动桥，另一部分则驱动发电机发电。发电机发出的电输送给电动机或蓄电池，电动机产生的驱动力矩通过动力复合装置传送给驱动桥。混联式驱动系统的控制策略是：在汽车低速行驶时，驱动系统主要以串联方式工作；当汽车高速稳定行驶时，则以并联工作方式为主。

目前，混联式混合动力结构一般采用行星齿轮机构作为动力分配装置。有一种最佳的混联式结构是将发动机、发电机和电动机通过一个行星齿轮装置连接起来，动力从发动机输出到其相连的行星架，行星架将一部分转矩传送到发电机，另一部分传送到传动轴，同时发电机也可以驱动电动机来驱动传动轴。这种机构有两个自由度，可以自由地控制两个不同的速度。此时车辆并不是串联式或者并联式，而是两种驱动形式同时存在，充分利用两种驱动形式的优点，其动力流程如图2-21所示。

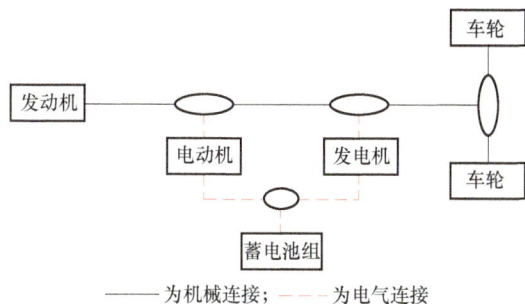

图 2-20 混联式系统结构

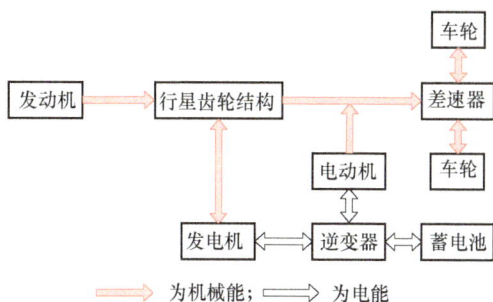

图 2-21 混联式动力流程

4. 混合动力电动汽车实例分析

（1）丰田普锐斯混合动力电动汽车 丰田普锐斯是世界上首款量产的混合动力电动汽车，自1997年第1代普锐斯正式投放市场以来，凭借着省油、宽裕的乘坐空间以及不错的行李舱储存空间，在市场上好评如潮，取得了非常可观的市场销量。截至2020年6月，丰田普锐斯混合动力电动汽车在全球范围内的销量已经突破千万辆。

一汽丰田普锐斯混合动力电动汽车外形如图2-22所示，采用了由动力分离装置将并联式混合系统和串联式混合系统组合在一起的混联式动力结构，搭载了一台排量为1.8L、最大功率为73kW和最大转矩为142N·m的4缸汽油发动机，一个最大功率为68kW和最大转矩为207N·m的电动机及一个500V的镍氢电池，如图2-23所示。发动机热效率从第3代的38.5%提升到了40%。得益于丰田最新的TNGA（Toyota New Global Architecture）架构和重新设计的电池组，百公里油耗将从4.3L下降至约3.7L。电池组容量的增加，插电混合动力版本纯电续驶里程也从17.7km提升到56km。

图 2-22 普锐斯外形

图 2-23 普锐斯系统结构

（2）比亚迪秦插电式混合动力电动汽车 比亚迪秦如图2-24所示，采用了双擎双模即DM Ⅱ代技术，最高车速为185km/h，0～100km/h的加速时间为5.9s，保证强劲动力的同时，综合油耗仅为 1.6L/100km，纯电续驶里程达到 80km。

在动力配置方面，2018 款比亚迪秦配备 1.5T 涡轮增压发动机+永磁同步电动机的组合类型，1.5T 涡轮增压发动机的最大功率为 113kW，最大转矩为 240N·m；永磁同步电动机的最大功率为 110kW，最大转矩为 200N·m。动力系统最大综合功率为 223kW，最大综合转矩为 440N·m。用于储能的电池位于车辆尾箱位置，该电池组容量达到 15.2kW·h，电池类型为三元锂电池。

图 2-24　比亚迪秦插电式混合动力电动汽车外形

在驾驶模式选择上，比亚迪秦的灵活性较大，驾驶人可以根据自身需求及路况选择不同的驾驶模式，有纯电节能模式、纯电运动模式、混动节能模式以及混动运动模式。如在堵车时可以选择纯电节能模式来达到更佳的节油效果。在所有模式中，秦能进行制动能量回馈，即电机向电池返充电，每 100km 回馈 2.5~3kW·h，可多行驶接近 15km。比亚迪秦插电式混合动力电动汽车整车能量传递路线如图 2-25 所示。

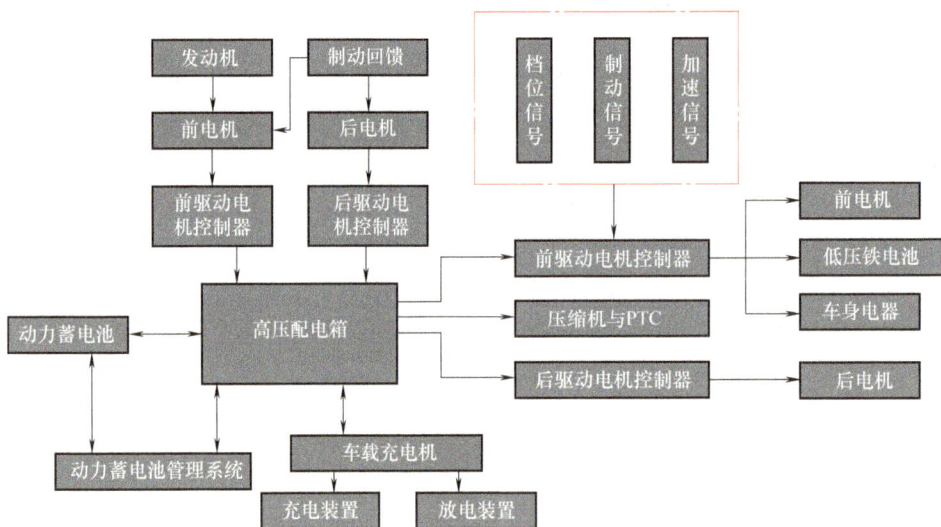

图 2-25　比亚迪秦插电式混合动力电动汽车整车能量传递线路

【温馨提示】

混合动力电动汽车结构认识与使用视频请扫教学资源 2.2 对应的二维码进行观看。

知识点4　油气混合车型结构与工作原理

油气混合汽车是指车辆的发动机可以使用液态和气态燃料来提供动力，其中液态燃料包括汽油、柴油和生物柴油，气态燃料包括天然气和液化石油气。天然气是一种洁净的能源，主要成分为甲烷，燃烧后的主要生成物为二氧化碳和水，因其环保的特性应用到汽车上。

最常见的油气混合汽车是以汽油和压缩天然气（Compressed Natural Gas，CNG）作为动力源的汽车，如图 2-26 所示。采用定型的汽油汽车改装，在保留原车供油系统的基础上，增加一套车用压缩天然气装置，可燃用压缩天然气，也可燃用汽油，油气两种燃料转换非常方便。

车用压缩天然气装置主要由以下三大系统组成：

1）天然气储气系统：由充气阀、高压截止阀、天然气储气瓶、高压管线、高压接头、压力传感器和气量显示器组成。

2）天然气供给系统：由天然气滤清器、减压调节器、动力调节阀和混合器等组成。

3）油气燃料转换系统：由油气燃料转换开关、天然气电磁阀和汽油电磁阀等组成。

当使用天然气作为燃料时，储气瓶内 20MPa 的压缩天然气经管道进入滤清器除去杂质后，进入减压器逐步减压到常压，进入混合器并与来自空气滤清器的空气混合一同经进气通道进入气缸燃烧。油路中安装一个汽油电磁阀，其余部件均保留不变。当使用汽油时，汽油电磁阀打开，汽油通过该阀进入进气口并被吸入气缸燃烧。

奥迪 A3 g-tron 以汽油和 CNG 为燃料。其发动机基于普通版 A3 的 1.4TFSI 发动机改造而来，针对天然气的特性，对气缸盖、涡轮增压器、喷射系统以及三元催化转化器都进行了改进，如图 2-27 所示。

用来储存压缩天然气的两个气瓶布置于车尾底部，占据了原先备胎的空间。每个气瓶能够以 20MPa 的高压储存 7.2kg 天然气。该气瓶采用轻量化材料制造，由内外三层材料复合而成，内层采用不透气的聚酰胺材料（尼龙），中层为高强度

图 2-26　油气混合汽车系统结构

的碳纤维增强聚合材料，最外层用来保护气瓶的外壳采用了玻璃纤维增强聚合材料。它的质量比传统的钢瓶减轻了 70%，如图 2-28 所示。

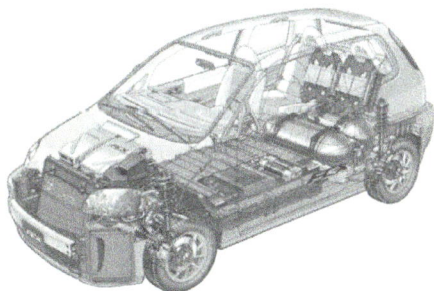

由1.4TFSI汽油发动机改造而来的双燃料发动机

汽油油箱　　压缩天然气(CNG)储罐

图 2-27　奥迪 A3 g-tron 油气混合汽车

供气系统采用的电子调压器是奥迪 A3 g-tron 的亮点之一，调压装置分两级将高压储存的天然气减压到 0.5~0.9MPa。对于使用 CNG 的汽车，减压系统直接影响 CNG 发动机的工

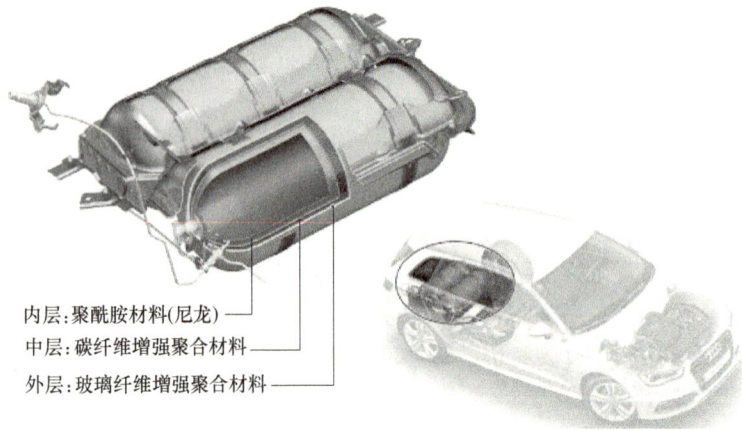

内层:聚酰胺材料(尼龙)
中层:碳纤维增强聚合材料
外层:玻璃纤维增强聚合材料

图 2-28　奥迪 A3 g-tron 存储 CNG 的气瓶

作性能，甚至是导致诸多故障的根源。奥迪高精度的电子调压器则保证了发动机的性能和可靠性，如图 2-29 所示。

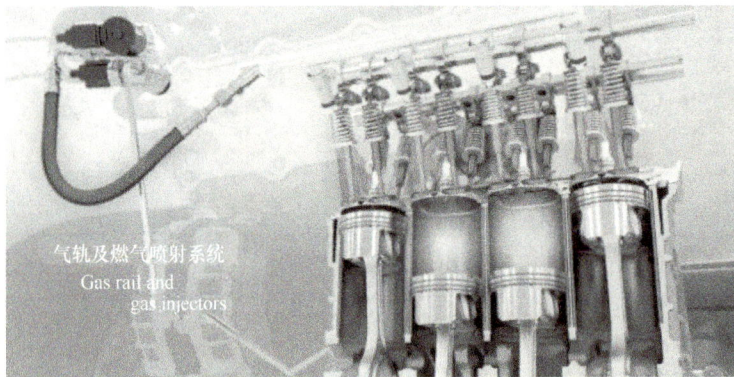

气轨及燃气喷射系统
Gas rail and
gas injectors

图 2-29　燃气喷射系统

　　奥迪 A3 g-tron 车内并没有切换燃料来源的控制按钮。通常情况下，车辆会自动优先使用天然气燃料。在低温环境中，车辆会先使用汽油起动，然后切换至天然气。当气瓶内压力低于 1MPa 时（天然气剩余量小于 0.6kg），A3 g-tron 才会将燃料切换成汽油。A3 g-tron 使用天然气的续驶里程可达 400km（消耗量约 3.6kg/100km），而后继续使用汽油可以再行驶 900km，总续驶里程可达 1300km。

　　因为车尾装有气瓶，所以 A3 g-tron 的后悬架改为纵臂扭转梁式。另外，出于安全考虑，高温的排气管截止到气瓶之前，因此车尾看不到排气管。为方便 CNG 和燃油的加注，燃气和燃油加注口设置在一起，如图 2-30 所示。与汽油版 A3 相比，A3 g-tron 车内比较显著的变化是将原左侧仪表盘的冷却液温度表换成了气瓶的天然气余量显示表，行车电脑也相应增加了燃气消耗（以 kg/100km 计）、燃气模式续驶里程和混合续驶里程等数据，如图 2-31 所示。

图 2-30　燃气与燃油加注口

图 2-31　奥迪 A3 g-tron 仪表盘

知识点 5　混合动力电动汽车的关键技术

混合动力电动汽车是集汽车、自动控制、新能源、新材料、电力和电化学等一系列高科技于一身的高新技术成果，其关键技术涉及众多领域。混合动力电动汽车的关键技术主要包括电池及电池管理系统、电动机及电动机控制技术、整车能量管理控制技术、动力传动系统匹配技术和能量再生制动回收技术等。其中，混合动力电动汽车的电池及电池管理系统、电动机及电动机控制技术和纯电动汽车没有太大差异，在此不做赘述。

1. 整车能量管理控制技术

混合动力电动汽车的整车能量管理控制技术的主要功能是进行整车功率控制和工作模式切换的控制。整车能量管理控制系统如同混合动力电动汽车的大脑，指挥各个子系统的协调工作，以达到效率、排放和动力性最佳，同时兼顾行驶车辆的平顺性。

整车能量管理控制系统根据驾驶人的操作，如加速踏板、制动踏板和变速杆等操作判断驾驶人的意图，在满足驾驶人需求的前提下，分配电动机、发动机和电池等动力部件的功率输出，实现能量利用率的最优管理，使有限的燃油发挥最大的功效。目前的混合动力电动汽车都不需要外部充电，与传统汽车一样，其整车驱动能量全部来自于发动机的燃油热能，电动机驱动所需的电能是燃油热能在车辆行驶中转换为电能后储存在蓄电池中。能量管理策略的目标是使燃油能量转换效率尽可能高。

整车能量控制必须通过有效地控制混合动力系统的工作才能实现，此外，能量控制还需考虑其他车载电器附件和机械附件的能量消耗，如空调、动力转向、制动助力等系统的能量，以综合考虑整车的能量使用。

2. 动力传动系统匹配技术

混合动力电动汽车动力传动系统的参数匹配是混合动力电动汽车设计的一个重要内容，其直接影响混合动力电动汽车将来的排放和燃油经济性能。它包括合理地选择和匹配发动机功率、动力蓄电池容量和发动机的功率等，以确定车辆的混合度，组成性能最优的混合驱动系统。

3. 能量再生制动回收技术

制动器通过把动能转换成会散发到空气中的热能而使汽车变慢、停止。燃料在内燃机中燃烧产生热能，然后热能转换成机械能，从而使汽车产生动能行驶。再生制动的目的是回收一些动能，把它储存起来，然后用它让汽车再运动。再生制动工作时，滚动的车轮因摩擦而减速或停止，一部分制动转矩从轮胎传回到电动机轴，电动机轴上的磁铁（转子，电动机的运动部分）运动穿过定子（电动机的静止部分）上的线圈、通过磁铁的磁场产生电，该电能直接给高压电池充电，形成能量制动回收。据估计，再生制动约能回收制动热能损失的一半。根据汽车类型的不同，燃料消耗将比现在的消耗水平减少 $10\% \sim 25\%$。另外，如何在最大限度回收制动时的车辆动能与保证安全的制动距离和车辆行驶稳定性之间取得平衡，是再生制动系统需要解决的难题之一。再生制动系统与车辆防抱死系统的结合可以完美地解决这一难题。

2.3 燃料电池电动汽车分类与结构原理

知识点 1 燃料电池电动汽车的结构与工作原理

燃料电池电动汽车主要由燃料电池、高压储氢罐、辅助动力源、DC/DC 变换器、驱动电机和整车控制器等组成。目前应用最多是氢燃料质子交换膜燃料电池，燃料电池是一种高效发电装置。高压储氢罐是气态氢的存储装置，用于给燃料电池供应氢气。辅助动力源根据不同的 FCEV 设计方案，可采取不同装置。DC/DC 变换器的主要功能是调节燃料电池的输出电压，调节整车能量分配以及稳定整车直流母线电压。驱动电机将电能转换为驱动汽车行驶的机械能。整车控制器是汽车的大脑，接收与处理数据，根据预先匹配好的控制策略进行能量分配调节控制。

以氢燃料质子交换膜燃料电池电动汽车为例，其工作原理如图 2-32 所示。高压储氢罐中的氢气和空气中的氧气在汽车搭载的燃料电池中发生氧化还原反应，产生电能，驱动电机工作，动力通过传统系统经减速机构分配给驱动轮，驱动汽车行驶。

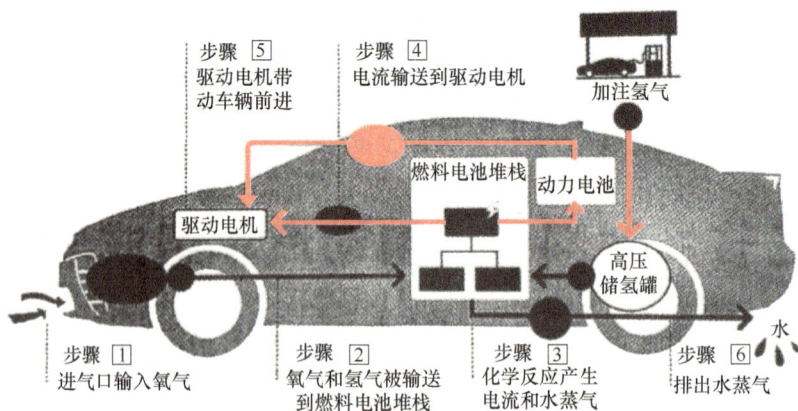

步骤 ⑤ 驱动电机带动车辆前进 步骤 ④ 电流输送到驱动电机 加注氢气 燃料电池堆栈 动力电池 驱动电机 高压储氢罐 水 步骤 ① 进气口输入氧气 步骤 ② 氧气和氢气被输送到燃料电池堆栈 步骤 ③ 化学反应产生电流和水蒸气 步骤 ⑥ 排出水蒸气

图 2-32　燃料电池电动汽车的工作原理

知识点 2 燃料电池电动汽车的结构特点

燃料电池电动汽车与其他电动汽车的根本区别是所用的动力源以燃料电池为主，而驱动

电机、传动机构以及汽车所需的其他各种辅助功能等基本相同。根据不同的分类方式，燃料电池电动汽车的结构形式多种多样。按燃料特点可分为直接燃料电池电动汽车和重整燃料电池电动汽车。直接燃料电池电动汽车的燃料主要为氢气，而重整燃料电池电动汽车的燃料有汽油、天然气、甲醇、甲烷以及液化石油气等。重整燃料电池电动汽车的结构相较于直接燃料电池电动汽车要复杂得多。按照驱动形式，又可分为纯燃料电池驱动和燃料电池混合动力驱动。

1. 纯燃料电池电动汽车

纯燃料电池电动汽车是指只有燃料电池一个动力源，汽车需要的功率都由燃料电池提供。其驱动系统一般由燃料箱、燃料电池、电机控制器、电机以及信号线路等组成，如图 2-33 所示。

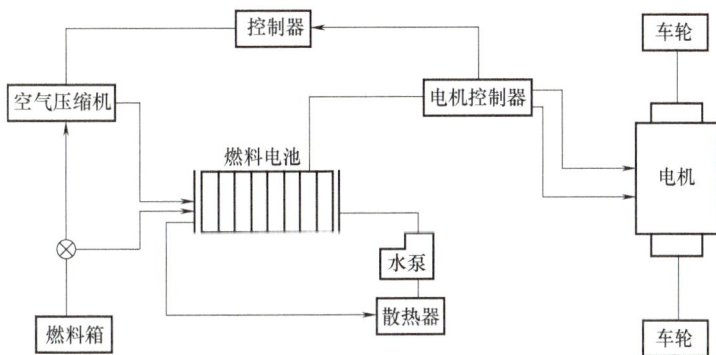

图 2-33　纯燃料电池驱动系统结构

纯燃料电池电动汽车动力传动系统结构简图如图 2-34 所示。燃料电池系统将氢气与氧气反应产生的电能通过 DC/DC 变换器和电机控制器传给驱动电机，驱动电机将电能转换为机械能驱动汽车行驶。这种结构具有的优点如下：

① 系统结构简单，便于实现系统控制和整体布置。

② 系统部件少，有利于整车的轻量化。

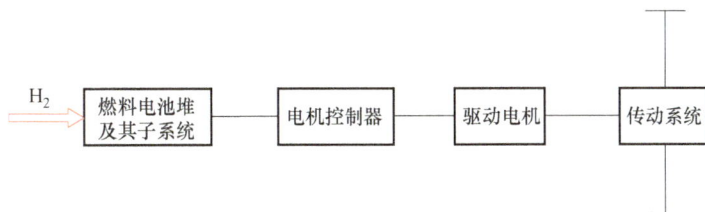

图 2-34　纯燃料电池电动汽车动力传动系统结构简图

由于燃料电池无法充电，所以纯燃料电池电动汽车无法实现制动能量回馈，这将影响系统能量效率的提高。其次，纯燃料电池电动汽车只有燃料电池一个动力源，汽车所有的功率负荷都由燃料电池承担，所以其具有以下限制：

① 燃料电池功率大，成本高。

② 对燃料电池系统的动态性能和可靠性提出了很高的要求。

③ 不能进行制动能量回收。

2. 燃料电池混合动力电动汽车

基于纯燃料电池电动汽车的一些限制，开发了混合动力驱动结构，以燃料电池系统作为主动力源，又增加了动力蓄电池组或超级电容作为辅助动力源。辅助动力源有三种配合方式：动力蓄电池、超级电容或动力蓄电池+超级电容，由此所构成的混合动力驱动系统分别称为FC+B、FC+C或FC+B+C。

在燃料电池启动时，空气压缩机或鼓风机需要供电，电堆（一组燃料电池）需要预加热，氢气和空气需要预加湿等，这些过程都需要提前向燃料电池系统供电。同时，在汽车起动、加速、爬坡等工况下，驱动功率需要大于燃料电池可提供的功率，此时由辅助动力源承担部分电能，即可降低燃料电池的峰值功率需求，使燃料电池工作在一个较稳定的工况下。在汽车怠速、低速等低负荷工况下，当燃料电池的功率大于驱动功率时，即可把富余能量存储于辅助动力源内；并在滑行、下坡及减速制动时，通过电机发电回馈来吸收其动能，从而提高整个动力系统的能量效率。由辅助动力源和燃料电池系统组合起来的混合动力驱动系统不仅降低了对燃料电池功率和动态特性的要求，同时也降低了燃料电池系统的成本。

（1）燃料电池与动力蓄电池联合驱动（FC+B） 燃料电池与辅助动力蓄电池联合驱动的燃料电池电动汽车动力系统如图2-35所示。在该动力系统结构中，燃料电池和动力蓄电池一起为驱动电机提供能量，驱动电机将电能转换为机械能传给减速机构，从而驱动汽车行驶；在汽车制动时，驱动电机变成发电机，动力蓄电池将储存回馈的能量。在燃料电池和动力蓄电池联合供能时，燃料电池的能量输出变化较为平缓，随时间变化波动较小，而能量需求变化的高频部分由动力蓄电池分担。

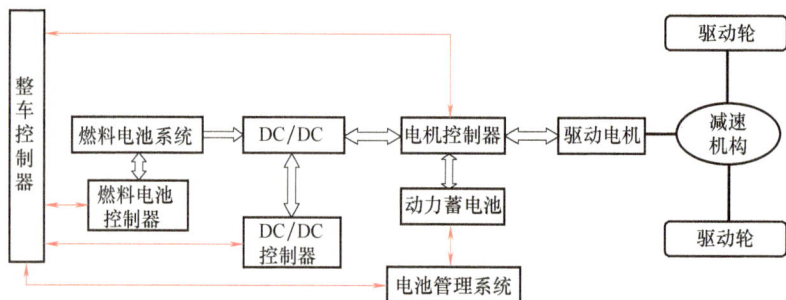

图2-35　燃料电池与辅助动力蓄电池联合驱动的燃料电池电动汽车动力系统

目前这种结构形式应用较为广泛，它解决了诸如辅助设备供电、水热管理系统供电、燃料电池堆加热、能量回收等问题。主要优点是：系统对燃料电池的功率要求较纯燃料电池结构形式有很大的降低，从而大大降低了整车成本；燃料电池可以在比较好的、设定的工作条件下工作，工作时燃料电池的效率较高；系统对燃料电池的动态响应性能要求较低；汽车的冷起动性能较好；可以回收汽车制动时的部分动能。但这种结构形式由于动力蓄电池的使用使得整车质量增加，动力性和经济性受到影响，这一点在能量复合型混合动力电动汽车上表现更为明显；动力蓄电池充放电过程会有能量损耗；系统变得复杂，系统控制和整体布置难度增加。

目前，FC+B燃料电池电动汽车动力系统分为直接型和间接型两种结构形式。

1）直接型燃料电池混合动力系统是指燃料电池与系统总线直接相连，如图2-36所示，

在该系统中，由于燃料电池系统和动力蓄电池均直接并入动力系统总线中，直接与电机控制器相连，结构简单。此外，动力蓄电池既可以输出功率，改善燃料电池系统本身在汽车行驶过程中可能出现动力性较差的情况，又可在燃料电池功率输出过剩时将多余的功率存储在其内部，从而提高整车的能量利用率。

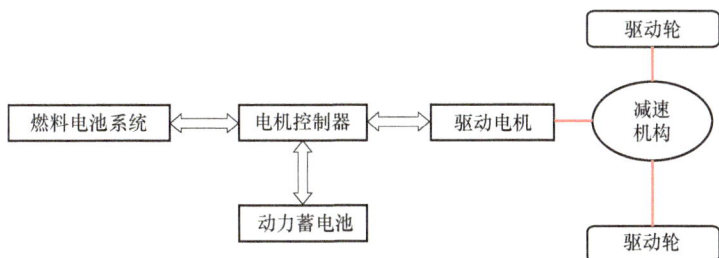

图 2-36　直接型燃料电池混合动力系统（无 DC/DC 变换器）

直接型燃料电池混合动力系统还有一种燃料电池系统直接连入主线、动力蓄电池与双向 DC/DC 变换器相连后并入主线的结构形式，如图 2-37 所示。

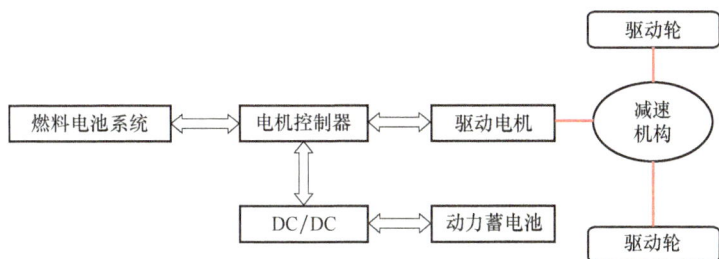

图 2-37　直接型燃料电池混合动力系统（有 DC/DC 变换器）

这种结构形式的动力系统，由于在动力蓄电池和总线之间增加了一个双向 DC/DC 变换器，使得动力蓄电池的电压无须与总线上的电压保持一致，降低了动力蓄电池的设计要求，从而可以在一定程度上提高动力蓄电池的性能。另外，DC/DC 变换器的引入，对于系统控制而言，可以更加方便灵活地控制动力蓄电池的充放电，改善系统的可操作性。

总的来说，直接型燃料电池混合动力系统具有结构简单、易于实现等优点，然而存在一个不可避免的问题，那就是由于燃料电池与总线直接相连，总线电压即为燃料电池的输出电压。然而在汽车行驶时，驱动电机的工作电压会与燃料电池的输出电压产生一定的电压差，当燃料电池正常工作时，其输出电压为总线电压，此时若输出电压小于驱动电机的工作电压，会导致驱动电机的输出功率降低，进而影响整车行驶的动力性能；与之相反，当驱动电机在其最大输出功率的电压下工作时，若驱动电机工作电压小于燃料电池输出电压，则会影响燃料电池系统的工作效率，降低整车的经济性。

2）间接型燃料电池混合动力系统的结构形式是燃料电池系统与 DC/DC 变换器连接后，动力蓄电池与其一起并联入动力系统总线中，如图 2-38 所示。

间接型燃料电池混合动力系统在一定程度上解决了直接型燃料电池混合动力系统中存在的燃料电池输出电压与驱动电机工作电压之间矛盾的问题，既可保证驱动电机始终工作在其最佳工作电压范围内，又保证了燃料电池的输出电压不受干扰和限制，改善了系统的工作性能。

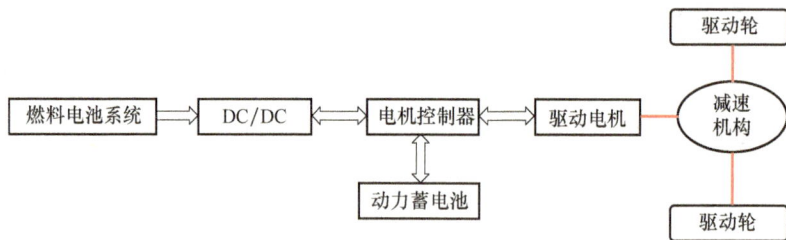

图 2-38　间接型燃料电池混合动力系统

（2）**燃料电池与超级电容器联合驱动**（FC+C）　这种结构形式与燃料电池+动力蓄电池结构相似，只是把动力蓄电池换成超级电容器，如图 2-39 所示。相对于动力蓄电池，超级电容器充放电效率高、能量损失小，循环寿命长，常规制动时再生能量回收率高，正常工作温度范围宽；超级电容器瞬时功率比动力蓄电池大，汽车起动更容易。燃料电池和超级电容器动力系统可以降低燃料电池的放电电流，发挥超级电容均匀负载的作用，提高整车的续驶里程和动力性。

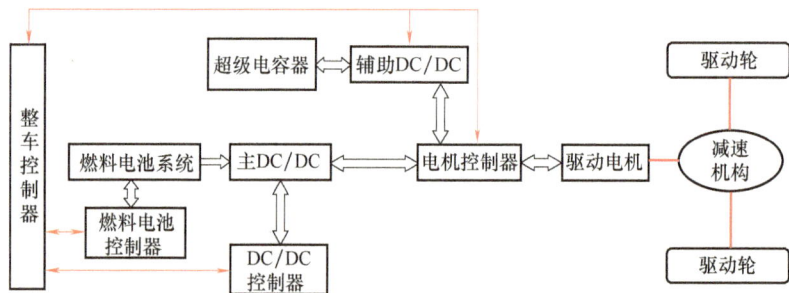

图 2-39　燃料电池与超级电容器联合驱动的燃料电池电动汽车动力系统

但是，超级电容器的能量密度低，能量存储有限，峰值功率持续时间短，同时这种混合动力系统结构复杂，对系统各部件之间的匹配及控制要求高，这些成为制约燃料电池和超级电容器混合动力系统发展的关键因素。随着超级电容器技术的不断进步，这种结构将成为一个新的重要发展方向。

（3）**燃料电池与动力蓄电池和超级电容器联合驱动**（FC+B+C）　燃料电池与辅助动力蓄电池和超级电容器联合驱动的燃料电池电动汽车动力系统如图 2-40 所示。在该动力系统结构中，燃料电池、动力蓄电池和超级电容器一起为驱动电机提供能量，驱动电机将电能转换成机械能传给减速机构，从而驱动汽车行驶。在汽车制动时，驱动电机变成发电机，动力蓄电池和超级电容器将储存回馈的能量。在燃料电池、动力蓄电池和超级电容器联合供能时，燃料电池的能量输出较为平缓，随时间变化波动较小，而能量需求变化的低频部分由动力蓄电池承担，能量需求变化的高频部分由超级电容器承担。在这种结构中，各动力源的分工更加明细，因此它们的优势也得到更好的发挥。

这种结构与燃料电池+动力蓄电池的结构相比优点更加明显，尤其是在部件效率、动态特性、制动能量回馈等方面。缺点也一样明显，由于增加了超级电容器，整个系统的重量将增加；系统更加复杂，系统控制和整体布置的难度也随之加大。

在三种混合动力驱动中，FC+B+C 组合被认为能够最大限度地满足汽车的起动、加速、

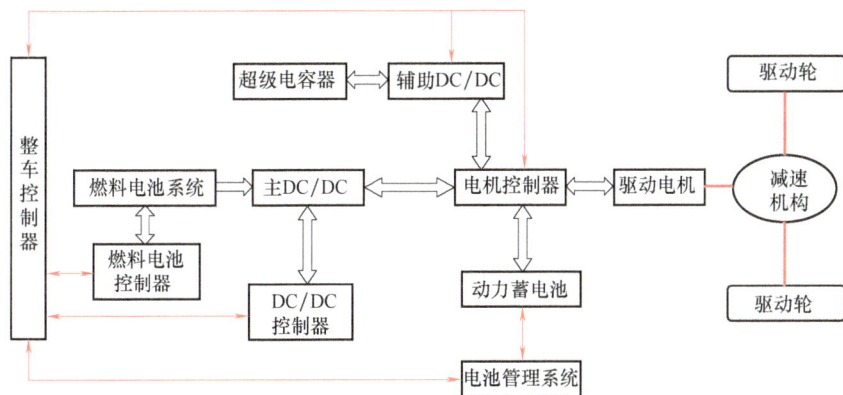

图 2-40　燃料电池与辅助动力蓄电池和超级电容器联合驱动的燃料电池电动汽车动力系统

制动的动力和效率需求，但成本高，结构和控制也最为复杂。目前燃料电池电动汽车动力系统的组合一般为 FC+B。

知识点 3　燃料电池电动汽车的关键技术

1. 燃料电池技术

车用燃料电池目前主要以氢燃料的质子交换膜燃料电池为主。质子交换膜燃料电池由双极板、气体扩散层、催化层及聚合物膜组成。质子交换膜是整个电池的核心，起传导氢离子的作用，可分为全氟磺酸质子交换膜、部分氟化质子交换膜以及非氟质子交换膜。由于氧的还原反应在动力学上十分缓慢，为了提高质子交换膜燃料电池的性能，采用催化剂提高氧还原反应的交换电流密度显得十分必要。目前常用催化剂大多涉及铂金属，这造成电池的成本升高，同时也对氢气燃料的纯净度要求提高。普通的车用质子交换膜燃料电池工作温度一般为 $70\sim95℃$，但在低于 $100℃$ 环境中运行时，由于反应产生的液态水的存在，燃料电池面临着严峻的水管理问题。而提高质子交换膜燃料电池工作温度，燃料电池内生成的为气态水，因此可以简化水管理。同时，高温能够抑制 CO 在铂基催化剂上的吸附，提高了燃料电池的 CO 耐受性，对燃料的纯度要求降低，铂基催化剂的负载量也减少。但是 Nafion 膜需要在有水的环境中才能进行质子交换，燃料电池工作温度过高（$>100℃$）可能会使得膜脱水，这会带来较差的质子电导率。同时，Nafion 膜的稳定性不够，高温会发生降解导致膜的机械强度下降。为了在保证 Nafion 膜优点的前提下，改善其在高温低湿环境下的质子电导率，需要对膜进行掺杂改性，应用最广泛的制备技术是将 Nafion 膜与无机酸、硅或金属氧化物等掺杂复合。未来质子交换膜将向中高温方向发展，催化剂也会向低铂、非铂类催化剂方向更新。

2. 车载储氢技术

氢能具有储量丰富、来源广泛、能量密度高、可循环利用、温室气体及污染物零排放等特点，是公认的清洁能源，有助于解决能源危机、环境污染及全球变暖等问题。氢气在常温常压下为气态，密度仅为空气的 7.14%，决定氢能应用的关键是安全高效的氢能储运技术。对于燃料电池电动汽车来说，车载储氢技术的改进是其发展的重中之重。目前，氢燃料电池车载储氢技术主要包括高压气态储氢、低温液态储氢、高压低温液态储氢及有机液体储氢等。衡量储氢技术的性能参数有体积储氢密度、质量储氢密度、充放氢速率、充放氢的可逆性、循环使用寿命及安全性等，其中质量储氢密度、体积储氢密度及操作温度是主要评价指标。

(1) 高压气态储氢　在车载储氢中，增加内压、减小罐体质量、提高储氢容量是储氢容器的发展方向。高压气态储氢是一种最常见、最广泛应用的储氢方式，它是通过高压压缩的方式将气态氢储存在体积大、质量大的气瓶中。该储氢方式简便易行、能耗低、成本低、充放氢速度快，在常温下就可以进行放氢，零下几十摄氏度低温环境也能正常工作。目前，高压气态储氢容器主要分为纯钢制金属瓶（Ⅰ型）、钢制内胆纤维缠绕瓶（Ⅱ型）、铝内胆纤维缠绕瓶（Ⅲ型）及塑料内胆纤维缠绕瓶（Ⅳ型）四种类型。高压气态储氢容器Ⅰ型、Ⅱ型储氢密度低、氢脆问题严重，难以满足车载储氢密度要求；而Ⅲ型、Ⅳ型瓶由内胆、碳纤维强化树脂层及玻璃纤维强化树脂层组成，明显减小了气瓶质量，提高了单位质量储氢密度。因此，车载储氢瓶大多使用Ⅲ型、Ⅳ型两种容器。

(2) 低温液态储氢　氢是一种高能、低温的液态燃料，其沸点为$-252.65℃$、密度为$0.07g/cm^3$，其中密度是气态氢的845倍，体积储氢密度是高压气态氢的数倍。通常，低温液态储氢是将氢气压缩后冷却至$-252℃$以下，使之液化并存放于绝热真空储存器中。与高压气态储氢相比，低温液态储氢的储氢质量、体积储氢密度均有大幅度提高。如果从储氢质量、体积储氢密度的角度分析，低温液态储氢是较理想的储氢技术。但是，液态储氢技术也存在着一些问题，例如其成本高、易挥发、运行过程中安全隐患多、商业化难度大。今后，低温液态储氢技术还需进一步向着低成本、低挥发、质量稳定的方向发展。

(3) 高压低温液态储氢　高压低温液态储氢是在低温下增加压力的一种储存方式。高压下，液氢的体积储氢密度随压力升高而增加，如在$-252℃$下，液氢的压力从$0.1MPa$增至$23.7MPa$后，其储氢密度从$70g/L$增至$87g/L$，质量储氢密度达到7.4%。美国加利福尼亚州的劳伦斯利沃莫尔国家实验室研发了新型高压低温液态储罐。该储罐内衬为铝，外部缠绕碳纤维，保护套由高反射率的金属化塑料和不锈钢组成，储罐和保护套之间为真空状态，可以有效降低液氢的挥发，保持6天无挥发。与常压液态储氢相比，高压低温液态储氢的氢气挥发性小、体积储氢密度更大，但成本、安全性等问题亟待解决。

(4) 有机液体储氢　有机液体储氢是利用不饱和有机液体的加氢和脱氢反应来实现储氢。某些有机液体可以可逆吸放大量氢，且反应高度可逆、安全稳定、易运输，可以利用现有加油站加注有机液体。常用储氢的有机液体包括苯、甲苯、萘、吡啶等（表2-3）。传统的有机物苯、甲苯、萘的质量储氢密度为$5\%\sim7.5\%$，但是反应压力为$1\sim10MPa$，反应温度为$350℃$左右，需要贵金属催化剂。目前有机液体储氢技术的理论质量储氢密度已接近7.5%。提高低温下有机液体储氢介质的脱氢速率与效率、提高催化剂反应性能、改善反应条件、降低脱氢成本是进一步发展该技术的关键。

表2-3　不同有机液体储氢材料的储氢特性

有机液体氢化物	理论质量储氢密度（%）	催化剂	脱氢温度/℃
苯	7.2	0.5%Pt-0.5%Ca/Al₂O₃	300
甲苯	6.2	10%Pt/AC	298
		0.1%K-0.6%Pt/Al₂O₃	320

（续）

有机液体氢化物	理论质量储氢密度（%）	催化剂	脱氢温度/℃
萘	7.3	10% Pt/AC	320
		0.8% Pt/Al$_2$O$_3$	340
咔唑	6.7	5% Pd/C	170
四氨基吡啶	5.8	10% Pd/SiO$_2$	170

（5）储氢技术对比　从技术成熟方面分析，高压气态储氢最成熟、成本最低，是现阶段主要应用的储氢技术，在汽车续驶里程、行驶速度及加注时间等方面均能与柴汽油车相媲美，但如果对氢燃料电池电动汽车有更高要求时，该技术不再适合。从质量储氢密度分析，低温液态储氢、有机液体储氢质量储氢密度最高，但两种技术均存在成本高等问题，且操作、安全性等较之气态储氢要差。从成本方面分析，低温液态储氢及有机液体储氢成本均较高，不适合目前小批量化推广。各种储氢技术的优缺点对比见表2-4。

表 2-4　不同车载储氢技术的优缺点对比

储氢技术	质量储氢密度（%）	主要优点	主要缺点
高压气态储氢	5.7	技术成熟，成本低，操作简单	质量储氢密度低
低温液态储氢	7.4	储氢密度高	易挥发，成本高
高压低温液态储氢	7.4	储氢密度高	成本高，安全性差
有机液体储氢	7.2	储氢密度高	成本高，操作条件苛刻

3. 驱动电机技术

为了使车辆加够燃料后行驶更多里程，以及能最大限度地利用氢能源并减小车辆改装后的整体质量，要求电力驱动系统有较高的效率和功率密度。驱动电机应向着大功率、高转速、高效率和小型化方向发展。当前驱动电机主要有感应电动机（IM）和永磁无刷电动机（PMBLM），特别是永磁无刷电动机具有较高的功率密度和效率、体积小、惯性低和响应快等优点。在设计和选择驱动电机时应保证电机的转矩/转速特性与整车负载特性匹配良好，电机转矩的动态性能好，以及恒速、恒功率和变工况下都应有较高的效率。

4. 整车通信网络技术

整车通信网络技术是汽车技术高速发展的标志。特别是对于燃料电池电动汽车来说，由于采用了大量电子元器件来满足功能需求，更为复杂的整车控制系统需要更为复杂的电路布线，可采用功能强大的控制器局域网络（CAN）总线网络和局部互联网（LIN）。CAN总线用于控制系统的通信网络，而LIN可以作为CAN总线之外的辅助模块。整车通信网络结构如图2-41所示。

5. 电子控制技术

燃料电池有其自身的特点：①电压低，电流大；②输出电流会随温度的升高而升高，输出电压会随输出电流的增大而下降；③从开始输出电压、电流到逐渐进入稳定状态，停留在过渡带范围内的动态反应时间较长。正是由于以上特点，大多数电器和电机难以适应其电压特性，必须和DC/DC变换器和DC/AC逆变器配合使用，需要对燃料电池系统进行大量的功

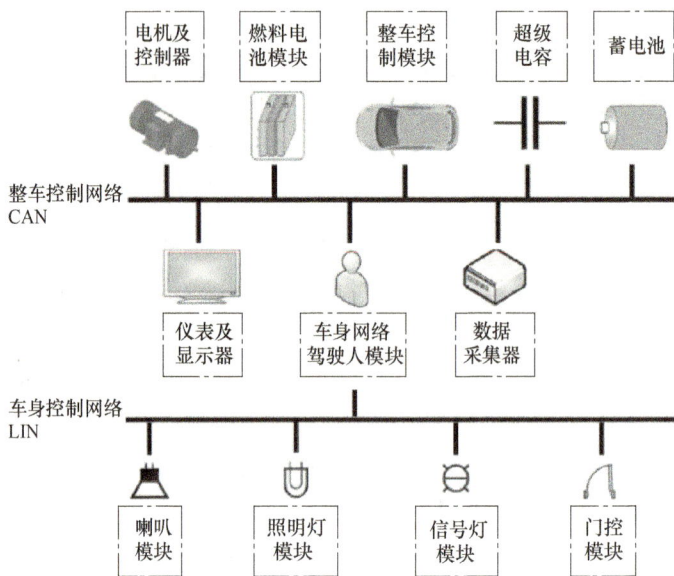

图 2-41　整车通信网络结构

率调节以保证电压的稳定。

6. 整车系统优化技术

燃料电池电动汽车的整车系统是涉及多学科技术的复杂系统，其性能受到多学科相关因素的影响，因此，必须在充分考虑各影响因素的基础上，对整车系统进行优化，以改进燃料电池电动汽车性能和降低整车的设计和制造成本。整体化设计理念中，材料的轻量化和空气动力学的充分利用被放在了最重要的位置。因为汽车在行驶过程中，燃料消耗所产生的能量中只有小部分是真正被用来推动汽车，而大部分的能量都通过热量的损失、滚动阻力、空气阻力及控制系统的低效率等被消耗掉，其间，汽车本身的质量和空气动力学因素起着很重要的作用。在整体化设计过程中，强调质量的减小，即轻量化的车身需要更轻的底盘组件和更小的动力总成，而此组件的相互联系和组合小，不但可以减小体积和质量，甚至可以摒弃原先组件，进一步减小系统的质量。

知识点 4　燃料电池电动汽车实例分析

1. 氢燃料电池客车

近些年来，我国在新能源汽车领域取得了重大的突破。目前，氢燃料电池汽车已经在全国多个地区进行商业化运营，在公交通勤、物流运输等方面均有杰出表现。

和传统燃油公交车相比，氢燃料电池公交车排放的是水而非二氧化碳，不会造成大气污染。传统燃油公交车起动后，发动机、排气系统产生的噪声就会源源不断，而使用氢燃料电池的公交车在行驶过程中，只能听到细微的电磁噪声，噪声很小。氢燃料电池公交车上只有制动和加速踏板，中途并不需要换档，要比传统燃油公交车操作更方便。氢燃料电池公交车的氢燃料能量转化过程并不涉及燃烧，无机械损耗，能量转化率高，产物仅为电、热和水蒸气，无其他污染性排放物存在。氢燃料电池公交车运行平稳，几乎没有振动和噪声，对降低

城市大气污染、改善城市环境和降低能源消耗有着重大意义。

下面以宇通客车 F8 为例介绍氢燃料电池客车。如图 2-42 所示，F8 采用自主研发电-电混合动力系统和燃料电池整车控制技术，为整车提供稳定的能量输入。

在整车性能上，F8 燃料电池系统采用分体集成布置方案，其燃料电池重量减轻 79%，体积减小 65%，整车重量和电耗明显降低。在防护等级上，F8 燃料电池系统防护等级达到 IP67 水准。在低温起动方面，F8 可实现-18℃起动，加热时间减少 18.7min，大大提升了冬季用车体验。在整车安全方面，F8 继承了宇通纯电公交车的安全优势，结合宇通燃料电池汽车特有的氢气系统安全至上、最简化、

图 2-42　宇通 F8 氢燃料电池客车

区域布置、氢电隔离的原则。通过 5 处氢气泄漏传感器的布置、氢瓶压力传感器的实时监测，配合全新研发的车辆发生碰撞可主动、及时地断氢、断高压电技术，共同保证整车安全。

此外，宇通客车还在行业内首次进行了燃料电池城市客车-30℃高寒试验，在-30℃的环境下冷冻超过 20h，不仅能够在 15min 内成功起动，而且车载氢系统完全无泄漏，其他零部件均可正常工作。而排放检测更是显示 F8 尾气排放中颗粒物比空气颗粒物含量还要低，尾排水则符合 106 项生活饮用水标准。F8 的充氢时间仅需 10min，最高续驶里程可达 500km。

2. 丰田 Mirai 氢燃料电池电动汽车

丰田 Mirai 氢燃料电池电动汽车如图 2-43 所示。

丰田 Mirai 作为氢能源汽车的先驱，早在 2014 年已经上市，在 2020 年迎来了换代。第二代 Mirai 基于丰田 TNGA 架构下的 GA-L 后驱平台打造。新车搭载的驱动电机最大功率可达 134kW，峰值转矩达 300N·m，最高车速达 175km/h。它最大的亮点是在驱动方式上，如图 2-44 所示，丰田 Mirai 配备了三个储氢罐，相比第一代丰田 Mirai 对储氢罐位置进行了改良。另外，三个储氢罐仅需 3~5min 就可以加满压缩的氢气，与燃油车的加油时间非常类似，最大续驶里程能达到 850km。

图 2-43　丰田 Mirai 氢燃料电池电动汽车

图 2-44　丰田 Mirai 氢燃料电池电动汽车底盘结构

与第一代 Mirai 电堆横向布置底盘的方式不同，第二代 Mirai 燃料电池堆结构如图 2-45 所示，其纵向布置在发动机盖下。驱动电机位于后部。经过对包括储氢瓶和燃料电池堆在内的燃料电池系统全新布置，即燃料电池系统前置+后驱+储氢瓶布局等，全新 Mirai 可实现车辆前后 1∶1 的最佳重量分配。

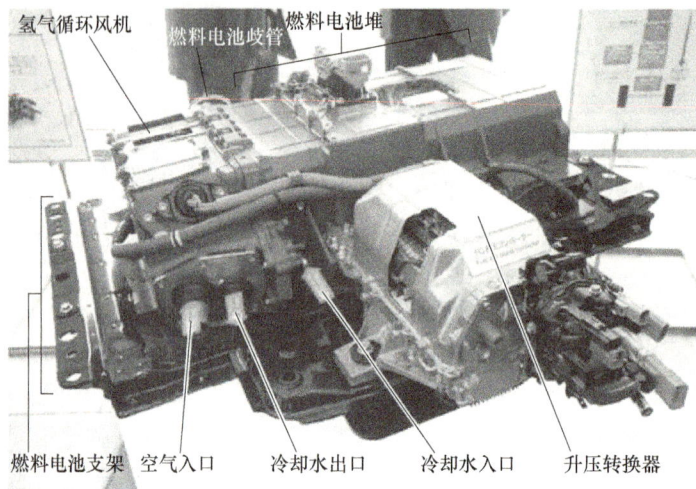

图 2-45　燃料电池堆结构示意图

但是，如今氢燃料电池电动汽车依然面临着当初纯电动汽车面临的问题，比如配套设计跟不上、车辆技术不成熟、冬季续驶里程短等问题。

【温馨提示】

燃料电池电动汽车结构原理视频请扫教学资源 2.3 对应的二维码　进行观看。

2.4　其他新能源汽车简介

知识点 1　太阳能汽车

太阳能汽车是利用太阳能电池将太阳能转换为电能，并利用该电能作为能源驱动行驶的汽车（图 2-46）。太阳能汽车主要由太阳能电池组、自动阳光跟踪系统、驱动系统、控制器、机械系统等组成。

1. 太阳能电池组

太阳能电池组是太阳能汽车的核心，由一定数量的单体电池串联或并联组成电池方阵。太阳能电池单体由半导体材料制成，当太阳光照射在该半导体材料上时，半导体的电子-空穴对被激发，形成"势垒"，也就是

图 2-46　太阳能汽车

P-N 结；由于势垒的存在，在 P 型层产生的电子向 N 型层移动而带正电，而在 N 型层产生的空穴向 P 型层移动而带负电，于是在半导体元件的两端产生 P 型层为正的电压，即形成了太阳能电池，如图 2-47 所示。太阳能电池的电流大小与太阳光照射强度的大小和太阳能电池面积的大小成正比。车用太阳能电池将很多太阳能电池排列组合成太阳能电池板，以产生所需要的大电流和高电压。

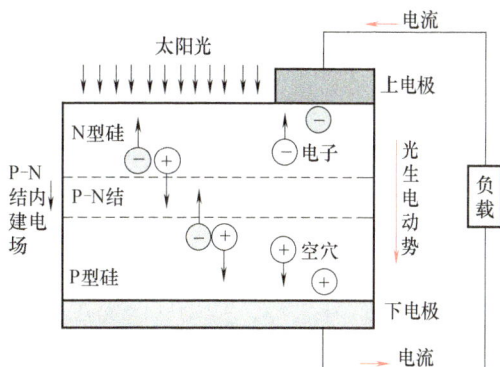

图 2-47 太阳能电池原理图

2. 自动阳光跟踪系统

太阳能电池能量的多少取决于太阳能电池板接收太阳光辐射能量的数量，由于相对位置的不断变化，太阳能电池板接收的太阳光辐射能量也在不断地变化。自动阳光跟踪系统的作用就是保持太阳能电池板正对着太阳，最大限度地提高太阳能电池板接收太阳光辐射能量的能力。

3. 驱动系统

太阳能汽车采用的驱动电机主要有交流异步电动机、永磁电动机、直流电动机等，其驱动系统与电动汽车基本相同。

4. 控制器

控制器主要对太阳能电池组进行管理和对电动机进行控制，其作用与电动汽车控制系统相同。

5. 机械系统

机械系统主要包括车身系统、底盘系统和操纵系统等。太阳能汽车最有魅力的可以说是车身了。一般来说，太阳能汽车的外形设计要使行驶过程中的风阻尽量小，同时又要使太阳能电池的面积尽量大。太阳能汽车要求底盘的强度和安全度达到最大，而且质量尽量小。

太阳能电池的能量受天气的影响，在阴天、下雨天时，太阳能电池的转换效率会降低甚至为零，所以太阳能汽车往往与蓄电池共同组成太阳能混合动力电动汽车。当太阳光强烈，转换的电能充足时，由太阳能电池板将太阳能转换为电能后，通过充电器向蓄电池组充电，也可以由太阳能电池板直接提供电能，通过电流变换器将电流输送到驱动电机，驱动汽车行驶。当太阳光较弱或阴天时，则靠蓄电池组对外供电。

目前研发的太阳能汽车主要用于试验或竞赛，实用型的太阳能汽车还比较少。制约太阳能汽车发展的主要因素是太阳能电池的转换效率低。因此，最有发展前途的太阳能汽车是太阳能电池与蓄电池组合式的汽车。

知识点 2 醇类燃料汽车

醇类燃料泛指甲醇（CH_3OH）和乙醇（C_2H_5OH），都属于含氧燃料。醇类燃料既可直接作为发动机燃料，也可与汽油或柴油配制成混合燃料。与汽油相比，醇类燃料具有较高的输出效率，能耗量折合油耗量较低，排放有害气体少，属于清洁能源。甲醇主要从煤和石油中提炼，规模化生产可降低成本。其缺点在于：产量偏低，成本偏高；具有毒性，泄漏后危害较大；有较强的腐蚀性，对管线的损伤较大。乙醇多由发酵法生产，成本较低。目前国外较多使用醇类与汽油混合组成的复合燃料，比例控制在5%~15%时，可以避免对发动机结构的改造。当汽油价格较高时，乙醇燃料具有明显的成本优势。随着技术进步，醇类燃料将有很大的发展空间。

知识点3　二甲醚燃料汽车

醚类作为能源的汽车主要是指采用二甲醚（CH_3OCH_3）作为燃料的汽车。二甲醚是一种惰性非腐蚀性有机物，是优良的冷冻剂和燃料的替代品，在常温、常压下为无色易燃气体。较高的十六烷值让二甲醚与柴油有相当的性能和热效率。其能量密度大，不会占用过多的体积，使用和存储较为方便，在发动机燃烧时不会产生炭烟。相比柴油，发动机燃烧二甲醚燃料的体积是柴油体积的2倍。如果要复原柴油机的动力，则需要改造燃油供给系统。但其生产工艺不适合大规模生产，成本偏高。

知识点4　其他燃料汽车简介

1. 生物燃料汽车

生物燃料汽车是指利用植物油和动物脂肪等可再生能源与甲醇进行酯交换而形成的长链脂肪酸甲酯混合物。目前使用的"清洁柴油"是生物柴油与普通柴油（石油）不同比例的混合燃料。生物柴油作为汽车燃料具有可再生性、环境友好性和优良的可替代性等突出优势。但是生物柴油也有一系列的缺点：挥发性低，容易造成燃烧不完全、冷车不易起动、点火延迟等问题；燃烧残留物呈微酸性，对气缸有一定的腐蚀作用；安全性差，含双键的生物柴油在空气中易发生氧化变质等。

2. 气体燃料汽车

气体燃料汽车主要包括天然气汽车和液化石油气汽车。

（1）天然气汽车　天然气汽车是指以天然气作为燃料的汽车。按照所使用天然气燃料状态的不同，天然气汽车可以分为压缩天然气汽车（CNGV）和液化天然气汽车（LNGV）。

压缩天然气是指压缩到20.7~24.8MPa的天然气，存储在车载高压气瓶中。它是一种无色透明、无味、高热量、比空气轻的气体，主要成分是甲烷，由于组分简单，易于完全燃烧，燃料含碳少，抗爆性好，不稀释润滑油，能够延长发动机的使用寿命。液化天然气是指常压下、温度为-162℃的液体天然气，储存在车载绝热气瓶中。它的燃点高、安全性能强，适合长途运输和储存。

（2）液化石油气汽车　以液化石油气为主要燃料的汽车称为液化石油气汽车。液化石油气是石油在提炼汽油、煤油、柴油、重油等油品过程中剩下的一种石油尾气，通过一定的程序，对石油尾气加以回收利用，采取加压的措施，使其变成液体，装在受压容器内。液化石油气与其他燃料相比，具有污染少、发热量高、易于运输、压力稳定、存储简单、供应灵活等优点。液化石油气汽车与燃油汽车相比，具有污染少、经济性和安全性好等优点，受到各国的重视。

本章小结

1. 纯电动汽车主要由动力蓄电池及其管理系统、驱动电机及其控制系统、车载充电系统、整车控制系统和辅助系统等组成。其工作原理是由主控 ECU 接收档位控制器、加速踏板和角度传感器等各方面信息，传递给电动机控制器，通过变速器/差速器和传动轴，带动左右前轮转动，使汽车行进。

2. 混合动力电动汽车按照动力系统结构形式分为串联式混合动力电动汽车、并联式混合动力电动汽车和混联式混合动力电动汽车三类。混合动力电动汽车主要由发动机、发电机、电动机和动力蓄电池组等部件组成。

3. 油气混合汽车是指车辆的发动机可以使用液态和气态燃料来提供动力的汽车。常见的油气混合汽车是以汽油和压缩天然气作为动力源，其主要由天然气储气系统、天然气供给系统和油气燃料转换系统组成。

4. 燃料电池电动汽车主要由燃料电池、高压储氢罐、辅助动力源、DC/DC 变换器、驱动电机和整车控制器等组成。高压储氢罐中的氢气和空气中的氧气在汽车搭载的燃料电池中发生氧化还原反应，产生电能，驱动电机和车辆工作。燃料电池电动汽车关键技术主要包括燃料电池技术、车载储氢技术、驱动电机技术、整车通信网络技术、电子控制技术、整车系统优化技术。

5. 太阳能汽车是利用太阳能电池将太阳能转换为电能，并利用该电能作为能源驱动行驶的汽车。太阳能汽车主要由太阳能电池组、自动阳光跟踪系统、驱动系统、控制器、机械系统等组成。醇类燃料汽车和二甲醚燃料汽车都属于清洁能源汽车，具有排放有害气体少、节约能源的特点。

思考题

1. 纯电动汽车的结构与工作原理如何？与传统燃油车比较有什么优势？
2. 混合动力电动汽车的结构与工作原理如何？与纯电动汽车比较优缺点是什么？
3. 燃料电池电动汽车的结构与工作原理如何？有哪几种类型？
4. 相比于纯电动汽车，燃料电池电动汽车的优势是什么？
5. 在网上查找相关资料，了解比亚迪宋 plusDMI 的工作原理。

第3章　动力电池及其管理系统

【本章内容架构】

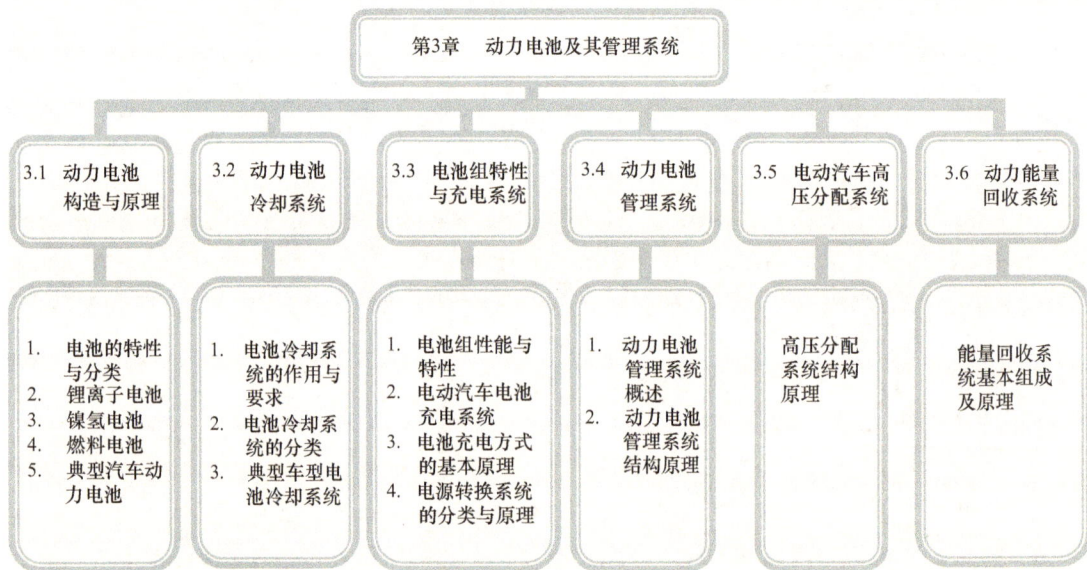

```
                    第3章　动力电池及其管理系统

  ┌─────────┬─────────┬─────────┬─────────┬─────────┬─────────┐

3.1 动力电池   3.2 动力电池   3.3 电池组特性   3.4 动力电池   3.5 电动汽车高   3.6 动力能量
    构造与原理      冷却系统       与充电系统       管理系统       压分配系统       回收系统

1. 电池的特性   1. 电池冷却系   1. 电池组性能与  1. 动力电池   高压分配   能量回收系
   与分类          统的作用与      特性            管理系统     系统结构   统基本组成
2. 锂离子电池      要求         2. 电动汽车电池     概述        原理       及原理
3. 镍氢电池     2. 电池冷却系      充电系统      2. 动力电池
4. 燃料电池        统的分类      3. 电池充电方式     管理系统
5. 典型汽车动   3. 典型车型电      的基本原理       结构原理
   力电池          池冷却系统    4. 电源转换系统
                                 的分类与原理
```

【学习目标要求、重点与难点】

序号	学习目标要求	学习重点	学习难点
1	掌握动力电池的构造与原理	√	√
2	理解动力电池冷却系统的结构与原理		√
3	掌握动力电池充电系统的结构与原理	√	
4	掌握动力电池管理系统的结构与原理	√	√
5	理解电池转换系统的结构与原理		
6	学会辨认不同类型的动力电池	√	

案例：2022 年 1 月 12 日，成都一辆新能源网约车在充电时突然起火，由于火势过大，引燃停在旁边的数辆车辆。近年来，随着新能源汽车的普及，由新能源汽车引发的火灾越来越常见，从结构和原理的角度看，引发新能源汽车起火的因素有哪些？应如何提高新能源汽车的安全性？

3.1　动力电池构造与原理

动力电池系统由动力电池模组、电池管理系统、动力电池箱和辅助元器件等组成。动力电池模组由多个电池模块或单体电芯串联组成；电池管理系统是整个动力电池系统的神经中枢；动力电池箱是放置动力电池模组的区域。辅助元器件主要包括动力电池系统内部的电子元器件，如熔断器、继电器、分流器、接插件、紧急开关、烟雾传感器、维修开关以及电子元器件以外的辅助元器件，如密封条、绝缘材料等。

知识点 1　电池的特性与分类

电池是指通过氧化还原反应将化学能转换成电能的装置。有些原电池可以构成可逆电池，即在电池放电之后，可通过电能将化学体系修复，使电能再次储存在电池内部的电池，称为二次电池或蓄电池。蓄电池在放电时的工作原理是，还原剂在负极上发生氧化反应并失去电子，电子通过外电路传输到正极，而氧化剂在正极得到电子发生还原反应，从而完成还原剂和氧化剂的电子转移过程。同时，电子在通过外电路的过程中对外做功，而两电极之间的离子的定向移动形成了闭合回路，使得电极反应能够持续不断地进行，从而产生电流和对外做功。以最经典的锌铜电池为例，其工作原理如图 3-1 所示。金属锌作为还原剂在负极发生氧化反应，生成锌离子并产生电子，电子通过外电路到达正极，与吸附在正极表面的氧化剂铜离子结合，发生还原反应，并生成金属铜。在这个过程中，盐桥中硝酸根离子向负极侧溶液定向移动，而钠离子向正极侧溶液定向移动。

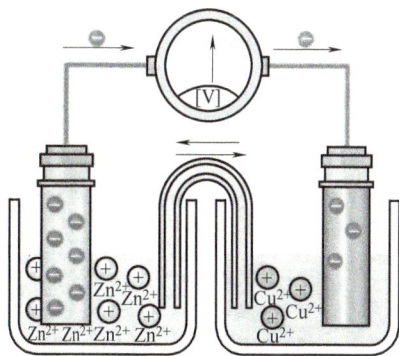

图 3-1　锌铜电池工作原理图

蓄电池是一种能量储存装置，当电池内部的活性物质消耗完毕，即无法放出电能。而燃料电池是一种能量转换装置，可将燃料中的化学能高效地转换为电能。理论上只要燃料不断，便可源源不断地产生电能，是一种非常具有发展前景的发电技术。

目前，新能源汽车的动力电池主要有镍氢电池、锂离子电池和燃料电池。其基本结构、原理和特性见表 3-1。

表 3-1 新能源汽车动力电池的基本结构、原理和特性

电池分类	结构与原理	优　　点	缺　　点
镍氢电池	以氧化镍或氢氧化镍为正极,储氢合金材料为负极,碱性溶液为电解液 放电反应过程: $NiOOH+H_2O+e \rightarrow Ni(OH)_2+OH^-$(正极) $MH+OH^- \rightarrow M+H_2O+e$(负极) 总反应:$MH+NiOOH \rightarrow M+Ni(OH)_2$	能量密度较铅酸电池提高 3 倍;对环境无污染;具有较高的运行电压和能量密度; 不受记忆效应限制	低温容量衰退严重;高温充电耐受性不佳
锂离子电池	以钴酸锂等材料为正极,以石墨为负极,以含锂盐的有机复合溶剂为电解液 放电反应过程: $Li_{1-x}CoO_2+xLi^++xe \Longrightarrow LiCoO_2$ $Li_xC_6 \Longrightarrow 6C+xLi^++xe$ $Li_{1-x}CoO_2+Li_xC_6 \Longrightarrow LiCoO_2+6C$	体积小,重量轻,循环寿命长,自放电率低;无记忆效应;对环境无污染;能量密度高,较镍氢电池提高 3 倍	由于使用有机溶剂作为电解液,导致易燃易爆,安全性存在问题;钴价格较高,导致整体成本较高
燃料电池	质子交换膜燃料电池 例:使用负载催化剂的双极板作为电极,传导质子的聚合物膜作为电解质;辅以氢氧供应系统、水热管理系统等辅助设备 $2H_2=4H^++4e$ $O_2+4H^++4e=2H_2O$ 总反应:$O_2+2H_2=2H_2O$	产物为水,清洁环保;燃料转换效率高达 50% 以上;功率密度高、工作温度低、起动快速	造价高;核心技术(稳定性和耐久性)尚不成熟,还有待进一步研究和突破

知识点 2　锂离子电池

锂离子电池是一种广泛应用的可充电蓄电池(图 3-2)。由于充放电过程中锂离子在电极之间来回移动,因此,又称为"摇椅电池"。图 3-3 所示为锂离子电池工作原理。在放电过程中,负极中的锂被离子化并释放到电解质中,锂离子透过多孔塑料隔膜进入正极。同时,电子从负极放出,经过外电路到达正极,进而构成闭合回路。由于这是一个可逆电化学

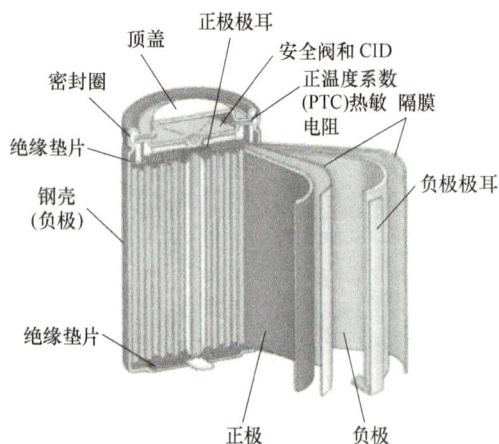

图 3-2　商业用锂离子电池结构图

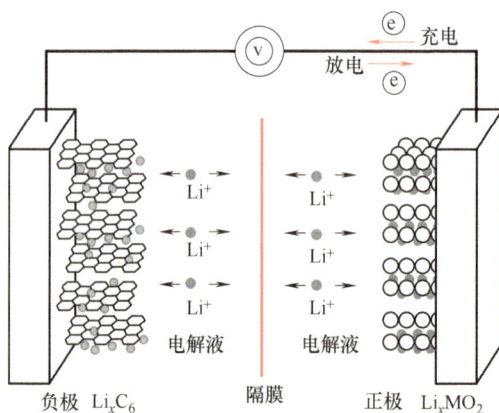

图 3-3　锂离子电池工作原理图

反应过程，因此电池可被充电。传统锂离子电池的三个主要功能组件是正极、负极和电解质。其中，负极材料由碳材料构成，商业上使用得最多的是石墨；正极一般是层状氧化物（如钴酸锂）、聚阴离子（如磷酸铁锂）或尖晶石（如锰酸锂）。电解质通常是有机碳酸盐等混合物。工业上，根据不同的使用场景，通过选择不同类型材料的搭配，可得到不同的锂离子电池电压、容量、寿命和安全性。随着纳米技术的成熟，锂离子电池的性能得到极大提升，然而随着新能源汽车的普及，市场对锂离子电池的性能和安全性提出越来越高的要求，锂离子动力电池依然存在较大的进步空间。目前，商业上使用最多的锂离子电池正极材料包括钴酸锂、磷酸铁锂、锰酸锂、三元锂等。

1. 钴酸锂

钴酸锂，又称氧化钴锂，为比较稳定的层状岩盐结构，是目前使用和研究最多的锂离子电池正极材料。得益于独特的层状结构，锂离子得以在所在平层发生可逆脱嵌/嵌入反应，且可进行二维运动，因此，钴酸锂的锂离子电导率和扩散速率高。以钴酸锂为正极的锂离子电池具有较高的开路电压和能量密度、良好的充放电速度、优良的工艺性能。钴资源短缺，因此原材料价格较高，导致钴酸锂的成本较高。钴酸锂的缺点还包括安全性较差，循环寿命一般，材料稳定性不好。

钴酸锂的制备方法较多，主要包括固相合成法、喷雾干燥法、溶胶-凝胶法等。

固相合成法一般是在高温下进行的，是目前工业生产的主流制备方法。在高温下，离子和原子需要较高的活化能才能发生迁移和反应，因此，须提高温度和延长反应时间才能制备出电化学性能较为理想的电极材料。为了降低反应温度和缩短反应时间，往往采用超细原材料和加入有机胶黏剂等方式。

喷雾干燥法是通过在锂盐和钴盐中加入有机聚合物（如聚乙二醇），然后进行喷雾干燥。通过喷雾干燥法制备的前驱体材料结晶度较低，锂和钴的混合比较均匀，需要在此基础上再进行高温热处理。

溶胶-凝胶法是通过在锂盐和钴盐中加入有机物，经过溶液、溶胶、凝胶等过程得到固体前驱体后，再进行高温热处理的方法。此方法的合成温度较低、粒度较小、粒径分布窄、比表面积大、电化学性能较好，但是制备成本较高，工艺特点较难实现大规模工业生产。

2. 磷酸铁锂

磷酸铁锂是一种具有规整的橄榄石结构的锂离子电池正极材料，其磷酸根代替了体积较小的氧离子，除得到与氧化物一致的高电压外，还有利于增加结构的稳定性和锂离子的迁移速率。磷酸铁锂是一种价格便宜、对环境无毒、可逆性较好、安全性高的正极材料。但是，由于氧原子的分布近乎密堆六方形，锂离子迁移的自由体积小，导致其电流密度小，在大电流密度下，其容量快速衰退。磷酸铁锂的缺点还包括理论能量密度较低、放电电压窗口较小、低温性能差等。

3. 锰酸锂

锰酸锂主要包括三种结构：隧道结构、层状结构和尖晶石结构。目前研究和商业使用较多的是层状结构的锰酸锂。相比于钴酸锂，锰酸锂的结构对称性较差，主要原因是三价的锰离子产生的杨-泰勒效应使其晶体发生明显的形变。虽然锰酸锂中的锂离子均可脱嵌，其可逆容量可达$270\mathrm{mA/g}$，然而，在循环过程中，其结构易发生变化，层状结构易转变成尖晶石结构，且锂离子的脱嵌或嵌入会受到锰离子的抑制。锰酸锂的优点在于资源丰富且毒性小、安全性良好、造价较低；缺点在于循环性能差、高温稳定性差、比容量较低。

4. 三元锂

三元锂材料是指钴镍锰酸锂或钴镍铝酸锂正极材料。三元锂材料结合了钴酸锂、锰酸锂的优点，其能量密度和功率密度较高、成本较低、毒性较小。三元锂材料中不同的过渡金属元素所起作用不同，钴具有稳定结构、提高材料倍率性能的作用，但是价格较高；镍可以提高材料的电容量，但是过高的镍含量将导致锂镍离子混排严重，降低循环寿命和热稳定性；锰或铝无电化学活性，主要起降低成本、提高材料稳定性和安全性的作用。通过调整三种过渡金属元素的配比，可以调整材料的容量、成本、倍率和安全性，使之满足产品的使用需求。三元锂材料主要的制备工艺包括高温固相反应法、共沉淀法、溶胶-凝胶法等。目前，国内动力电池使用最多的是磷酸铁锂和三元锂材料。相比磷酸铁锂，三元锂的缺点在于其安全性、使用寿命和成本。三元锂电池的热稳定性差，在300℃左右开始分解，发生剧烈化学反应，并释放出氧分子，氧分子在高温作用下与有机电解液反应迅速燃烧，发生热失控。由于钴原材料价格高，所以三元锂成本比磷酸铁锂高不少。三元锂电池的一个重要研究方向，就是在不牺牲安全性的前提下，不断升镍降钴，镍钴锰比例从5:3:2到8:1:1，甚至实现无钴。

知识点3　镍氢电池

镍氢电池是一种碱性蓄电池，最早由美国人斯坦福发明。镍氢电池负极采用储氢合金作为活性物质，正极则采用氢氧化镍，电解质为氢氧化钾溶液。所谓储氢合金是指具有强吸收氢能力的金属镍。在充电过程中，镍电极与氢氧根结合放出电子，电子随外电路到达氢电极，氢电极发生水解反应，并在表面吸附氢，生成氢化物。充放电过程中，电池的正负极发生的是固相转变反应，不产生任何中间态的可溶性离子，也无电解液的消耗和生成，因此，镍氢电池可以实现完全密封和免维护。镍氢电池能量密度中等、无记忆效应、可靠性高、环保（不含重金属）、安全性高、耐过充过放、技术较为成熟；缺点在于电压较低、能量密度不高、存在自放电现象、在高温下性能易衰退。

1. 镍氢电池的结构与材料

镍氢电池主要由正极板、负极板、隔板、安全排气孔等部件组成。其结构如图3-4所示。镍氢电池的正极是球状氧化镍粉末、塑料、无机添加剂和有机黏结剂等制成的浆料，采用自动涂布机涂覆在正极板上，然后经过干燥处理成发泡的氢氧化镍正极板。在正极材料中添加钙、锌、钴等元素，可明显提高电极的电化学性能。镍氢电池的关键技术在于储氢合金，要求储氢合金在一定温度和压力下，能够稳定地反复储存和放出氢气。元素周期表中的所有金属元素均可与氢反应生成氢化物，但是分为强键合氢化物和弱键合氢化物。储氢合金一般是二者的组合，前者负责控制储氢量，后者负责控制吸收氢的可逆性。例如某种储氢合金，在常温常压下与氢化合，生成合金氢化物，再通过加热或减压的方式将储存的氢气放出，或通过冷却或加压的方式再次吸收氢气。储氢合金要求在充放电过程中既不溶解，又不结晶，电极在结构上不发生大变化，且能保持其机械强度。

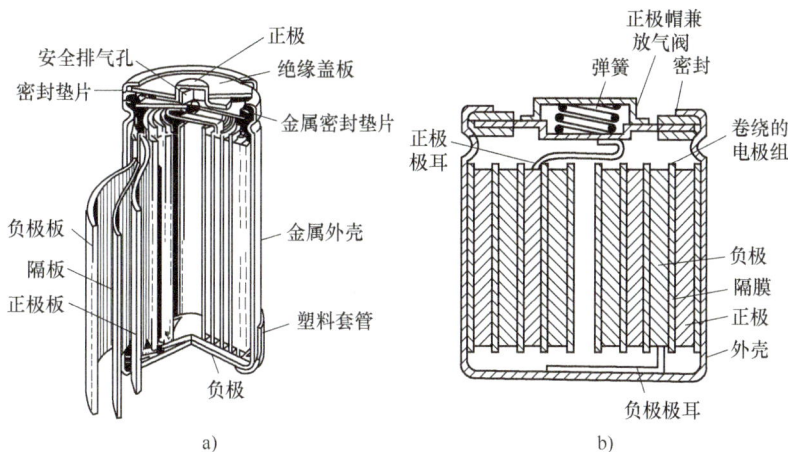

图 3-4 圆柱形镍氢电池结构示意图

a）圆柱形密封镍氢电池的结构 b）圆柱形镍氢电池断面图

2. 镍氢动力电池的特性与应用

（1）镍氢动力电池的特性 电动汽车对动力电池提出了各方面的要求，包括价格、续驶里程、动力性能等。

1）能量密度。动力电池的主要基本功能就是储备电能，在有限的体积和重量要求下，动力电池的能量密度至关重要。目前，镍氢电池的能量密度可达 $70 \sim 80 W \cdot h/kg$，相对于传统的铅酸和镍铬蓄电池具有较大优势，但无法与锂离子电池相比。

2）功率密度。作为电动汽车的辅助动力装置，镍氢动力电池还需具备较高的功率能力。镍氢动力电池的优势在于其优秀的输入和输出功率。高功率型镍氢动力电池的输出功率密度为 $1000 \sim 1500 W/kg$，可媲美超级电容器；而充电时可以输出功率密度等值的功率充电并保持高充电效率。

3）寿命要求。动力电池的使用寿命受制于材料寿命因素、单体电池一致性、电池使用条件和充电条件等因素。目前国内单组镍氢电池满足纯电动汽车 20 万 km 以上的行驶里程，是各式储能电池中寿命最长的。

4）成本因素。成本因素是电动汽车推广的决定性因素之一。目前镍氢动力电池的综合制造成本依然高于 500 美元/（kW·h）。

（2）镍氢动力电池的应用 镍氢动力电池目前广泛应用于丰田 Pruis 和本田 Insight 等混合动力电动汽车上。丰田 Pruis 汽车的镍氢电池系统由 28 组松下公司棱柱镍氢电池模块组成（图 3-5），6 个 1.2V 单体电池组成一个模块，重 53.3kg，总计 168 个电池。第 4 代丰田 Pruis 百公里综合油耗低至 3L。本田 Insight 的镍氢动力电池由 120 个松下公司生产 1.2V 镍氢电池组成，电流输入可达 50A，输出可达 100A，系统容量约为 $4A \cdot h$。这款汽车在混合动力模式下百公里油耗只需 4.34L，二氧化碳排放小于 100g/km；在纯电动模式下，车速可达 50km/h，非常适合城市路况。

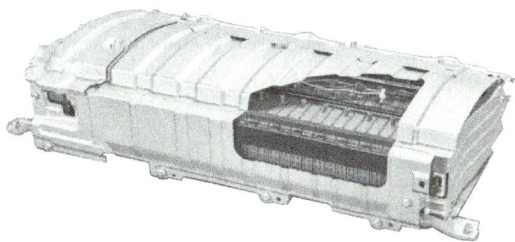

图 3-5 丰田 Pruis 镍氢动力电池

知识点 4　燃料电池

1. 原理与分类

区别于将电能储存于内的蓄电池，燃料电池是一种可将化学能直接转换为电能的能量转换装置。电化学过程不涉及燃烧和热机做功，因此不受"卡诺循环"的限制，其能量转换效率可高达 60%~70%。如果将电化学过程中的热能也考虑进去，其热电联供效率可达 80%以上。若以氢气作为燃料，燃料电池的发电过程只产生水，没有任何污染物。因此，氢燃料电池被认为是电动汽车最理想的动力电源。

燃料电池一般可分为质子交换膜燃料电池（Proton Exchange Membrane Fuel Cell, PEM-FC）、固体氧化物燃料电池（Solid Oxide Fuel Cell, SOFC）、熔融碳酸盐燃料电池（Molten Carbonate Fuel Cell, MCFC）、甲醇燃料电池（Direct Methanol Fuel Cell, DMFC）、磷酸燃料电池（Phosphoric Acid Fuel Cell, PAFC）、碱性燃料电池（Alkaline Fuel Cell, AFC）。其中，质子交换膜燃料电池和固体氧化物燃料电池是在新能源汽车领域应用最多的燃料电池类型。

2. 质子交换膜燃料电池

质子交换膜燃料电池是以质子导体为电解质的燃料电池。最早在 20 世纪 60 年代就曾被应用在美国的航天飞船上。基本工作原理如图 3-6 所示：氢在阳极上失去电子，生成质子；电子通过外电路对外做功，同时到达阴极；生成的质子通过电解质膜到达阴极，在阴极催化剂的作用下，与吸附在电极表面的氧和外电路的电子结合生成水。总的化学反应为

$$H_2 + \frac{1}{2}O_2 = H_2O$$

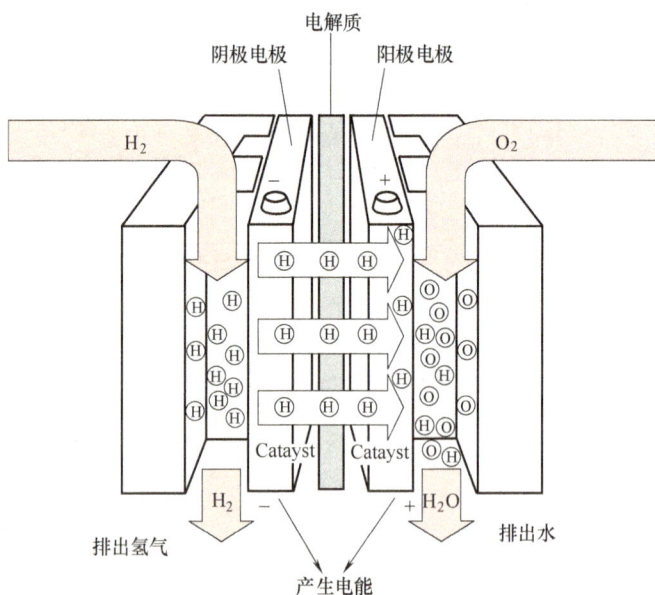

图 3-6　质子交换膜燃料电池基本工作原理

理论上，只要源源不断地向燃料电池供给燃料和氧气，就可以持续不断地输出电能。质子交换膜燃料电池以全氟磺酸固体聚合物为电解质、铂炭为电催化剂、带气道的石墨或表面

改性的金属板为双极板。通过热压的方式将阳极、阴极和质子交换膜复合在一起，形成膜电极（Membrane and Electrode Assembly，MEA）。质子交换膜燃料电池相较于其他类型的燃料电池，具有以下优势：

1）快速起动，常温下运行。

2）无电解液流失。

3）功率密度和能量密度高。

因此，质子交换膜燃料电池不仅适合用于建设社区分布式电站，也适合作为新能源汽车的动力电源。

(1) 质子交换膜　质子交换膜（Proton Exchange Membrane，PEM）是一种固态聚合物隔膜，是质子交换膜燃料电池中的核心部件，起到隔绝阴阳两极反应物、传导质子同时隔绝电子的作用。PEM 的性能会对燃料电池的性能、寿命和价格产生直接影响，用于 PEMFC 中的 PEM 要满足以下性能要求：①质子电导率高并绝缘电子；②燃料渗透率低，从而很好地隔绝燃料和氧化剂；③力学性能好、柔韧性高；④膜吸水溶胀率低；⑤化学稳定性好、不易发生降解；⑥制备成本低。随着燃料电池技术及材料科学的发展，质子交换膜的种类逐渐多元化，按照聚合物的含氟量可分为全氟磺酸质子交换膜、部分氟化质子交换膜及非氟质子交换膜。

1）全氟磺酸质子交换膜。全氟磺酸（PFSA）质子交换膜以疏水的聚四氟乙烯形成的碳氟结构为主链，氟原子半径大，在碳碳键四周形成保护层，同时碳氟键的键能较大，所以全氟磺酸质子交换膜的化学稳定性和机械强度较好。而侧链上是亲水的磺酸根基团，它们容易聚集在一起形成富离子区域，富离子区域彼此相连构成传导质子的连续通道，从而拥有较高的质子电导率。目前商用的全氟磺酸质子交换膜主要有美国杜邦（Dupont）公司的 Nafion 系列膜、陶氏（Dow）化学的 Dow 膜、比利时苏威（Solvay）的 Aquivion 膜，以及日本旭硝子的 Flemion 膜、日本旭化成的 Aciplex 膜等。美国杜邦公司的 Nafion 膜作为市场上最具有代表性的全氟磺酸质子交换膜，具备良好的质子电导率、稳定的化学结构以及更高的电池性能和运行寿命等优点。因此，Nafion 系列膜被广泛应用于车用燃料电池，杜邦公司占据着质子交换膜市场的主要份额。

2）部分氟化质子交换膜。美国通用电气公司在 20 世纪 60 年代就在宇宙飞船上应用了磺化聚苯乙烯质子膜的燃料电池。为提高磺化聚苯乙烯质子交换膜的性能，加拿大 Ballard 公司开发了 BAM 系列质子交换膜。这是一种典型的部分氟化质子交换膜。其热稳定性、化学稳定性及含水率都获得大幅提升，超过了 Nafion117 和 Dow 膜的性能。同时，其价格相较全氟型膜更低，在部分情况下已经能替代全氟磺酸质子交换膜。但由于聚苯乙烯类质子交换膜分子量较小，机械强度不足，在一定程度上限制了其广泛应用。

3）非氟质子交换膜。非氟质子交换膜是碳氢组成的聚合物膜，其物理、化学性能稳定，质子电导率高，同时制备成本低，成为近年来的研究热点。非氟质子交换膜主要以包含苯环结构的芳香族聚合物为原料，经过磺化处理引入磺酸基得到膜材料，如磺化聚芳醚砜（SPES）、磺化聚酰亚胺（SPI）、磺化聚芳醚酮（SPAEK）、磺化聚芳硫醚砜（SPTES）等。磺化芳香族聚合物拥有优异的热稳定性、机械强度和良好的质子电导率，近年来一直是用来研究高温质子交换膜的热点材料。

(2) 催化剂　质子交换膜燃料电池的催化剂可分为铂基催化剂和非铂催化剂。铂基催化剂主要包括铂基合金催化剂和核壳铂基催化剂。非铂催化剂包括非贵金属催化剂和非金属催化剂等。

1）铂基催化剂。

① Pt-M 合金催化剂。通过采用纳米 Pt 颗粒与过渡金属 T、Ni、Co 等形成合金作为 PEMFC 催化剂，其 ORR 催化活性和稳定性得到显著提高，并能够减少 Pr 的用量，降低成本。其中，合金的组成及其晶体结构会改变催化剂中纳米 Pt 的电子结构，从而影响催化剂的 ORR 催化活性。如 Pt-Ru 合金催化剂，由于 Ru 原子的加入使得催化剂中的 Pt 产生晶格畸变，从而降低了 CO 在合金表面的吸附能，使得 Pt-Ru 合金催化剂具有非常好的抗 CO 中毒性能。

② 核壳铂基催化剂。核壳结构 Pt 基催化剂的共同特点是其活性成分 Pt 分布在外壳，内核主要由过渡金属（Fe、Co、Ni、Cu 等）或合金组成，这些廉价过渡金属通过替代内核 Pt 从而有效提高 Pt 的利用效率，降低催化剂的 Pt 用量，还可以通过合金作用或晶格应力使表层 Pt 原子的 d 带中心向费米能级方向移动，改善催化材料表面与含氧中间体的结合力，从而提高催化剂的 ORR 催化活性。尽管许多核壳结构 Pt 基催化剂的 ORR 催化活性和稳定性的实验室数值已经达到了美国能源部规定的技术目标，但将这些核壳结构 Pt 基催化剂在大规模生产时遇到了工艺复杂、结构和性能一致性差、制备成本高等问题，使得这些核壳结构 Pt 基催化剂的大规模商业化应用受到了限制。因此，开发工艺简单、结构和性能一致性好、成本低的批量制备方法将是核壳结构 Pt 基催化剂的研究方向。

2）非铂催化剂。研发非贵金属催化剂是直接降低成本的有效手段，开发廉价稳定的电催化剂是实现燃料电池大规模应用的关键。

① 非贵金属催化剂。过渡金属-氮-碳类（M-N-C）催化剂具有较好的 ORR 催化活性（M 为铁、钴、铜、镍、锰等）。其中 Fe（Co）N-C 催化剂研究最为广泛，其具有大比表面积、抗甲醇等优点，被认为是很有潜力替代高昂的贵金属催化剂的非贵金属催化剂之一，目前对其 ORR 催化机理认知仍然有限。除 M-N-C 催化剂外，过渡金属化合物催化剂因其低成本、较好的 ORR 催化活性也是非铂催化剂的一个研究方向。包括过渡金属氧化物、硫化物、碳化物、氮化物等。

② 非金属催化剂。碳材料在一般情况下为化学惰性导电材料，但是当其中掺杂其他原子后它的带隙被打开，从而具有较好的 ORR 催化特性。因此，掺杂的碳基催化剂作为非金属催化剂得到广泛的研究。常见的掺杂原子有氮、硫、氟、磷、硼、碘等的单掺杂和共掺杂。

（3）气体扩散层 气体扩散层是燃料电池核心组件膜电极的重要组成部分，在氢燃料电池系统中担当水气输运、热量传递、电子传导的载体，并在装配和运行过程中为其他组件提供结构支撑的功能。因此气体扩散层材料的性能直接影响着电化学反应的进行和电池的工作效率。气体扩散层通常由基底层和微孔层组成。基底层经过疏水处理后，在其上涂覆单层或多层微孔层，从而制成气体扩散层。其中，基底层通常由碳纤维各向异性堆叠组成，直接与双极板接触；微孔层由纳米炭粉和疏水材料混合而成，直接与催化层接触。目前，基底层主要是由多孔的碳纤维纸或碳纤维布构成。碳纤维纸和碳纤维布的多孔结构为反应物气体以及产物水提供了传导的通道。将导电炭黑和疏水剂用溶剂混合均匀后得到的黏稠浆料，采用丝网印刷、喷涂或涂布方式将其涂覆到基底层表面，经过高温固化，得到微孔层。基底层和微孔层共同决定了气体扩散层的产品特性。气体扩

散层在电池中起到支撑催化剂层并提供反应气体和生成水的通道，同时还要具备比较良好的导电性能及在电化学反应下的耐蚀能力。因此，选用高性能的气体扩散层材料，有利于改善膜电极的综合性能。

3. 固体氧化物燃料电池

固体氧化物燃料电池是传导氧离子的固体氧化物为电解质的高温燃料电池。SOFC 的概念最早由能斯特（Nernst）在 1899 年提出，直到 20 世纪 60 年代才逐步发展起来。氧离子（O^{2-}）的传导需要克服高活化能，因此传统 SOFC 的工作温度在 800℃以上。随着近年来科研人员的不懈努力，SOFC 的工作温度向中低温范围（400~600℃）发展。SOFC 的工作原理是，高温下氧在阴极发生电还原反应得到电子，并生成氧离子；氧离子通过固体电解质传递到阳极与阳极侧的氢气发生氧化反应，生成水和放出电子；电子通过外电路对外做功后到达阴极；生成的水则排出系统。SOFC 的工作温度高，电化学反应速度快，电化学极化较小，功率密度高，能量转化效率高。SOFC 最大的优势在于其燃料适用范围。PEMFC 的燃料必须是高纯氢气（要求 CO 的体积分数低于 1×10^{-6}），而 CO 对于 SOFC 来说，是可以利用的燃料。氢气、一氧化碳、甲烷、水煤气，甚至固体碳燃料都可成为 SOFC 的燃料。SOFC除具有燃料电池的共性优势之外，还包括以下特点：

1）SOFC 作为全固态的燃料电池，不存在高温液体泄漏的问题。

2）无须使用贵金属作为催化剂。

3）SOFC 工作温度高，电化学反应速度快，电化学极化小，功率密度和发电效率高。

4）SOFC 放电时排出高质量的可利用尾气，可联合小型涡轮发电机，进一步提高发电效率达 70%。

5）SOFC 可实现燃料的内重整，简化系统。

6）燃料适用范围广。

SOFC 的不足之处在于：固体氧化物质脆易裂，电堆组装难度大；工作温度高，对系统的热管理要求高；对系统各部位的热膨胀系数一致性要求高；启动速度慢。

SOFC 的基本组成部件包括阳极、阴极、电解质和连接体。组成燃料电池的各部件都要求具有在氧化和还原气氛中较好的化学稳定性、结构稳定性和外形尺寸稳定性，具有相近的热膨胀系数和化学兼容性。对于电解质和连接体，要求具有致密性。对于阳极和阴极，要求具有一定的孔隙率，以利于气体的渗透和扩散。以下简要介绍 SOFC 的基本组成的特点。

1）电解质。可传导氧离子的固体电解质是 SOFC 的核心部件。电解质的性能（离子电导率和致密性）直接决定电池的工作温度和输出性能。应用最多的 SOFC 电解质是氧化钇稳定的氧化锆（YSZ），在 1000℃不同氧分压范围内起离子电导率达 10^{-2} S/cm，且基本不导电子，在高温下具有理想的性能。

2）阳极。SOFC 的阳极材料要求具有高电子电导率和离子电导率、合适的孔隙率、良好的催化性能，以及和电解质相近的热膨胀性。目前，比较理想的阳极材料是金属镍复合的 YSZ。然而，Ni-YSZ 金属陶瓷对硫敏感，且易积炭。因此，近期开发抗硫抗积炭的钙钛矿型阳极材料的研究成为热点。

3）阴极。SOFC 的阴极材料要求与阳极相近，应是稳定的高导电材料。SOFC 阴极处于高温高湿高压的氧化气氛环境，因此对阴极材料提出了苛刻的要求。目前，研究和应用比较成熟的是氧化锶掺杂的锰酸镧。然而，中低温催化剂性能相当有限，因此开发中低温高催化性能的阴极材料研究是提高 SOFC 中低温性能的重点之一。

4）连接体。SOFC 单体电池只能产生 1V 左右的电压，因此，需要将多个单体电池进行串联和并联以获得大功率的电池组，这个过程需要合适的连接体材料。良好的连接体要求具有良好的电子导电性以及在氧化和还原气氛下的化学稳定性和热稳定性。目前使用最多的 SOFC 连接体材料是铬酸镧钙钛矿型材料。

📑 知识拓展

氢气的制备方法

氢气的制备方法主要有化石燃料制氢、水电解制氢、含氮工业尾气回收氢，以及可再生能源制氢技术和车载制氢技术。

1）化石燃料制氢。化石燃料制氢是制氢的主要方法，途径有很多，如天然气或石油气重整制氢、焦炭或白煤制氢、甲醇制氢等。

2）水电解制氢。从水中制氢，因为纯水是电的不良导体，所以电解水制氢时要在水中加入电解质来增大水的导电性。

3）含氮工业尾气回收氢。从合成氨、炼油厂等大型工业排放气中可以回收氢。

4）可再生能源制氢技术。可再生能源制氢技术主要包括生物质制氢、太阳能光解制氢、城市固体废物汽化等技术。

5）车载制氢技术。用于车载制氢的燃料可以是醇类（甲醇、乙醇、二甲醚等）、烃类（柴油、甲烷、液化石油气等），其他类型的物质也可以作为制氢燃料，如金属氢化物。

知识点 5　典型汽车动力电池

1. 比亚迪 e5 纯电动汽车动力电池

比亚迪 e5 采用的是磷酸铁锂电池，动力电池包额定总电压为 633.6V，总电量约为 42.47kW·h，容量为 75A·h。电池包由 13 个电池模组依次串联而成，每个电池模组由若干电池单体依次串联而成，整个电池包共 198 个电池单体。比亚迪 e5 动力电池模组示意图如图 3-7 所示，其动力电池组高压正负极，分别由 13 号电池模组的正极和 1 号电池模组的负极引出。内部还有 4 个接触器（正极接触器、负极接触器及 2 个分压接触器）、2 个熔丝以及动力电池信息采集器（BIC）等。动力电池分为上下两层，每个模组都有一个信息采集器。电池信息采集器的主要功能是电池温度采样、电压采样、电池均衡和采样线异常检测等。动力电池采样线的主要功能是连接电池管理控制器和电池信息采集器，实现二者之间的通信及信息交换。

⚙ 【温馨提示】

比亚迪 e5 电动汽车动力电池内部组成及结构认识视频请扫教学资源 3.1 对应的二维码 ▦ 进行观看。

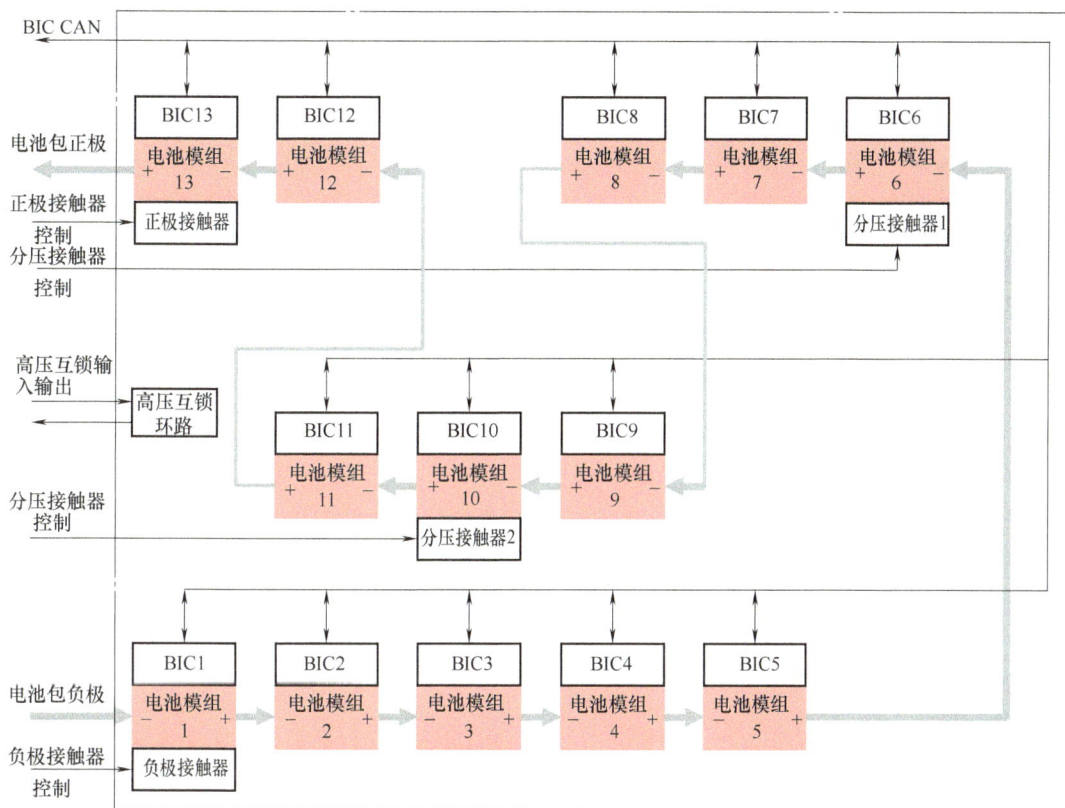

图 3-7 比亚迪 e5 动力电池模组示意图

2. 特斯拉纯电动汽车动力电池

图 3-8 所示为特斯拉 Roadster 纯电动汽车，其电池系统可用能量为 52kW·h，最大续驶里程可以达到 390km。特斯拉 Roadster 出色的动力性能不仅得益于碳纤维在车身上的使用，更离不开所搭载的动力电池系统的卓越表现。

图 3-8 特斯拉 Roadster 纯电动汽车

特斯拉选用 18650 电芯组成 Roadster 的电池系统，总计应用了 6831 节电芯。18650 电芯如图 3-9 所示。由 69 节 18650 电芯组成一个 "Brick"，每个 "Brick" 中的电芯全部串联在一起，同时 9 个 "Brick" 串联形成一个 "Sheet"，而 11 个 "Sheet" 串联之后，构成整个动力电池组，如图 3-10 所示，其中 "Sheet" 是最小的可更换单元。这种由单个体积小的电池组成的电池组，即使电池组的某个电芯发生故障，也可以降低故障带来的影响。此外，从散热角度分析，18650 电芯的表面积/体积比方形电芯小，这将明显增加 18650 电芯在散热方面的优势。

为了保证电池系统的安全性，特斯拉从电芯到电池系统采取了以下几种安全措施：

① 在电芯正极附近装有 PTC 装置，当电芯内部温度升高时其内阻会相应增高，从而起到限流作用。

图 3-9 单节 18650 电芯

图 3-10 动力电池组

② 电芯内部都装有 CID，当电芯内部压力超过安全限值时会自动断开，从而切断内部电路。

③ 选择高热稳定性的电芯材料，显著影响电芯在热失控情况下的易燃性，并提高燃点温度。

④ 每个电芯的正、负极均设有熔丝，若个别电芯发生短路，此安全设计可以实现问题电芯与系统之间电路快速断开。

⑤ 电池系统外壳体采用铝材，结构强度较高，并且电池箱体设置有通气孔，以防止箱体内部气压过高。

⑥ 每个"Sheet"都设置有电池监控板——BMB，用以监控"Sheet"内每个"Brick"的电压、温度以及整个"Sheet"的输出电压。

⑦ 电池系统内部设置有冷却装置，冷却液为水与乙二醇的混合物（比例为 1∶1）。

电池系统中共计 6831 个 18650 电芯，其表面积合计可以达到 $27m^2$，而且每个 18650 电芯附近都布置有冷却管路，冷却管路与电芯间填充有绝缘导热胶质材料，固化后十分坚硬。在这些因素的作用下，电芯可以将热量快速传递到外部环境，并在电池系统内部保持热平衡。

【温馨提示】

特斯拉电动汽车动力电池系统结构原理视频请扫教学资源 3.2 对应的二维码▨进行观看。

3.2 动力电池冷却系统

知识点 1 电池冷却系统的作用与要求

对于锂离子动力电池，电池的热管理对于其性能、寿命和安全性有着至关重要的作用。电池箱内温度场若长期不均匀，将严重影响单体电池性能和寿命的均衡，进而影响整个电池系统。电池冷却系统采用空气、液体或冷却剂吸收电池产生的热量，保证电池组温度场的均匀分布。高效的电池冷却系统要求具有较高的换热系数、结构简单、易维护、成本低等。电池冷却系统的设计与电池组在车辆上的布置有直接关系，在合理安排和设计动力电池组支架位置和形状的前提下，设计冷却系统。

知识点 2 电池冷却系统的分类

电池冷却系统包括空冷系统、液冷系统、冷却剂系统、热管冷却系统等。

1. 空冷系统

空冷系统是利用车辆行驶中产生的自然风带走动力电池组热量的冷却方式,简单易行,无须外部辅助能量,成本低,可及时排出电池产生的有害气体。空冷系统一般有并行和串行两种方式。日本丰田公司的 Prius 和本田公司的 Insight 均采用这种电池冷却系统。其缺点包括:空气与电池表面之间的换热系数低,冷却速度慢,在车辆不行使时无法起冷却作用。

2. 液冷系统

液体具有比空气更高的换热系数,可及时吸收并带走电池产生的热量。液体冷却主要有直接接触和非直接接触两种方式。直接接触式冷却系统一般使用不导电且换热系数高的换热工质,例如矿物油和乙二醇等。非直接接触式冷却系统的换热工质不与动力电池直接接触,而是使用套筒等设施与电池进行整合设计,这降低了换热效率,增加了系统设计和维护的难度,但是对换热工质的要求不高,可以使用水、防冻液等作为换热工质。

3. 冷却剂系统

相变材料是指在温度不变的情况下,通过改变材料的物质状态可提供或吸收大量潜热的材料。冷却剂系统即是将相变材料与动力电池进行整合设计,利用相变材料来控制电池热量的一种被动冷却系统。石蜡的相变温度与动力电池的工作温度相近,具有较高的相变潜热和低价等优势,但是其热导率低,无法实现高效换热。通过在石蜡中添加热导率高的材料(如金属填料、碳纳米管等),制备复合型相变材料,可弥补石蜡的缺点。相变材料冷却的方式可减小整个电池系统的体积,不消耗电池额外电能,具有较好的发展前景和较大的应用潜力。

4. 热管冷却系统

热管是 1963 年美国人 Grover 发明的,是利用热传导原理与制冷介质的快速热传递性质,通过在全封闭真空管内液体的蒸发与凝结实现发热源的热量传递的技术。热管的导热能力超过任何金属。图 3-11 所示为热管冷却系统结构。热管冷却系统可实现动力电池温度的迅速降低,具有冷却效果显著和寿命较长等优势。其缺点在于制造工艺复杂,技术难度较大,不易维护。

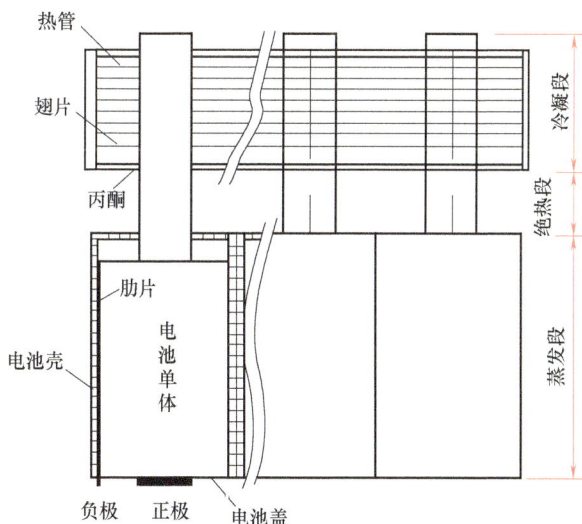

图 3-11 热管冷却系统结构

知识点 3 典型车型电池冷却系统

1. 宝马 i3 的动力电池冷却系统简介

宝马 i3 的动力电池冷却系统属于冷却剂系统,由空调系统分出一路并联支路用于电池冷却，另一路并联支路用于车内冷却，如图 3-12 所示，可根据实际需求，通过膨胀和截止组合阀来实现冷却剂的调度。

如图 3-13 所示，动力电池系统设有铝合金平管构成的热交换器。在动力电池系统需要降温时，电池热管理电子装置控制膨胀和截止阀使冷却剂通过热交换器，吸收电池的热量后蒸发，进入压缩机受压至高压，随后进入冷凝器，通过冷凝器将热量排放至空气中并重新冷凝为液态，进入下一个循环。

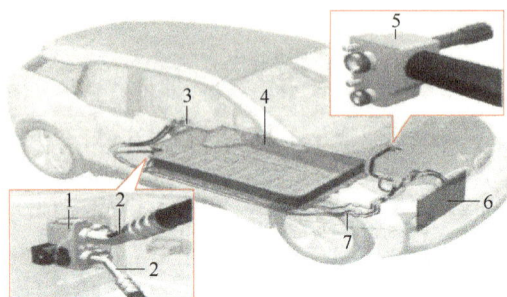

图 3-12 宝马 i3 动力电池的冷却系统示意图

1—膨胀和截止组合阀 2—制冷剂循环回路
3—电动冷却剂压缩机 4—动力电池
5—车内冷却用膨胀阀 6—冷凝器 7—冷却剂管路

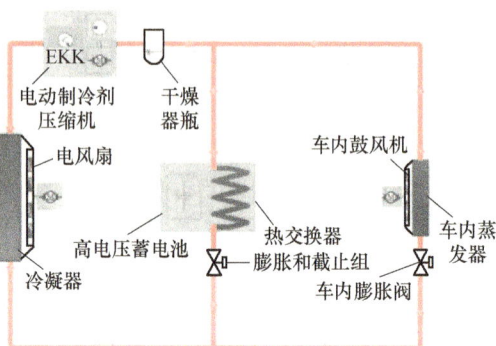

图 3-13 宝马 i3 动力电池冷却系统回路

2. 比亚迪 e5 的动力电池冷却系统简介

比亚迪 e5 的动力电池冷却系统采用水冷式。水冷式动力电池冷却系统是指使用特殊的冷却液在动力电池内部的冷却液管路中流动，将动力电池产生的热量传递给冷却液，从而降低动力电池的温度。电池冷却系统包括逆变器/驱动电机冷却系统和高压电池包冷却系统。比亚迪 e5 动力电池冷却系统结构如图 3-14 所示，主要由膨胀水箱、软管、冷却水泵以及电池冷却器等组成。

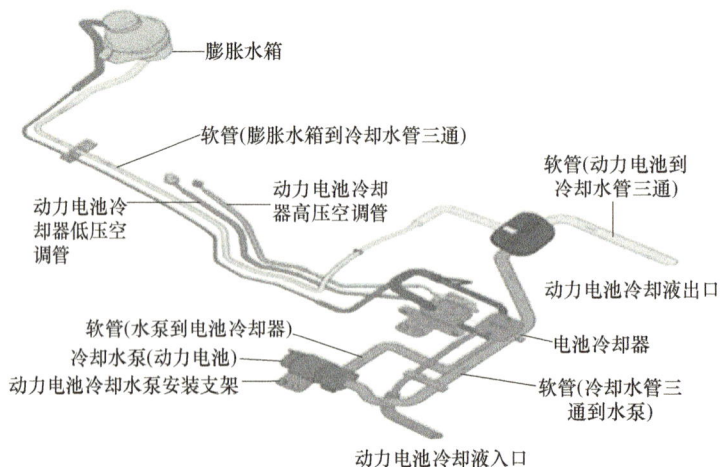

图 3-14 比亚迪 e5 动力电池冷却系统结构

冷却系统利用热传导的原理，通过冷却液在各个独立的冷却系统回路中循环，使驱动电机、逆变器和动力电池包保持在最佳的工作温度。冷却液是50%的水和50%的有机酸混合物。冷却液要定期更换才能保持其最佳效率和耐蚀性。

3.3　电池组特性与充电系统

知识点1　电池组性能与特性

1. 电池组性能

锂离子单体电池的额定电压为3~4V，额定容量约3A·h，因此要构成大容量高电压的动力电池必须通过串并联的方式组成电池包。以特斯拉Model 3的电池包为例，先以46个2170单体电池组成1个电池单元，由23个单元组成1个模组，或由25个单元组成1个模组，最后以2个23单元的模组和2个25单元的模组构成电池包，总共4416个单体电池。

锂离子电池单体在使用时并不涉及电池间的均一性等问题，对其进行简单的状态监控即可。而锂离子电池在成组使用时涉及多个单体电池的协同工作，要求各单体电芯间电压、内阻、容量等关键参数具有很好的一致性。基于目前动力电池的设计制造水平，电池单体之间存在着性能差异。这种差异性会随着使用逐步恶化。例如，电池组内流过同样大小的电流，相对而言，容量大者总是处于小电流浅充浅放的状态，容量衰减缓慢、电池寿命衰减缓慢，而容量小的电池总是处于过充过放的状态，容量衰减较快、电池寿命衰减也更快，长此以往电池组内性能差异越来越大。小容量电池过早失效，将影响电池组性能，使电池组寿命降低。

荷电状态（State of Charge，SOC）：电池的剩余容量与满电状态时容量的比值，常用百分数表示。取值范围为0~1，当SOC=0时，表示电池放电完全，当SOC=1时，表示电池完全充满。

电池能量：电池在一定放电条件下，所能放出的能量，单位为W·h或kW·h。

电池能量密度：电池单位质量或单位体积所能放出的能量，分为质量能量密度（W·h/kg）或体积能量密度（W·h/L）。对于新能源汽车的动力电池，质量能量密度影响汽车的整车质量和续驶里程，而体积能量密度决定电池包的占用空间。

电池功率：电池在一定放电条件下，在单位时间内所能放出的能量，单位为W或kW。

电池功率密度：电池单位质量或单位体积所能输出的功率，又称比功率，单位为kW/kg或kW/L。

充放电倍率：电池在规定时间内完成放出其额定容量所用的电流值，用于表示电池的充放电电流大小，在数值上等于电池额定容量的倍数，单位为C。如额定容量为2A·h的电池，以2A的电流值放电，1h放电完毕，其放电倍率为1C；以0.2A的电流值放电时，10h放电完毕，其放电倍率则为0.1C。

2. 电池组充电特性

目前锂离子电池充电主要是限压限流法。初期恒流（CC）充电，电池接收能力最强，主要为吸热反应，但温度过低时，材料活性降低，可能提前进入恒压阶段，因此在北方冬天低温时，充电前把电池预热可以改善充电效果。随着充电过程不断进行，极化作用加强，温升加剧，伴随析气，电极过电位增高，电压上升，当荷电达到 70%~80% 时，电压达到最高充电限制电压，转为恒压（CV）阶段。理论上并不存在客观的过充电压阈值，若析气、升温就意味着过充，则在恒流阶段末期总是发生不同程度的过充，温升达到 40~50℃，壳体可能发生形变，有部分气体逸出，此现象可以看作电流超出电池接收能力。在恒压阶段，以小电流，用 30% 的时间充入 10% 的电量，又称涓流充电。

在实际充电过程中，只采用了电池组的总电压或平均电压来进行控制，但是由于电池单体间的差异，在高电压单体电池仍在充电时，组内其他低电压单体电池实际已经进入了过充阶段。如果单体电池过充发生在初始的恒流充电阶段，由于前期是大电流恒流充电，电压、温升以及内压持续升高。以 4V 的锂离子电池为例，当电压达到 4.5V 时，温升为 40℃、塑料壳体开始变硬，当电压达到 4.6V 时，温升可以达到 60℃，同时壳体发生明显的不可恢复形变。如果过充发生在后期的恒压充电阶段，电流较小，过充症状不如恒流阶段显著。但是只要温升、内压过高，就伴随副反应，电池容量就会减少，发展到一定程度，可能在充电中也可能在充电结束后的短时间里使电池内部物质燃烧，导致电池报废。不管过充发生在什么阶段都会加速电池容量衰减，导致电池失效。

3. 电池组放电特性

放电深度（Depth of Discharge，DOD）：电池放电容量与满电状态时容量的比值，与 SOC 之间存在以下数学计算关系：

$$DOD = 1 - SOC$$

电池的放电深度与电池的使用寿命有密切的关系，电池的放电深度越深，其使用寿命将越短。因此，为了延长动力电池的寿命，一般动力电池的放电深度控制在 0.5~0.7。

恒流放电时，电压有一陡然跌落，主要由欧姆电阻造成压降，这电阻包括连接单体电极的导线电阻和触点电阻，电压继续下降，经过一段时间以后，到达新的电化学平衡，进入放电平台期，电压变化不明显，放热反应加电阻热使得电池温升较高。电池组放电电压曲线近似单体电池放电曲线，持续放电，电压曲线到达马尾下降阶段，极化阻抗增大，输出效率降低，热耗增大，接近终止电压时停止放电。实际工作时考虑组内单体电池，必有相对的过放电情况。在放电后期，电压接近马尾曲线，组中单体电池容量呈正态分布，电压分布很复杂，容量最小的单体电池电压跌落得也就最早、最快，若这时其他电池电压降低得不是很明显，小容量单体电池电压跌落情况被掩盖，已经被过度放电。

观察单体电池过放情况。进入马尾曲线以后，若电流持续较大，电压迅速降低，并很快反向，这时电池被反方向充电，或称被动放电，活性物质结构被破坏，另一种副反应很快发生。过一段时间，电池活性材料接近全部丧失，等效为一个无源电阻，电压为负值，数值上等于反充电流在等效电阻上产生的压降。停止放电后，原电池电动势消失，电压不能恢复，因此，多次反充电足以使电池报废。

4. 电池组热特性

温度对化学反应的进行具有显著影响，因此，电池组性能也受到温度条件的制约。其中低温条件造成的影响包括：①导致电解液黏度增加甚至出现凝结现象，阻碍导电介质的运动，影响电池使用寿命，极端条件下带来安全隐患；②降低电池组内部化学反应速率，引起

充放电缓慢，从而导致输出功率等电池性能显著降低；③降低电池组内部化学反应深度，导致电池容量的下降。

另一方面，过高的温度条件则会导致电池内部电解液发生分解变质，热量在电池内部的积累会进一步引起隔膜热缩分解等一系列不良的副反应，影响电池寿命，造成安全隐患。因此，将电池的温度维持在适宜的区间，对提高电池的性能及使用寿命具有重要意义。作为电动汽车的动力来源，电池在使用时不可避免地需要串并联为电池组，以满足电动汽车的使用需求。大量电池单体串联为电池组之后，电池充放电过程又会造成新的热相关问题。一方面，紧密排列的电池很容易导致电池仓内热量累积，造成温度超出合理范围。另一方面，不同位置的电池单体往往温度条件也不尽相同，因此需要设计合理的热管理方式以降低不同单体之间温度的差异。通常情况下，高温处电池较低温处电池更容易老化，电池组各单体在长时间运行后性能差异增大，电池组整体性能和寿命受到高温区电池寿命和性能的制约。

【温馨提示】

电动汽车动力电池系统拆装与检测视频请扫教学资源 3.3 对应的二维码 ▣ 进行观看。

知识点 2　电动汽车电池充电系统

典型车型电池充电系统的基本组成包括车载充电机、电池管理系统、充电枪、充电插座等。当充电枪连接电源和车载充电机时，电池管理系统通过检测 CC 点电阻判断充电电缆的额定容量及充电枪是否连接良好。车载充电机交流输入端得电和自检完成无障碍后，向电池管理系统发出充电唤醒信号，电池管理系统关闭充电接触器，开始导通充电回路。

在充电过程中，电池管理系统和充电机相互发送各自的充电状态，确保充电安全。电池管理系统向充电机发送充电需求，充电机以此调整充电电压和充电电流，确保充电过程可控。车载充电机充电连接示意图如图 3-15 所示。

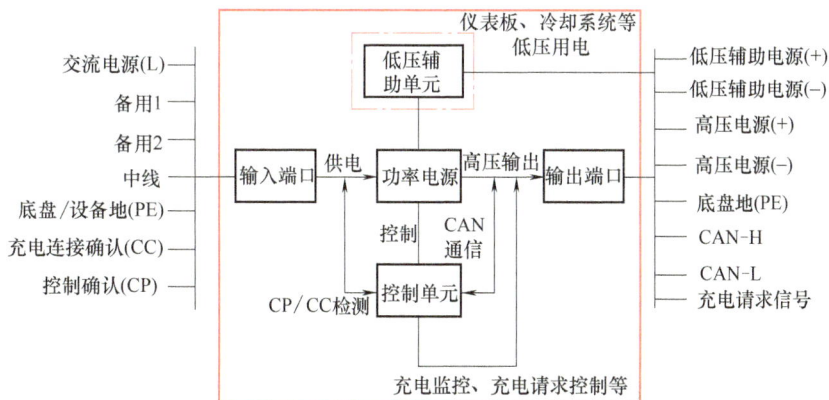

图 3-15　车载充电机充电连接示意图

比亚迪 e5 直流充电系统工作原理如图 3-16 所示，充电过程如下：

① 准备阶段：将直流充电枪插入车辆充电口，充电桩中 U1 与电阻 R2、机械锁止开关、充电连接确认接口 CC1、R4 和车身接地形成工作回路，车辆控制装置中 U2 与电阻 R5、CC2、R3 和

车身搭铁形成电路回路，当充电桩控制装置检测到检测点 1 电压为 4V（U1＝12V×0.5kΩ/（1kΩ＋0.5kΩ）），则确认充电线路完全连接。

② 自检阶段：充电枪线路完全连接后，充电桩控制装置控制接触器 K3/K4 闭合，将12V 低压电通过 A＋、A－端子传输给车辆控制装置。车辆控制装置 U2 检测到检测点 2 电压为 6V（U2＝12V×1kΩ/（1kΩ＋1kΩ）），然后车辆控制装置通过 S＋、S－与充电桩控制装置进行通信，充电桩控制装置控制接触器 K1/K2 闭合，检测充电直流母线搭铁绝缘性，保证充电过程安全进行。绝缘测试完成后，断开接触器 K1/K2，自检阶段完成。

③ 充电阶段：充电桩自检阶段完成后，车辆控制装置控制接触器 K5/K6 闭合，形成充电回路，充电桩检测到车辆端电池电压正常（电压与通信中描述的电池电压误差小于 5%，且在充电桩输出最大、最小电压范围内），控制接触器 K1/K2 闭合，开始充电，在充电过程中，车辆控制装置实时发送电池充电需求参数，充电桩根据该参数实时调整充电电压和电流，并相互发送各自的状态信息（充电模式、充电电压、充电电流、电池温度、当前 SOC、单体电池最高和最低电压等信息）。

④ 充电结束：车辆根据 BMS 是否达到充满状态或者是收到充电桩发来的"充电桩中止充电"来判断是否结束充电。满足以上条件，车辆会发出"车辆中止充电"，在确认充电电流小于 5A 后断开 K5/K6 接触器，充电桩控制装置接收到"车辆中止充电"，在确认充电电流小于 5A 后，断开 K1/K2 接触器，然后断开接触器 K3/K4，结束充电。

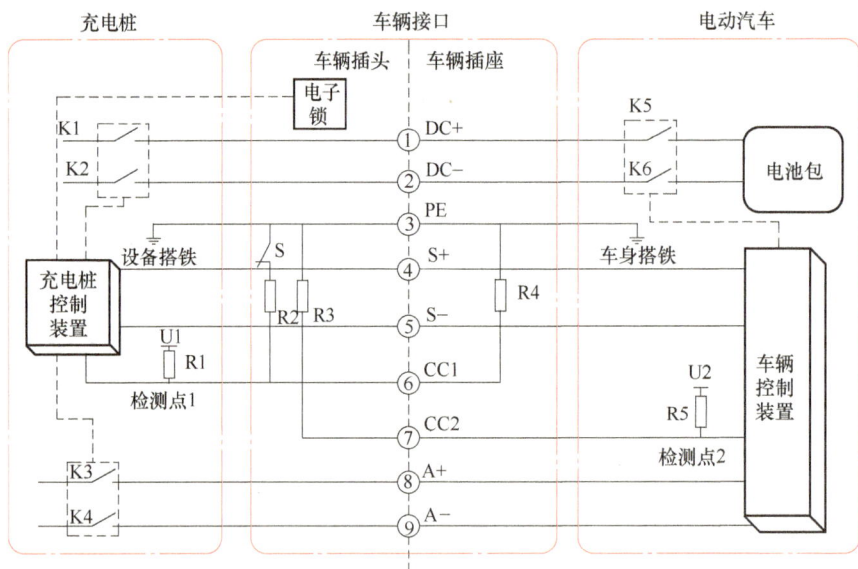

图 3-16　比亚迪 e5 直流充电系统工作原理

比亚迪 e5 交流充电系统工作原理如图 3-17 所示，充电过程如下：

① 充电连接确认：充电枪插入车辆接口后，供电设备端子 CC 由供电控制装置检测点 4 检测到充电连接信号，然后供电控制装置控制 S1 开关由 12 V 切换至 PWM（脉宽调制信号）端子。PWM 信号经供电接口和车辆接口 CP 端子送至检测点 2，车辆控制装置检测到脉冲信号后，车辆控制装置确认供电设备供电能力并完成充电连接确认。

② 充电唤醒：车辆控制装置通过测定检测点 3、CC 与 PE 之间的电阻 RC，其中开关 S3

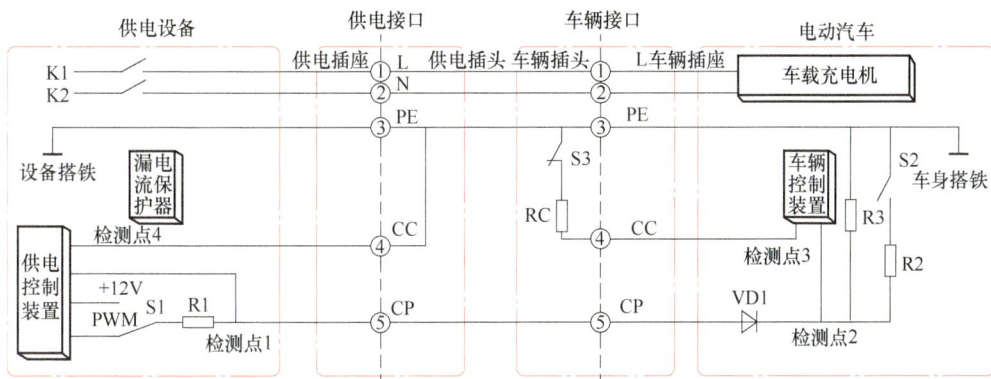

图 3-17 比亚迪 e5 交流充电系统工作原理

为车辆插头内部常闭型开关，其开关与机械锁止装置关联，当按下充电枪机械锁止开关，S3 开关会断开。通过检测 RC 电阻，正常值为 680Ω，确认正常后，完成充电唤醒过程。

③ 供电设备给车辆充电：充电枪完好插入供电接口，充电连接正常并完成充电唤醒后，供电控制装置通过检测点 1 脉冲电压，确定充电功率，接通电源 K1、K2 开关，传导线分别与车辆供电接口 L 端子和 N 端子连接，BMS 电池管理系统控制模块控制车辆低压 IG3 继电器吸合给相关部件提供电源，BMS 得电后执行充电程序并拉低仪表充电指示灯信号，绿色充电指示灯点亮，并在显示屏上显示充电信息（SOC 值、充电电压、充电电流、剩余充电时间等）。

④ 充电保护监控：在充电过程中，供电控制装置和车辆控制装置周期性监测各个检测点信号。车辆控制装置通过监测检测点 2 脉冲电压信号，调节车载充电机输出功率。在充电过程中，为了节省充电时间和保护电池，一般先采用恒流充电，当电池电压达到一定值或者达到单体电压额定值和限定温度时，采用恒压充电，以较小电流对电池充电直至充满。在充电过程中，BMS 电池管理控制器周期性监测 13 个电池模组中单体电池电压、电流、温度，防止电池过充、温度过高，单体电池电压不高于 3.7V，电池最高温度不超过 65℃，否则限制供电功率，甚至停止充电。

⑤ 充电结束：当 BMS 电池管理控制器检测到充电完成，或者达到预约充电时间以及驾驶人停止充电操作，车辆控制装置断开 S2 开关，同时开关 S1 切换至 12V，S2 开关断开使供电控制断开 K1、K2，结束充电。

【温馨提示】

电动汽车充电系统组成与结构认识视频请扫教学资源 3.4 对应的二维码▨进行观看。

电动汽车的充电设备一般可分为车载式充电机、非车载式充电机、交流充电桩、直流充电桩。车载式充电机是指安装在电动汽车车体内，将输入电源转变为动力电池可接收的直流电能的专用装置，如图 3-18 所示。车载式充电机基本结构包括控制单元、交流输入接口、功率单元、直流输出接口等。

非车载式充电机是指安装在电动汽车车体之外，将输入电源转变为动力电池可接收的直流电能的专用装置，如图 3-19 所示。非车载式充电机基本结构包括监控单元、高频开关电源模块、人机操作界面、电气接口和通信接口等。

　　交流充电桩是指固定在电动汽车外，采取传导的方式为具有车载充电装置的电动汽车提供交流电源的专用装置，如图 3-20 所示。交流充电桩的基本结构包括桩体、电气模块、和计量模块。交流充电桩的输入端连接交流电网，输出端通过车载交流充电接口连接动力电池。

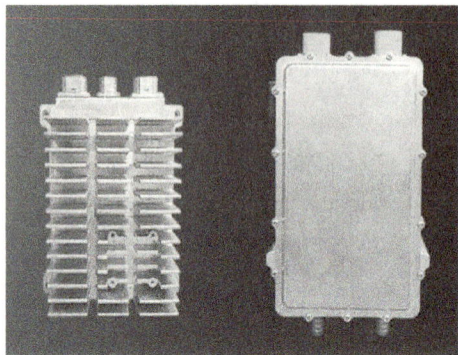

图 3-18　车载式充电机

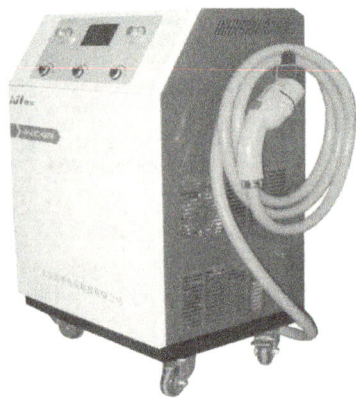

图 3-19　非车载式充电机

　　直流充电桩是指固定在电动汽车之外，采取传导的方式可为非车载电动汽车的动力电池提供直流电源的专用装置，如图 3-21 所示。直流充电桩的基本结构包括桩体、监控器、人机交互界面、刷卡区、插枪接口等。

图 3-20　交流充电桩

图 3-21　直流充电桩

　　恒流充电是指充电过程中使充电电流保持不变的方法。恒流充电具有较大的适应性，容易将蓄电池完全充满，有益于延长蓄电池的寿命。缺点是在充电过程中，需要根据逐渐升高的蓄电池电动势调节充电电压，以保持电流不变，充电时间也较长。

　　恒压充电指的是充电过程中保持充电电压不变的充电方法，充电电流随蓄电池电动势的升高而减小。合理的充电电压，应在蓄电池即将充足时使其充电电流趋于 0，如果电压过高会造成充电初期充电电流过大和过充电，而如果电压过低会造成蓄电池充电不足。恒压充电具有充电时间短的优点，但缺点是不容易充满电，比较适合补充充电。

　　恒流限压充电是指开始先以恒流的方式进行充电，当蓄电池端电压上升到限压值时，充电机自动转换为恒压充电，直到充电完毕。

【温馨提示】

电动汽车充电系统拆装与检测视频请扫教学资源 3.5 对应的二维码 进行观看。

知识点 3　电池充电方式的基本原理

电动汽车的充电方式主要包括常规充电方式、快速充电方式、电池更换方式和无线充电方式。

1. 常规充电方式

常规充电方式适用于装配有车载充电机的纯电动汽车，可在夜间利用廉价的低谷电对动力电池进行慢速充电，如图 3-22 所示。常规充电方式相应的充电机和安装成本较低，适配 220V/16A 规格的标准电网电源，适用于家庭充电模式。充电时间为 8～10h。由于可利用夜间低谷电，常规充电方式有利于电能的有效利用和电网的峰谷调节控制。常规充电方式也被应用于超市、停车场的小型充电桩。常规充电方式的优势在于：充电技术成熟、技术门槛低、使用方便；充电设备简单、成本较低；慢速充电的电池发热量小，提高了电池的安全性；小电流充电方式有利于延长电池的使用寿命；夜间充电有利于节能。其缺点在于，充电速度慢，充电时间长，不利于增加汽车的续驶里程。

图 3-22　常规充电示意图

交流充电桩提供的交流电经过车载充电机变换为高压直流电压，连接到动力电池。慢速充电口和快速充电口接头布置如图 3-23 所示。

2. 快速充电方式

快速充电方式是指采用较大电流（150～400A），在短时间内为电动汽车动力电池充电的方式。快速充电方式安装成本较高。为了实现较大的充电电流，必须采用较大的充电电压。在快速充电的过程中，较大的充电电压和充电电流，将导致发热量增加和聚集，因此对动力电池的安全性有一定影响，也对动力电池的热管理系统提出更高的要求。充电过程中，锂离子快速脱嵌和嵌入，也会影响电池的寿命和充电容量。一般快速充电的典型时间为 10～30min。动力电池的快速充电不但受充电设备的影响，也受动力电池材料本身特性的影响。快速充电的优势包括技术成熟、充电速度快、节省时间、增加电动汽车的续驶里程。缺点在于安全性不高、无法深度充电、影响电池循环次数和使用寿命、对配电网的要求较高、基础设施投入较大。快速充电口的接头布置如图 3-23 所示。图 3-24 所示为特斯拉 Model S 在超级充电站充电。

特斯拉 Model S 纯电动汽车配置有 10kW 车载充电器，输入兼容性为 85～265V、45～65Hz、1～40A，峰值充电效率为 92%。特斯拉配置有 10kW 通用移动连接器，110V、240V 以及 J1772 适配器。所用的充电接口与宝马 Active E 的充电接口相同。特斯拉 Model S 有三种充电方式，分别是移动充电包、高能充电桩和超级充电桩。

① 移动充电包。移动充电包属于选配，其中包含一根充电线、一个家用电源转接头、一个公共充电桩转接头。

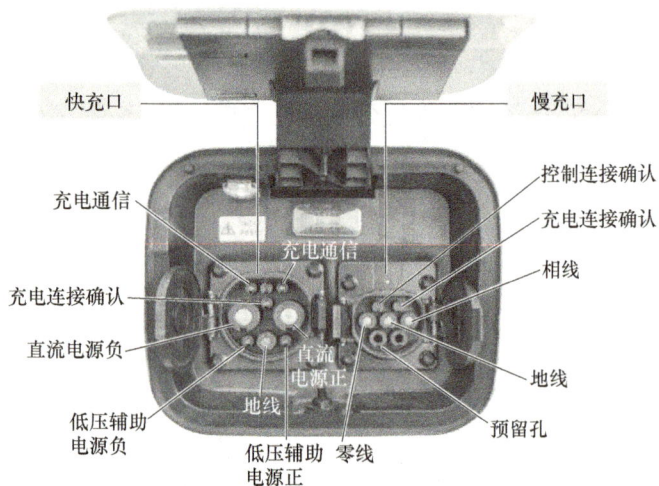

图 3-23　慢速充电口与快速充电口接头布置

所谓移动充电包，相当于手机的充电线，可以在任何有电源插口的地方充电，非常方便，只不过充电速度比较慢。美国本土电压为 110V，充电速度每小时可达到 16km 的续驶里程。

② 高能充电桩。若用户有固定车位，那么可以选择安装特斯拉的高能充电桩，它在单充电模式下最大输出是 240V/40A，充电速度比普通家用接口速度要快，充电速度每小时可以达到 46km 的续驶里程。

③ 超级充电桩。这是最受用户喜欢的充电方式。由于超级充电桩的充电效率最高，一辆车从 0 到充满电最多只需要 75min，通常情况下用户只需要充电 0.5h 左右，所充的电能即够用户在市区里用一整天，如图 3-25 所示。

图 3-24　快速充电示意图

图 3-25　特斯拉超级充电桩

超级充电桩输出电压为 380V，电流将近 200A，每小时充电可以行驶 350km。当然，超级充电桩的充电速度也不是一直都这么快，每个充电桩的输出电流均是额定的，当只有一辆

车充电时，它能够享受充电桩 70% 的电流额度，但是当充电的车辆数量增加时，电流就会平均分配到每辆车上，充电速度也可能降至每小时行驶 96km 左右。

3. 电池更换方式

电池更换方式是指在电动汽车电池电量不足的情况下，通过更换动力电池延长电动汽车续驶里程的方式，如图 3-26 所示。目前电池快速充电模式并未普及，电池能量密度无法满足需求，因此电池更换方式成为一种过渡模式。电池更换方式的优势包括：换电速度快，时间接近传统加油站加油；换下的电池可通过常规充电的方式充电，有利于动力电池的寿命和安全；用户可采用租赁的方式使用电池，节省购车成本；电池的集中管理和维护，有利于减小环境污染。

电池更换方式不但要求增加额外电池组和电池组的分开配置，而且需要建设电池更换基站，投资巨大。另外，电池更换方式对电池和电池组的一致性提出更高的要求，接插件需满足多次更换的寿命要求。动力电池的管理系统、电池和电动汽车的接口也需适应换电的要求。

4. 无线充电方式

无线充电方式是指采用无线电能传输技术对电动汽车的动力电池进行充电的新型充电方式，如图 3-27 所示。相对于传统有线传输技术，无线充电具有的优点包括：使用方便、安全可靠、无电火花和触电的危险；没有维护的问题，并可适应恶劣的气候环境；降低人力成本，节省空间，不影响交通视线等。其缺点包括基础设施建设和电力设备投入较大、充电效率不高、技术尚未成熟等。

图 3-26　电池更换基站

图 3-27　无线充电示意图

知识点 4　电源转换系统的分类与原理

电动汽车的电源转换系统主要采用 DC/DC 变换器，可分为升压型、降压型、升降压型变换器。电动汽车在滑行或下坡制动过程中，车辆的惯性能量经过变换生成的电能，通过双向升降压 DC/DC 变换器向动力电池充电。电动汽车的动力电池的高压直流电源，向电动汽车的 12V 低压蓄电池充电时，采用隔离式降压型 DC/DC 变换器。

降压型 DC/DC 变换器的电路原理如图 3-28a 所示，一般作为动力电池向辅助储能电池输送直流电用。当开关 S 闭合时，电感 L 两端的电压为 $U_i - U_o$，电感增加的磁通为 $(U_i - U_o) T_{on}$，T_{on} 为闭合时间；当开关 S 断开时，由于输出电流的连续，二极管 VD 为导通，电感消磁，其减小的磁通量为 $U_o T_{off}$，T_{off} 为断开时间。若开关 S 间断地导通与截止的周期为 T，占空比 $D = T_{on}/T$，由于占空比小于 1，所以 $U_i > U_o$，实现降压的效果。

升压型 DC/DC 变换器的电路原理如图 3-28b 所示。当开关 S 闭合时，电感上的电压为输入电压 U_i，电感增加的磁通量为 $U_i T_{on}$。当开关 S 断开时，由于输出电流的连续，二极管 VD 为导通，电感消磁，其减小的磁通量为 $(U_o - U_i) T_{off}$。由于占空比小于 1，所以 $U_i < U_o$，实现升压的效果。

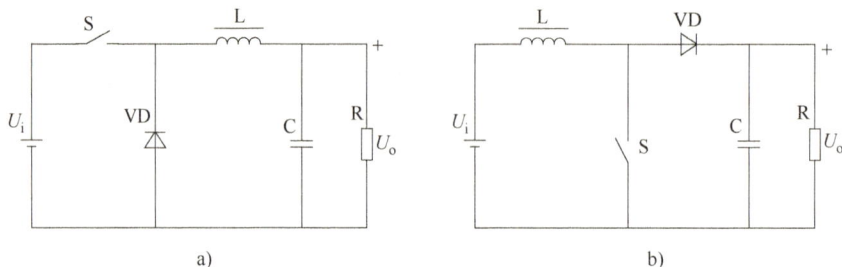

图 3-28　降压型 DC/DC 变换器和升压型 DC/DC 变换器的电路原理

3.4　动力电池管理系统

知识点 1　动力电池管理系统概述

动力电池是纯电动汽车的动力源，也是一直制约纯电动汽车发展的关键因素。电动汽车的电池在使用中发热量很大，电池温度影响电池的电化学系统的运行、循环寿命和充电可接收性、功率和能量、安全性和可靠性等。所以，为了达到最佳的性能和寿命，需将电池包的温度控制在一定的范围内，减少包内不均匀的温度分布以避免模块间的不平衡，以此避免电池性能下降，且可以消除相关的潜在危险。电池管理系统（Battery Management System，BMS）是指对动力电池进行安全监控和有效管理，提高电池可靠性和安全性的装置，主要由终端模块、电池管理控制单元、人机交互模块及输入输出接口构成。电池终端模块中通过传感器进行数据采集，如电流参数、电压参数、温度等。电池管理控制单元主要是监控电池组的工作状态，并与整车控制系统进行通信，控制充放电过程。人机交互模块主要进行数据呈现，数据、信息输入输出等。对于电动汽车而言，通过检测电池电压、充放电电流等参数，实时对电池进行控制，对于增加电动汽车续驶里程、提高整车性能具有重大意义。动力电池管理系统是电动汽车不可或缺的核心部件之一。

1. BMS 的基本功能

BMS 的基本功能包括：电池状态监测、电池荷电状态分析、电池安全保护、电池数据处理与通信、电池热管理。

（1）电池状态监测　通过对动力电池中各电池模块的端电压、充放电电流、温度等数据的实时采集，分析和预测动力电池的状态和性能，为电池组的维护提供数据支持，提高维护人员的工作效率和维护过程的安全性与可靠性。

（2）电池荷电状态分析　准确预估电池的荷电状态（State of Charge，SOC）和电池组的

健康状态（State of Health，SOH），根据电池的 SOC，预测动力电池组的剩余电量，计算和预估车辆剩余的续驶里程。SOH 用于了解电池技术状态，估计动力电池的可用寿命等参数。

（3）**电池安全保护**　根据动力电池的电压、电流、温度等数据，判断其是否处于正常范围，防止电池组过充、过放或温度过高进而缩短电池的使用寿命。目前，BMS 已经可以实时对单体电池的安全状态进行有效控制。

（4）**电池数据处理与通信**　通过 BMS 将电池状态参数和信息与其他车载设备或非车载设备实现数据交换和通信。根据应用需求，通过 CAN 总线建立 BMS 与 VCU、MCU、车载充电机及显示仪表之间的通信。

（5）**电池热管理**　电池热管理系统可对动力电池的工作温度进行控制，当工作温度过高时进行冷却，当工作温度过低时适当进行加热，使动力电池始终处于合适的工作温度范围内。

2. 电池状态 SOC 的估算

动力电池的 SOC 估算是 BMS 的核心功能之一，是防止电池过充和过放的重要依据。对于电动汽车，高效准确的 SOC 估算可达到保护蓄电池、提高整车性能、降低动力电池的要求和提高经济性的作用。同时，由于动力电池放电曲线的非线性，以及其他众多因素的影响（包括环境温度、车辆载重、车辆行驶工况以及串电池容量衰退等），导致动力电池的 SOC 估算复杂多变，存在较大难度。目前，SOC 估算的常用算法包括开路电压法、容量积分法、电池内阻法、模糊逻辑推理和神经网络法、卡尔曼滤波法。

（1）**开路电压法**　根据电池的放电特性曲线（图 3-29）可知，电池组的电压跟电池剩余容量存在对应关系。因此，可根据电池组开路电压来预测电池的剩余容量。然而，从图 3-29 又可知，不同放电倍率的电池放电特性曲线差异较大，在电流波动较大的使用场景下，这种方式无法准确预测电池的实际 SOC。另一方面，不同应用工况下，电池组的内阻大小不一致，导致同样充放电倍率下不同时期的电池组电压也有所不同。因此，开路电压法难以满足实际需求。

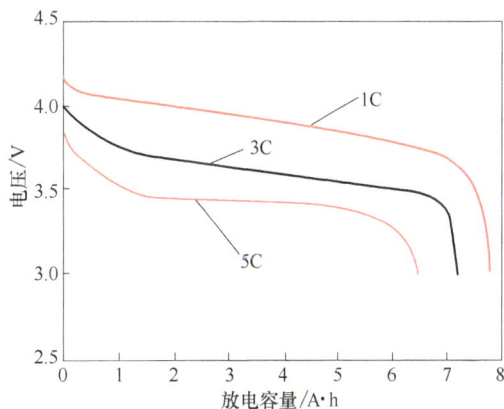

图 3-29　某动力电池的放电特性曲线

（2）**容量积分法**　所谓容量积分法，是指通过对电池充放电的电流进行积分，从而得到每一轮放电过程能够放出的电量，来估算电池的 SOC。容量积分法存在一定的误差，而且误差会随着电池充放电循环而累积，进而使得误差不断增大。因此，通常使用电池组电压来校正因容量积分而导致的累积误差。电池组放电到截止电压后，将电池 SOC 值校正为 0，也可消除容量积分法的累积误差。然而，容量积分法依然存在精度较低的问题，还需进一步改进。

（3）**电池内阻法**　电池内阻分为交流内阻和直流内阻，常用于估算电池 SOC 的是直流内阻法。直流内阻表示电池对直流电的阻抗值。在实际测量中，电池开始恒流放电或充电后的负载电压与开路电压的差值除以电流值，就是直流内阻。直流内阻的大小受放电时间段影响，若时间段短于 10ms，只有欧姆内阻能够检测到；若时间段较长，内阻将变得复杂。另外，直流内阻法无法准确测量单体电池的内阻。通常，电池内阻法与容量积分法组合使用以提高电池 SOC 估算的精确度。

（4）**模糊逻辑推理和神经网络法** 模糊逻辑推理是以模糊集合论为基础描述工具，对以一般集合论为基础描述工具的数理逻辑进行扩展，从而建立模糊推理理论。模糊逻辑接近人的形象思维方式，擅于定性分析与推理，具有较强的自然语言处理能力。神经网络是对人脑或自然网络若干基本特性的抽象和模拟，具有良好的自组织、自学习能力。二者均采用并行处理结构，可从系统的输入、输出样本中获得系统输入、输出关系。采用神经网络进行电池 SOC 估算的典型结构如图 3-30 所示。结构为四输入一输出的三层前馈网络。输入量分别为电压、电流、温度和电容量，输出量为 SOC 值。中间层神经元个数取决于问题的复杂程度及分析精度。神经网络法适用于各种动力电池，其问题是需要大量可靠的参考数据进行训练，训练数据和训练方法对估算误差影响很大。

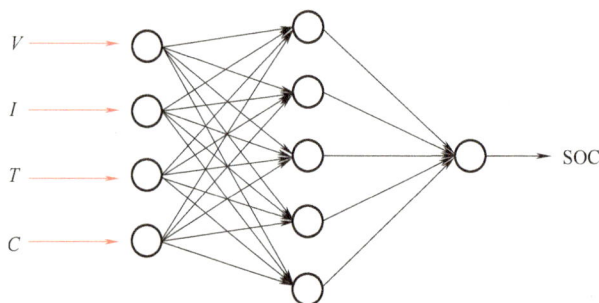

图 3-30　动力电池 SOC 估算的神经网络结构图

（5）**卡尔曼滤波法** 卡尔曼滤波是一种利用线性系统状态方程，通过系统输入输出来观测数据，对系统状态进行最优估算的算法。当应用卡尔曼滤波法进行动力电池 SOC 估算时，动力电池即为系统，SOC 是系统的一个内部状态。卡尔曼滤波法尤其适用于电流波动较大的混合动力电动汽车的动力电池 SOC 估算。其缺点是若要求电池 SOC 估算精度越高，电池模型将越复杂，涉及大量的矩阵运算，在实际应用过程中受限，且对动力电池的温度和自放电率等参数的影响考虑不全。

知识点 2　动力电池管理系统结构原理

1. BMS 的结构方式

根据采集模块和主控模块在实体上分配布置的差异，从拓扑架构的角度，BMS 可分为集中式管理系统、分布式管理系统和半分布式管理系统。

（1）**集中式管理系统** 集中式管理系统是将检测整个动力电池组的电压和温度的单元全部集中在一个盒体内，由整车控制器直接控制。这种系统的优点在于：计算灵活，可通过修改中心处理器的软件来适应不同工况和满足不同需求；成本低、信号传递可靠性高。其缺点在于：只能对电池组进行信号采集，而对于每个单体电池的数据无法检测，数据采集精度差，对信号的处理要求较高；全部线束都直接走线至控制盒，信号受到干扰的概率增大，线束质量和制作水平及固定方式要求高。

（2）**分布式管理系统**　分布式管理系统是将电池模组的功能独立分离，将整个系统拆分成单体管理系统（Cell Supervision Circuit，CSC）、电池管理控制器（Battery Management Unit，BMU）、S-Box 继电器控制器和整车控制器。从结构形式的角度看，分布式管理系统是由一个主控盒和数个从控盒共同组成的。分布式管理系统可对每个单体电池进行采样、监控和计算，其优点在于可以分散安装，通过总线进行连接与通信，采集的数据可以就近处理，精度有所保障。其缺点在于灵活性差，成本较高，需要额外的 MCU 和独立的 CAN 总线支持。

（3）**半分布式管理系统**　半分布式管理系统是以上两种分布式系统的结合，主要用于模组排布较特别的电动汽车。半分布式管理系统由于通过中心控制器软件系统判定来完成相应的保护功能，普遍存在系统可靠性差、抗干扰能力弱和反应速度慢等缺点。

2. BMS 的基本结构

BMS 的硬件主要包括主控盒（BMU）、从控盒（Battery Control Unit，BCU）、高压盒（Intensity Voltage Unit，IVU），以及采集动力电池 SOC 数据的电子器件。主控盒（BMU）用于接收整车控制器（VCU）的指令，处理从控盒（BCU）和高压盒（IVU）上报的信息，同时根据指令和上报的信息，判断动力电池运行状态，实现 BMS 的相关控制策略。

BMS 由硬件和软件两大部分组成，其基本组成框架如图 3-31 所示。

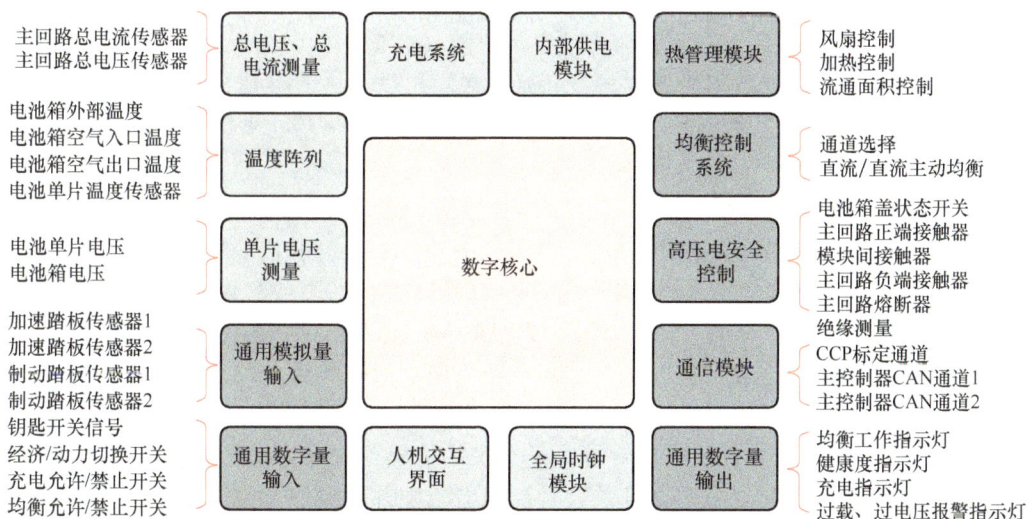

图 3-31　电动汽车电池管理系统软硬件基本组成框架

其工作过程如下：

1）通过数据采集模块获取电池电路中的重要数据（如单体电池和电池组电流、电压和温度等）。

2）将获取的数据发送给中央处理器进行分析和处理。

3）比对数据库记录，发出程序控制和变更指令。

4）将实时数据发送到数据显示器，同时对应的执行模块做出动作，对电池组进行调控。

BMS 的主要任务是保证动力电池系统的安全性、耐久性和动力性，其功能指标如图 3-32 所示。具体如下：

1）电池状态检测。包括总电压、总电流、单体电池电压检测（防止出现过充、过放甚

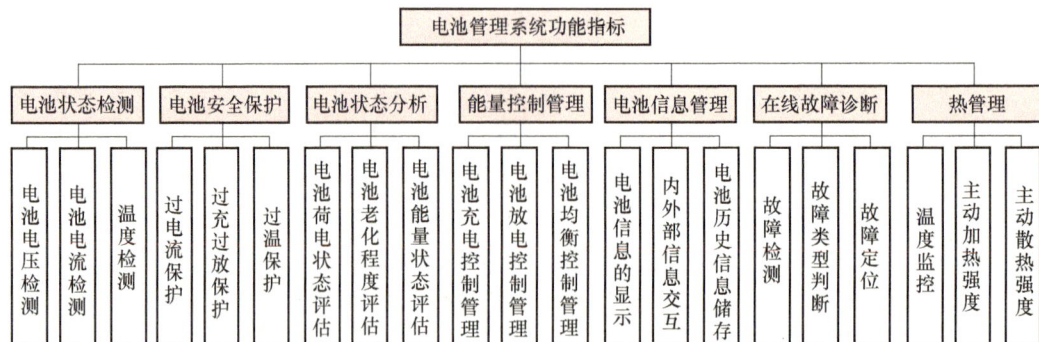

图 3-32　电池管理系统功能指标

至反极现象）、温度检测、烟雾探测（监测电解液泄漏）、绝缘检测（监测漏电）、碰撞检测等。

2）电池安全保护。包括热系统控制、高压电安全控制。BMS诊断到故障后，通过网络通知整车控制器，并要求整车控制器进行有效处理（切断主回路电源），以防止高温、低温、过充、过放、过电流、漏电等对电池和人身的损害。

3）电池状态分析。包括荷电状态（SOC）或放电深度（DOD）、健康状态（SOH）、功能状态（SOF）、能量状态（SOE）、故障及安全状态（SOS）等。

4）能量控制管理。包括充放电控制和电池均衡。其中，BMS中具有一个充电管理模块，它能够根据电池的特性、温度高低以及充电机的功率等级，控制充电机给电池进行安全充电。不一致性的存在使得电池组的容量小于组中最小单体的容量。电池均衡是根据单体电池信息，采用主动或被动、耗散或非耗散等均衡方式，尽可能使电池组容量接近最小单体的容量。

5）电池信息管理。BMS需要与整车控制器等网络节点通信；同时，BMS在车辆上拆卸不方便，需要在不拆壳的情况下进行在线标定、监控、升级维护等。一般的车载网络均采用CAN，用于存储关键数据，如SOC、SOH、SOF、SOE、累积充放电Ah数、故障码和一致性等。

6）在线故障诊断。包括故障检测、故障类型判断、故障定位、故障信息输出等。故障检测是指通过采集到的传感器信号，采用诊断算法诊断故障类型，并进行早期预警。电池故障是指电池组、高压电回路、热管理等各个子系统的传感器故障，执行器故障（如接触器、风扇、泵、加热器等），以及网络故障、各种控制器软硬件故障等。电池组本身故障是指过电压（过充）、欠电压（过放）、过电流、超高温、内短路故障、接头松动、电解液泄漏、绝缘性降低等。

7）热管理。根据电池组内温度分布信息及充放电需求，决定主动加热/散热的强度，使得电池尽可能工作在最适合的温度，充分发挥电池的性能。

3.5　电动汽车高压分配系统

知识点　高压分配系统结构原理

1. 高压分配系统功能

高压分配系统的功能主要是将高压电池的高压直流电供给整车高压电器，接收车载充电

器或非车载充电器的直流电，给高压电池充电，同时系统还具有电流检测、漏电监测等其他辅助检测功能。

2. 高压分配系统组成

以比亚迪 e5 电动汽车为例，其高压分配系统集成在高压电控总成里面。比亚迪 e5 高压电控总成外部接口如图 3-33 所示，安装在汽车前舱。

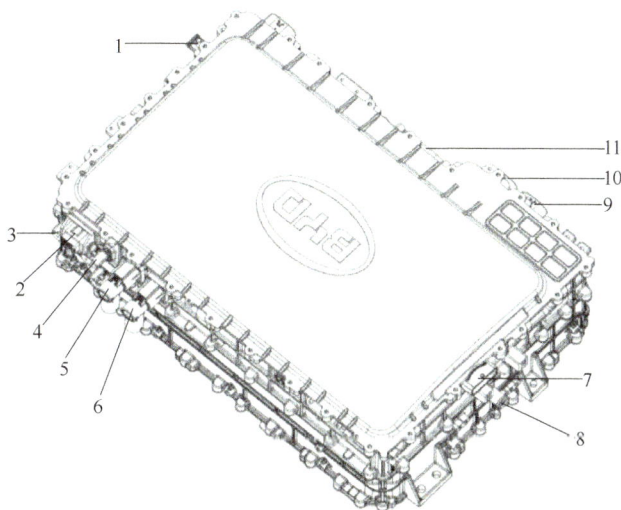

图 3-33 比亚迪 e5 高压电控总成外部接口示意图

1—DC 直流输出接插件 2—33pin 低压信号接插件 3—高压输出空调压缩机接插件 4—高压输出 PTC 接插件
5—动力电池正极母线 6—动力电池负极母线 7—64pin 低压信号接插件 8—入水管 9—交流输入 L2、L3 相
10—交流输入 L1、N 相 11—驱动电机三相输出接插件

比亚迪 e5 高压分配系统主要由高压电池包正负极输入接口、接触器、预充电阻、漏电传感器、霍尔电流传感器等组成，如图 3-34 所示。

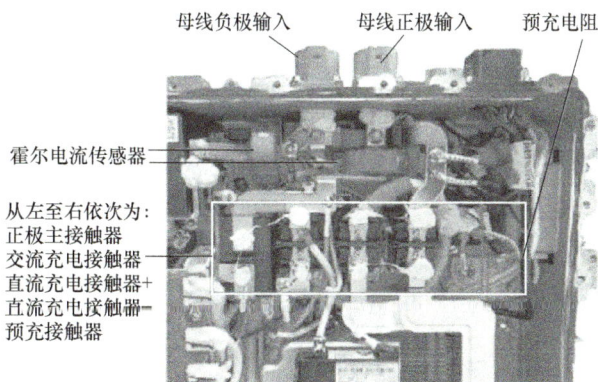

图 3-34 比亚迪 e5 高压分配系统

3. 高压分配系统主要部件结构原理

（1）接触器 高压分配系统的正、负接触器是一种用小电流控制大电流的装置，也属

于一种继电器（图 3-35 和图 3-36）。其一般由 BMS 进行控制，从而控制动力蓄电池包能量的输出、输入。

图 3-35 电动汽车接触器

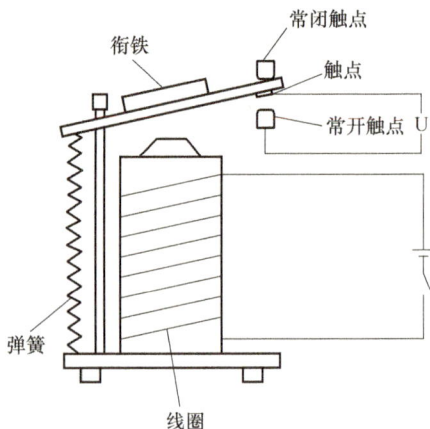

图 3-36 高压大电流接触器

（2）**预充电阻** 预充电阻的作用是在汽车上电时对电流进行限制。因为电动汽车的电机控制器等电路中都含有电容，电动汽车在冷态起动无预充情况下，主接触器直接接通，电池高压将直接加载到空的电容上，电容两端电压为 0，相当于瞬间短路，极大的瞬间电流会损坏继电器，对继电器、整流器件、待充电容造成较大冲击，所以需要预充电阻限流，以保证系统正常运行。

预充接触器就是在电池管理系统的控制下，在电动汽车冷态起动时，接通预充电阻所在的电路，对电流进行限制，直到电容达到充电目标要求后（接近动力蓄电池电压），电池管理系统控制预充接触器断开，接通主接触器。

（3）**漏电传感器** 漏电传感器如图 3-37 所示。当高压系统漏电时，漏电传感器发送信号给 BMS，BMS 接收到漏电信号后根据漏电情况马上报警或断开高压系统，以防止对人或物品造成伤害和损失。

图 3-37 漏电传感器

（4）**霍尔电流传感器** 霍尔电流传感器（图 3-38）利用霍尔效应原理来检测高压分配

系统中各处电流。一般需要在线检测霍尔电流传感器的性能好坏，先检查其是否有+15V、-15V 的电源，若电源正常，则测试霍尔信号（1V 对应 100A）并与电源管理器的当前电流进行对比，从而判断霍尔电流的正常与否。

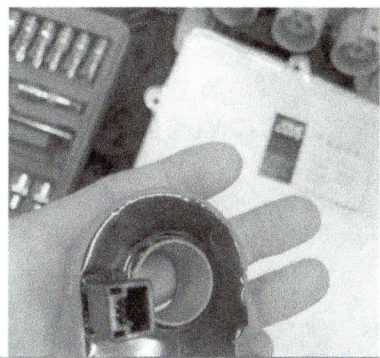

图 3-38　霍尔电流传感器

【温馨提示】

电动汽车高压分配系统结构原理视频请扫教学资源 3.6 对应的二维码 进行观看。

3.6　动力能量回收系统

知识点　能量回收系统基本组成及原理

能量回收系统按工作机制不同划分，一般可分为液压储能、启停系统、飞轮储能以及制动能量回收四种。在电动汽车上运用得最多的还是制动能量回收这种方式。能量回收系统主要由驱动轮、主减速器、变速器、电动机、AC/DC 变换器、DC/DC 变换器、能量储存系统及控制器组成。制动能量回收系统可以回收车辆在制动或者惯性滑行时释放出的多余能量，并将它储存起来循环使用。事实证明，制动能量回收系统除了可以通过回收能量提升汽车续驶里程，还可以在一定程度上改善驾驶体验，是电动汽车除"三电系统"外又一套非常重要的工作系统。

电动汽车的能量转换装置即电机，储能装置即蓄电池。能量回收的过程是电动汽车制动控制系统通过对相关功率器件的控制，改变电机转速、转矩大小和方向，实现车辆从驱动状态切换到制动状态，最终将部分动能转换为电能回收到蓄电池里面。

如图 3-39 所示，在制动过程中会切断驱动电机电流，电机电枢两端接入一个高频开关电路，使该电路能够高频通断，在高频通断过程中便会产生感应电动势和电流。开关 S 闭合时，电机处于回路中，感应电流为制动电流。开关 S 断开时，感应电动势随即升高，电机电枢与蓄电池即形成回馈电路，感应电流将

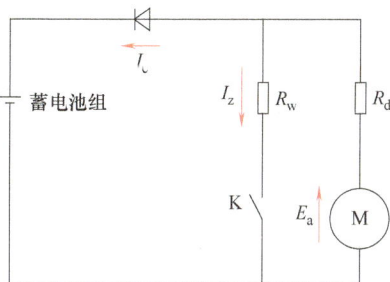

图 3-39　能量回收工作原理电路图

流向蓄电池，实现能量回收。

在能量回收系统的发展中，以比亚迪汉 EV 为代表的电动汽车率先运用一系列先进的技术成果，成了行业中的先驱者，比如其采用的智能集成制动（IPB）系统。IPB 系统是博世的 iBooster 和 ESP 系统高度集成的电动液压制动解决方案，它的主要特点是采用电子制动助力，从而实现驾驶模式选择、能量回收、主动制动等功能。IPB 系统是一套智能集成制动系统。所谓"智能"，是指 IPB 是一套电控的制动系统，相比传统的真空助力式制动系统，它让制动系统的响应更迅速、控制更精确，而且凭借这套智能的电控制动系统，可以扩展出更多功能。当 IPB 与汉 EV 结合时，还可以显著增强制动能量回收的效率。所谓"集成"，是指 IPB 集成了 ESP 系统。如图 3-40 所示，相比非集成式的制动系统，IPB 系统的重量更轻，占用的车内空间更小。

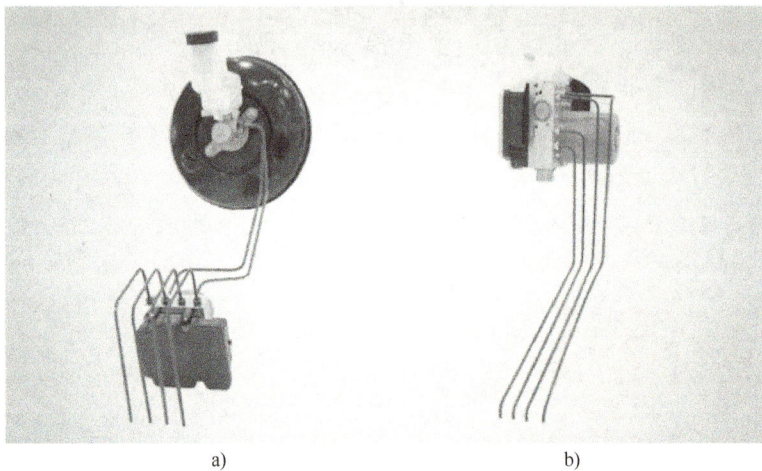

a)   b)

图 3-40　传统真空助力式制动系统和 IPB 智能集成制动系统对比
a）传统的真空助力式制动系统和车身稳定系统　b）IPB 智能集成制动系统

IPB 系统将制动踏板的位移转变成为信号，控制器结合其他各项传感器参数，计算出所需制动力，再由电机推动制动液建立制动力。在"AEB 自动紧急制动"功能触发时，传统制动系统的响应时间在 600ms 左右，而 IPB 可以在 150ms 内提供最大制动力。在制动时，IPB 与比亚迪汉 EV 的驱动系统协同，先利用电机进行能量回收，将动能转换为电能储存在动力电池中，一旦电机的制动效果无法满足制动系统的需求，IPB 便会快速释放制动液，起动制动卡钳进行制动，完全不同于普通电动汽车通过传统的电机反转实现能量回收。IPB 系统的使用，让比亚迪汉 EV 在制动时可以多回收 10% 的能量，续驶里程大大提升。

知识拓展1

新体系电池电动汽车

新体系电池电动汽车是指搭载了新体系电池的电动汽车。2015 年，国家科技部发布了新能源汽车试点专项 2016 年度第一批项目申报指南，指南中确定动力电池新材料新体系的

考核指标为：新型锂离子电池样品能量密度 $\geqslant 400W \cdot h/kg$，新体系电池样品能量密度 $\geqslant 500W \cdot h/kg$。因此新体系电池的目标是提高动力电池电芯能量密度并安全稳定地应用在电动汽车上，提高电动汽车续驶里程，显著降低成本、延长使用寿命。

1. 超级电容器电动汽车

超级电容器是一种具有超级储电能力、可提供强大脉冲功率的物理二次电源，它是介于蓄电池和传统静电电容器之间的一种新型储能装置。超级电容器主要是利用电极/电解质界面电荷分离所形成的双电层，或借助电极表面快速的氧化还原反应所产生的法拉第准电容来实现电荷和能量的存储。超级电容器又称双电层电容器、黄金电容器、法拉第电容器，它是一种电化学元件，在电极和电解液接触面间具有极高的比电容和非常大的接触表面积，但其储能的过程并不发生化学反应，并且这种储能过程是可逆的，因此超级电容器可反复充电数十万次。超级电容器可作为城市公交的储能装置，也可以作为电动汽车的辅助储能装置。

超级电容器的结构如图 3-41 所示，主要由电极、电解液、隔膜和壳体等组成。超级电容器使用的电极材料多为活性炭材料，同时在相对的活性炭电极之间填充电解质溶液，当两个电极接上电压后相对的多孔电极上聚集极性相反的电子，根据双电层理论，电解液中靠近两个电极的离子，由于电场作用聚集到两个电极附近，这些离子分别与极板所带电子极性相反，从而形成双电层电容。多孔活性炭的比面积非常高，高达 $1000 \sim 3000 m^2/g$，于是电容器获得很大的极板面积，又因为电

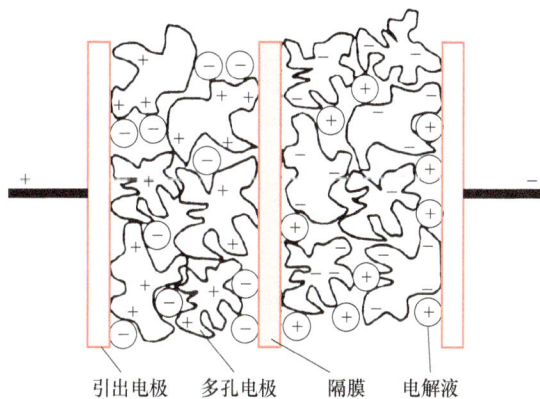

图 3-41　超级电容器结构

解质与多孔电极之间的界面距离很小，仅为几个电解质分子，达纳米级，从而使电容器获得了极小的极间距离，可得到超大容量的电容器，可以储存很大的静电能量。

超级电容能够进行高功率充放电，根据这一特点，超级电容可以应用在一些交通工具上，将列车或大型客车的制动能量储存起来，在加速时提供峰值功率的输出。由于充放电速度很快，在车辆进站上下客的短暂时间即可瞬间将超级电容充满电，并且足够跑到下一个站点。如曾在上海世博会运行的超级电容客车，其在运营中无须连接电缆，只需要在候客时间充电 $30 \sim 60s$，就能行驶 5km 左右。

2. 固态电池电动汽车

固态电池即采用固态电解质的锂电池，具有的密度及结构可以让更多带电离子聚集在一端，传导更大的电流，进而提升电池容量。在同样电量的前提下，固态电池体积将变得更小。不仅如此，固态电池中由于没有电解液，封存将会变得更加容易，在汽车等大型设备上使用时，也不需要再额外增加冷却管、电子控件等，不仅节约了成本，还能有效减轻重量。

固态电池的发展主要分为三大方向。国际上技术成熟度较高、技术沉淀较深的法国Bolloré、美国 Sakti3 和日本丰田，这三家企业也分别代表了以聚合物、氧化物和硫化物三大固态电解质的典型技术开发方向，其中硫化物固态电解质能量密度潜力最大，技术难度也最

高。目前大部分企业主要采用氧化物固态电解质。

天际ME7是国内公开展示的首辆固态电池电动汽车，如图3-42所示，其实现了固态电池全新的应用场景，车辆搭载的固态电池的电芯能量密度可以超过300W·h/kg，电池包的能量密度可以达到220W·h/kg。

图 3-42　天际 ME7 固态电池电动汽车

知识拓展2

动力电池梯次利用技术

从电动汽车上退役的动力电池通常剩余60%~80%的初始容量，并且具有一定的使用寿命，目前可通过梯次利用技术将退役的动力电池用在储能等其他领域作为电能的载体使用，从而充分发挥剩余价值。经过几年的研究探索和试点示范，我国动力电池梯次利用应用主要集中在电力系统储能、通信基站备用电源、低速电动汽车以及小型分布式家庭储能、风光互补路灯、移动充电车和电动叉车等其他相关领域。

1. 梯次利用关键技术

动力电池梯次利用是指电动汽车的动力电池已经达到原设计寿命，再通过其他方法使其功能全部或部分恢复并继续使用，且该过程属于基本同级或降级应用的方式，其核心是需要对动力电池进行一系列复杂的检测和分析，科学地判断其生命周期价值以及可再使用性，从而设计出符合该产品的梯度等级和应用领域。

动力电池梯次利用企业从电池厂、主机厂、4S店以及消费者手中回收退役的动力电池，将回收的废旧电池运输到电池自动拆解线上，把拆解下来的电池包等材料分销给金属提炼企业或材料回收企业实现材料的回收，再将拆解得到的电池模块通过检测分级按照容量分类，然后将一致性好且具有相同容量的电池模块重组，再加入电池管理系统及电池包等得到梯次利用电池，最终通过检测认证将合格的电池根据需求销售给终端客户，应用于通信基站储能、低速电动汽车等领域。

检测和筛选环节是梯次利用的关键，需要综合应用软件技术、测控技术、制程工艺等，涉及光、机、电等跨行业多学科技术。由于回收动力电池的不一致性，在梯次利用时需要对

其的剩余使用价值和健康状态进行大量检测，对于使用情况类似、可以成组的电池进行筛选。在电池一次使用期间，BMS检测系统能够记录较完整的充放电运行数据，有助于在其退役时准确评估其剩余工作量，降低退役电池的检测成本。系统集成新电池包环节所面临的也是不同类型的电芯集成。电池包工序分为加工、组装和包装三大部分，其核心是将多个单一的电芯通过机械结构串联和并联起来形成电池包。动力锂电池电芯包括软包、钢壳/铝壳方体、圆柱形等，种类繁多，尺寸不一，且各类电芯标称容量、开路电压及电阻各异，涉及热管理、电流控制与检测、模组拼装以及计算机虚拟开发等大量的成熟技术相互交叉协作，是梯次利用过程的高门槛环节。

2. 动力电池梯次利用于通信基站

随着我国通信技术的快速发展，通信基站对电池的需求量也逐年上升，而通信基站对电池寿命和安全性又有较高要求。考虑到铅酸电池成本低，目前我国通信基站多采用铅酸电池作为备用电源。而锂离子电池在循环寿命、能量密度、高温性能等方面具有比铅酸电池更大的优势，此外退役动力电池在成本上又大幅度下降，特别是磷酸铁锂电池退役后仍在各方面表现出很强优势，因此将退役磷酸铁锂电池应用在通信基站领域，将具有很大优势。

就我国铁塔基站而言，单座基站约需要备用电池容量 $30kW \cdot h$，按照车用动力电池容量低于80%退役及低于60%报废来算，需要约 $60kW \cdot h$ 的退役动力电池，相当于一辆纯电动汽车的动力电池容量。为保证重组电池的一致性，可将同一辆纯电动汽车退役下来的动力电池模组进行单个或多个重组，重组后的电池模块即可满足铁塔基站的供电需求。若检测到一个模组出现问题，对此模组进行单独替换即可解决电池模块一致性的问题，有效地避免了退役动力电池一致性差的问题。

中国铁塔已是推广锂电池梯次利用的"领头羊"，目前已在31个省市约12万座基站开展梯次利用电池备电应用，并在备电、储能及对外发电应用场景加强业务拓展。此外，国家电网也在尝试建设 $1MW \cdot h$ 梯次利用磷酸铁锂电池储能系统示范工程，用于接纳可再生能源发电和调频等。而深圳比亚迪、国轩高科等企业也开发了适用于备电、风光电储能的梯次利用电池产品。

本章小结

1. 电池是指通过氧化还原反应将化学能转换成电能的装置。新能源汽车的动力电池主要有镍氢电池、锂离子电池和燃料电池。锂离子电池正极材料包括钴酸锂、磷酸铁锂、锰酸锂、三元锂等，它们具有能量密度高、循环寿命长、自放电率低、无记忆效应等优点。镍氢电池是一种碱性蓄电池，负极采用储氢合金作为活性物质，正极则采用氢氧化镍，电解质为氢氧化钾溶液。它具有对环境无污染、有较高的运行电压和能量密度、不受记忆效应限制等优点。燃料电池是一种能将燃料中的化学能直接转换为电能的能量转换装置，具有清洁环保、燃料转换效率高、功率密度高、工作温度低等优点。

2. 电动汽车的充电设备的类型一般可分为车载式充电机、非车载式充电机、交流充电桩、直流充电桩。电动汽车的充电方式主要包括常规充电方式、快速充电方式、电池更换方式和无线充电方式。

3. 电池管理系统是指对动力电池进行安全监控和有效管理，提高电池可靠性和安全性的装置。基本功能包括：电池状态监测、电池荷电状态分析、电池安全保护、电池数据处理与通信、电池热管理。

4. 高压分配系统由动力电池为电机控制器（PEU）、动力合成箱（插电式混合动力电动汽车，包括电机控制器、驱动电机、发电机等）、电动空调压缩机、冷却泵控制器等高压部件提供能量。

5. 能量回收系统主要由驱动轮、主减速器、变速器、电动机、AC/DC 变换器、DC/DC 变换器、能量储存系统及控制器组成。能量回收系统是指在车辆的制动过程中，控制电机使其工作在发电状态，将汽车行驶的机械能转换为电能，并且存储在蓄电池等储能系统中，实现一部分制动能量的回收；在电机发电的同时，会产生制动力矩，通过传动系传给车轮，从而使汽车减速。

思考题

1. 电动汽车常见的动力蓄电池有哪几种？各有什么特点？

2. 锂离子电池易燃易爆的原因有哪些？

3. 相比于锂离子电池，质子交换膜燃料电池的优势有哪些？缺点有哪些？

4. 电池冷却系统的基本原理是什么？冷却剂需要具备哪些特质？

5. 电池管理系统的基本功能有哪些？其结构与工作原理如何？

6. 目前电池的荷电状态估算方法有哪些？各种方法的优劣势在哪里？

7. 描述高压分配系统的结构组成和工作原理。

8. 描述能量回收系统的结构组成和工作原理。

第4章 驱动电机与动力控制系统

【本章内容架构】

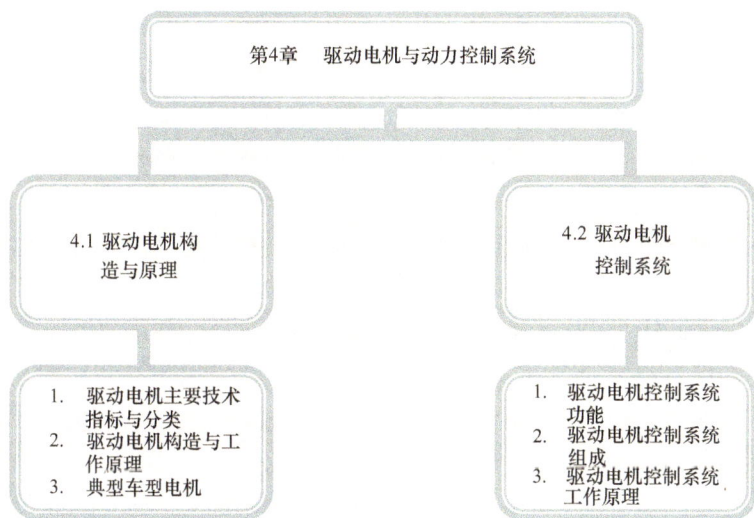

```
          第4章   驱动电机与动力控制系统
                        │
            ┌───────────┴───────────┐
            │                       │
    4.1 驱动电机构              4.2 驱动电机
       造与原理                   控制系统
            │                       │
   ┌────────┴────────┐    ┌─────────┴─────────┐
   1. 驱动电机主要技术        1. 驱动电机控制系统
      指标与分类                功能
   2. 驱动电机构造与工        2. 驱动电机控制系统
      作原理                    组成
   3. 典型车型电机           3. 驱动电机控制系统
                               工作原理
```

【学习目标要求、重点与难点】

序号	学习目标要求	学习重点	学习难点
1	掌握驱动电机的主要技术指标与分类	√	
2	掌握不同驱动电机的构造和工作原理	√	√
3	理解驱动电机主要部件的结构原理		√
4	掌握驱动电机控制系统的组成、结构与工作原理	√	√
5	理解驱动电机控制系统主要部件的结构原理		√
6	能够分析典型车型电机及其控制系统的结构与工作原理	√	√

4.1 驱动电机构造与原理

知识点 1 驱动电机主要技术指标与分类

驱动电机是新能源汽车的核心部件，其主要功能是把电能转换为机械能来驱动汽车行驶。驱动电机性能的好坏直接影响电动汽车整车性能，特别是最高车速、加速性能及爬坡性能等。因此，在开发电动汽车之前，初步确定驱动电机类型及其参数是至关重要的。

1. 驱动电机的主要技术指标

新能源汽车的驱动电机为了适应路面要求，通常需要频繁起停、加减速，在低速或爬坡时要求高转矩；高速行驶时要求低转矩；并要求变速范围大，而工业驱动电机通常优化在额定的工作点。因此，用于新能源汽车的各种驱动电机与普通工业用电机有明显区别，新能源汽车的驱动电机主要技术指标有以下几点：

1）低速大转矩特性及较宽范围内的恒功率特性。驱动电机的运行特性要满足电动汽车的要求，在恒转矩区，要求低速运行时具有大转矩，以满足汽车起动和爬坡的要求；在恒功率区，要求低转矩时具有高的速度，以满足电动汽车在平坦良好路面能够高速行驶的要求。

2）整个运行范围内的高效率和大功率密度。新能源汽车的驱动电机要求有大功率密度和优良的效率（在较宽的转速和转矩范围内都有较高的效率）。高效率可以使汽车单次充电续驶里程增长，特别是路况复杂以及行驶方式频繁改变时，低负荷运行也应具有较高的效率；大功率密度能够降低车辆自重和增加车辆的加速性能。

3）体积小、重量轻。新能源汽车的驱动电机安装在车上，受限于汽车的容积效率，应尽可能减少对有效车载空间的占用，降低系统的总重量。驱动电机应尽可能地采用铝合金外壳以实现减重。各种电机控制装置的重量和冷却系统的重量也应尽可能轻，同时，控制装置的各元器件布置应尽可能集中，以节省空间。

4）高转速。新能源汽车驱动电机的最高转速要求达到基速［他励直流电机固有机械特性的基速是指在额定的电枢电压、额定的励磁电流状态下的空载转速；而交流永磁同步电机和异步电机的基速是指同步转速（当电源频率为 50Hz 时，2 极电机为 3000r/min，4 极电机为 1500r/min，6 极电机为 1000r/min，8 极电机为 750r/min 等）］的 4~5 倍；工业驱动电机只要求达到恒功率时基速的 2 倍。

5）过载能力强、瞬时功率大。新能源汽车驱动电机通常需要 4~5 倍的过载能力，以满足短时加速行驶与最大爬坡时对驱动功率的要求；而工业驱动电机一般有 2 倍的过载能力，就可满足要求。此外，还要求驱动电机带载起动性能好、防护能力高、耐振能力强、使用寿命长等。

6）协同性能好。当有多台电机协同工作时，要求新能源汽车驱动电机可控性高、稳态精度高、动态性能好；而工业驱动电机只需要满足某一种特定的性能要求。

7）能作为发电机使用。能在汽车减速时实现能源再生制动，将能量回收并给蓄电池充电，使电动汽车具有最佳的能量利用率。

8）高可靠性。由于新能源汽车经常工作在高温、恶劣天气及底盘振动等工作条件下，

要求其具有较强的耐温和耐潮湿性能，运行时噪声低。在任何情况下，驱动电机的高可靠性是汽车高安全性的保障之一。

9）高电压。在允许的范围内尽可能地采用高电压，这样可以减小驱动电机的尺寸和导线等装备的尺寸，特别是可以降低逆变器的成本。

2. 驱动电机的分类

驱动电机种类繁多，如图4-1所示，目前主要有直流电机、感应式交流电机、永磁同步电机、开关磁阻电机等。常见驱动电机的主要性能见表4-1。

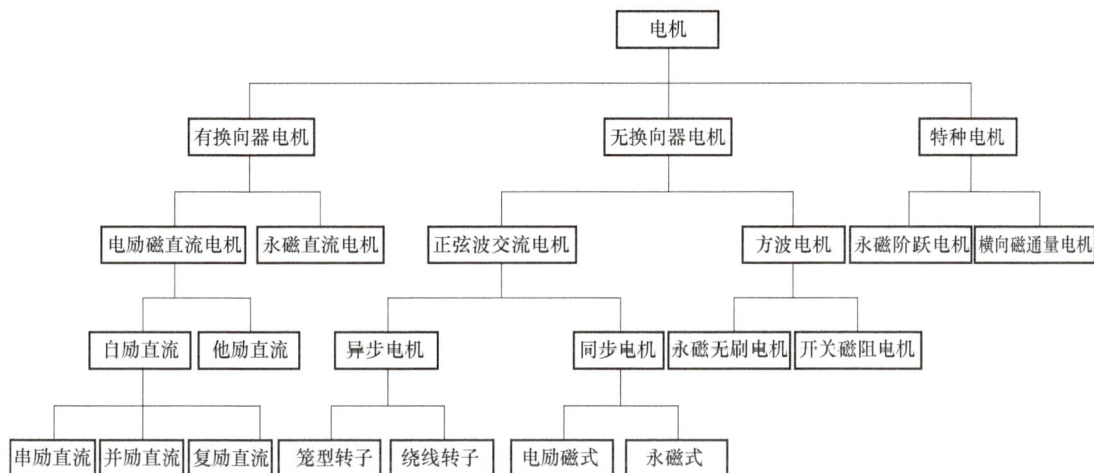

图 4-1　驱动电机种类

表 4-1　驱动电机的基本性能比较

项目	直流电机	交流异步电机	交流永磁同步电机	开关磁阻电机
功率密度	低	中	高	较高
过载能力（%）	150~200	300~500	250~300	300~500
峰值效率（%）	85~89	94~95	95~97	90~92
满载效率（%）	80~87	90~92	85~97	78~86
额定功率因数（%）	—	82~85	90~93	60~65
恒功率区	—	1:5	1:2.25	1:3
最高转速范围/（r/min）	4000~6000	12000~20000	4000~100000	>15000

1）直流电机。直流电机是最早应用于电动汽车的，它起动加速时驱动力大、调速控制简单、技术成熟、控制器的成本低。同时，直流电机体积和质量大，存在换向火花、电刷磨损以及电机本身结构复杂等问题。随着交流变频调速技术的发展，交流调速电机在电动汽车上的应用发展迅速。因此，现在新研发的新能源电动汽车很少采用直流电机。

2）交流电机。交流电机与直流电机相比，由于没有换向器，因此结构简单、制造方便、比较牢固，容易做成高转速、高电压、大电流、大容量的电机。交流电机可以分为同步电机和异步电机两大种类。若转子与定子绕组所产生的旋转磁场的速度是一样的，这样的电机称为同步电机。若转子与定子绕组所产生的旋转磁场的速度是不一样的，这样的电机称为异步电机。

异步电机具有结构简单、价格便宜、运行可靠、维护方便等优点，因此应用较广。

3）永磁电机。永磁电机采用永磁材料生成电机的磁场，无须励磁线圈和励磁电流，效率高、结构简单，是很好的节能电机。随着高性能永磁材料的问世和控制技术的迅速发展，永磁电机的应用将会变得更为广泛。

永磁电机可分为永磁直流电机和永磁交流电机。永磁直流电机又可分为永磁有刷直流电机和永磁无刷直流电机。

永磁无刷直流电机是一种高性能的电机，它最大的特点是具有直流电机的外特性而没有换向器和电刷组成的机械接触结构。因此，永磁无刷直流电机运行可靠、寿命长、维修简便。永磁无刷电机与其他电机相比具有更高的能量密度和更高的效率。但永磁材料在温度过高时性能容易下降或出现退磁现象，这将导致电机性能下降或电机的损坏，在使用中必须严格控制。此外，在恒功率工作时，控制也很复杂，这都导致永磁无刷直流电机使用成本较高。

永磁交流电机与永磁无刷直流电机相比，都是由定子、永磁转子、位置传感器等组成，但是定子绕组绕制方式不同，控制方式不同，就产生不同的特性。永磁交流同步电机的工作磁场是均匀旋转磁场，因此转矩脉动量很小，运行噪声也很小，由于电流可以做得很接近正弦波，内部励磁磁场也可以做得接近正弦波，加之绕组设计配合，可以形成较为理想的同步调速系统。

4）开关磁阻电机。开关磁阻电机是继直流电机、交流电机之后，又一种极具发展潜力的电机。开关磁阻电机是采用定转子凸极且极数相接近的大步距磁阻式步进电机的结构，利用转子位置传感器通过电子功率开关控制各相绕组导通使其运行的电机。

开关磁阻电机具有结构简单、转子转动惯量小、成本低、动态响应快等优点，其容量可设计成几瓦至几兆瓦。系统的调速范围也较宽，可以在低速运行，也可以在高速场合下运行（最高转速可以超过 15000 r/min）。除此之外，开关磁阻电机在运行效率、可靠性等方面都优于感应电机和同步电机，可在散热条件差、存在化学污染的环境下运行。

知识点 2 驱动电机构造与工作原理

常见驱动电机有直流电机、交流电机、永磁同步电机、开关磁阻电机。其结构原理如下。

1. 直流电机

（1）直流电机的基本结构（图 4-2） 直流电机主要由转子、定子、端盖和电刷系统四部分组成。在两个磁极（N 极和 S 极）中间，装有一个可以转动的线圈，线圈的首末两端分别连接两片圆弧形的换向片（铜片），两个换向片之间、换向片与转轴（与线圈一起旋转）之间均相互绝缘。为了把电枢绕组和外电路接通，设置了换向器和与其滑动接触的电刷。

1）定子。定子由主磁极、换向极和机座三部分组成，其主要功用是产生磁通和进行机械固定。

主磁极：作用是产生主磁场。磁极可以是永磁也可以是电励磁式的。电励磁式磁极通常由厚 0.5~1mm 的低碳钢片叠装而成，在磁极铁心上绕有励磁绕组。整个磁极利用螺杆固定

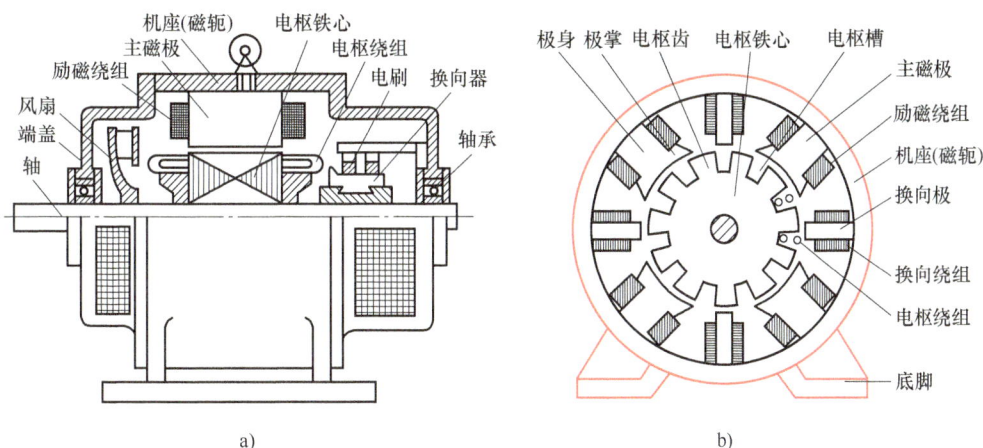

图 4-2　直流电机的典型结构图

a）直流电机纵剖面结构图　b）直流电机横剖面结构图

在磁轭上。

换向极：作用是改善换向，使电机运行时电刷不产生有害的火花。如同主磁极一样，换向极也是由铁心和绕组两部分组成并固定在磁轭上。

机座：也称机壳，用以固定主磁极、换向极和端盖等，也为其磁通路。

2）转子。转子由电枢铁心、换向器及电枢绕组三部分组成。

电枢铁心：在旋转时被交变磁化，为了减少损耗，铁心一般由 0.35~0.5mm 厚的硅钢片叠装而成。

换向器：起变流作用，它由楔形铜片所组成。铜片与铜片之间以及铜片与压圈之间均用云母绝缘。两个换向片与电枢绕组的各个线圈分别相接。

电枢绕组：由按一定规律连接的线圈组成，是直流电机中复杂而重要的电路部分，也是通过电流和产生感应电动势，从而实现机电能量转换的关键性部件。

3）端盖。端盖上装有轴承以支承电机转子旋转，端盖固定在机座的两端。

4）电刷架。电刷架装在端盖上，电刷与换向器接触。

5）气隙。气隙是定子磁极和转子电枢间自然形成的缝隙，虽不为结构部件，但为主磁路重要部分，是机电能量转换媒介。气隙大小直接影响电机性能，其越小磁损耗越小，效率越高，但受机械加工精度和同轴度限制，随电机容量（体积）和最高允许转速增加而增大。

（2）直流电机的基本工作原理　电流正极从电刷 A 流入线圈，方向为 a→b、c→d，再经电刷 B 返回电源负极，如图 4-3 所示。

如导体所处磁通密度为 B，导体有效长度

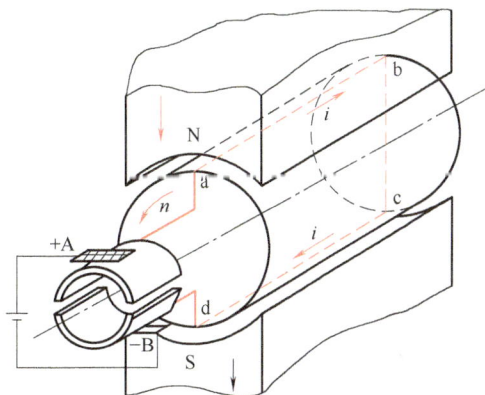

图 4-3　直流电机工作原理示意图

为 L，电流为 I，按电磁力定律，此时导体所受电磁力 $F = BLI$。其方向由左手定则判定，即导体 ab 和 cd 受力产生的转矩均使电机转子按逆时针方向转动。

转子转过 180° 后，导体 ab 段与 cd 段对换，使 cd 段在 N 极下，ab 段在 S 极上。电流经电刷 A 由 d 端流入线圈内，方向为 d→c、b→a，仍如图 4-3 中箭头所示。根据左手定则判定导体 ab 和 cd 受力产生的转矩仍为逆时针方向。

注意：导体内电流方向改变，但受力转矩方向不变，使转子连续旋转。

2. 三相交流异步电机

（1）三相交流异步电机的基本结构 三相小型笼型交流异步电机的结构如图 4-4 所示。

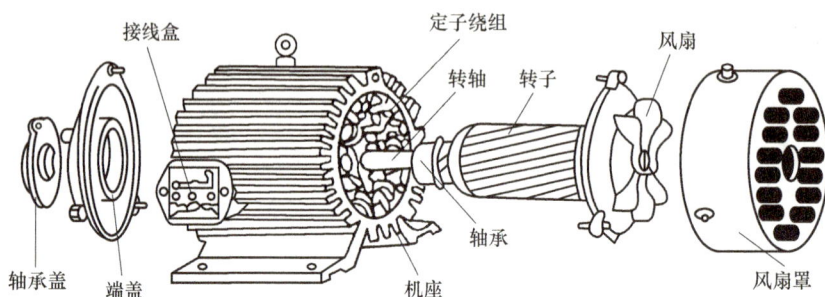

图 4-4 三相小型笼型异步电机的组成结构

1）定子。定子由定子铁心、定子绕组、机座组成，是静止不动的部分。

定子铁心作为磁路的一部分，作用是导磁通路。其由 0.5mm 厚且冲有一定槽形的导磁性能很好的硅钢片叠成。每张硅钢片表面有绝缘层。槽形由电机容量、电压及绕组形式决定，槽形一致，且在定子铁心内圆周上均匀分布，如图 4-5 所示。

定子绕组是定子的电路部分。它由许多线圈按一定规律连接而成，嵌放在定子铁心槽内，有单层绕组和双层绕组两种形式。三相绕组空间上互差 120° 电角度。

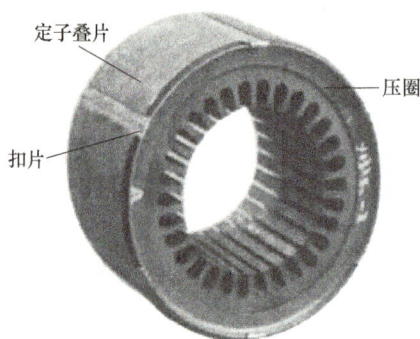

图 4-5 定子铁心

机座用来固定和支撑定子铁心。中小型电机一般采用铸铁机座，大中型电机一般采用钢板焊接的机座。

2）转子。转子由铁心与绕组组成。

转子铁心作为主磁路的一部分，用来导通磁路。其由 0.5mm 厚的有冲槽的硅钢片叠成，呈圆柱形，套在转轴或转子支架上。

转子绕组是转子部分的电路。按转子绕组形式不同，分为笼型转子和绕线转子两种。

笼型转子：转子铁心的每个槽内有一根裸金属导条，由两端的端环连接形成一个短路绕组。笼型转子分为铜条笼型转子和铸铝笼型转子，其结构简单、价格低廉、工作可靠，不能人为改变电机的机械特性。

绕线转子：转子绕组为三相对称绕组，嵌放在转子铁心槽内。与定子绕组一样也是三相对称，这个对称的三相绕组联结成星形，并接到转轴上的三个集电环上，再通过电刷使转子绕组与外电路接通，其结构复杂、价格较贵、维护工作量大，转子外加电阻可人为改变电机的机械特性。

笼型异步电机和绕线转子异步电机分别如图 4-6 和图 4-7 所示。

图 4-6　笼型异步电机

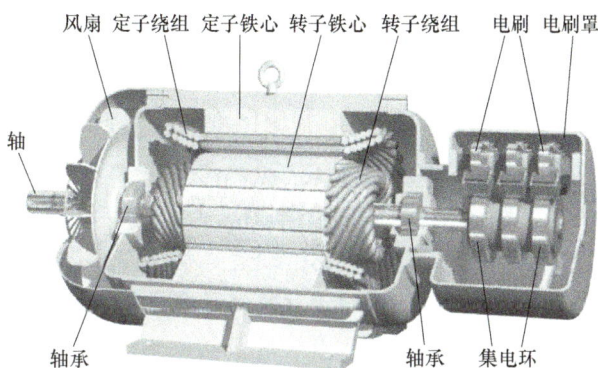

图 4-7　绕线转子异步电机

3）气隙。异步电机的气隙是均匀的，大小为机械条件所能允许达到的最小值。中小型电机的气隙一般为 $0.2 \sim 2\text{mm}$。

气隙越大，则磁阻越大，产生同样大小的旋转磁场就需要较大的励磁电流。励磁电流是无功电流，所以，该电流增大会导致电机功率因数变坏。但是磁阻大，可减小气隙磁场的谐波含量，从而减小附加损耗。

(2) 三相交流异步电机的基本工作原理　当异步电机的三相定子绕组通入三相对称的交流电（图4-8）后，会在电机的气隙圆周上产生一个旋转磁场（图4-9）。当三相电流不断地随时间变化时，所建立的合成磁场也不断地在空间旋转。该磁场大小不变，以一定转速旋转。旋转磁场的旋转方向与三相电流的相序一致，任意调换两根电源进线，则旋转磁场

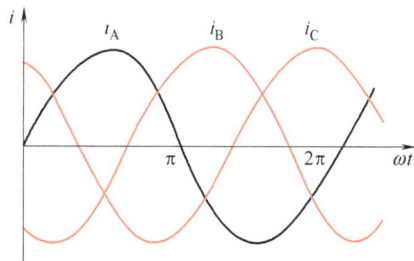

图 4-8　三相电流波形

反转。旋转磁场切割转子绕组，从而在转子绕组中产生感应电动势，电动势的方向由右手定则来确定。

三相对称电流：

$$i_A = I_m \sin \omega t$$
$$i_B = I_m \sin(\omega t - 120°)$$
$$i_C = I_m \sin(\omega t + 120°)$$

由于转子绕组是闭合通路，转子中便有电流产出，电流方向与电动势方向相同，而载流

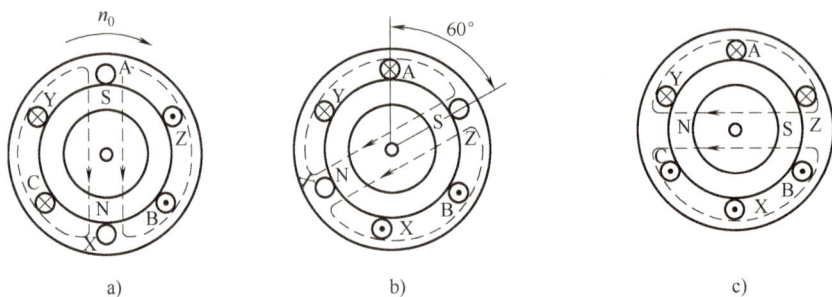

图 4-9　旋转磁场

a）合成磁场方向向下（$\omega t = 0°$）　　b）合成磁场旋转 60°（$\omega t = 60°$）

c）合成磁场旋转 90°（$\omega t = 90°$）

的转子导体在定子旋转磁场作用下将产生电磁力，电磁力的方向可用左手定则确定。

由电磁力进而产生电磁转矩，驱动电机转子旋转，并且转子旋转方向与定子旋转磁场方向相同。如图 4-10 所示。

若定子每相绕组由 p 组线圈串联，绕组的始端之间互差 $360°/p$，将形成 p 对磁极的旋转磁场。定子旋转磁场的转速 n_0 可表示为

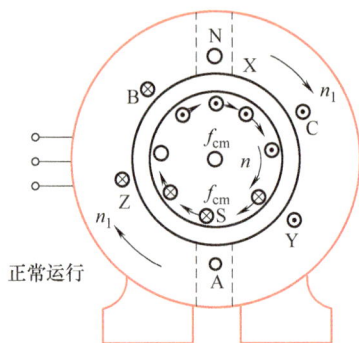

图 4-10　异步电机的工作原理

$$n_0 = \frac{60 f_1}{p}$$

取工作频率 $f_1 = 50 \text{Hz}$，若 $p = 1$，则 $n_0 = 3000 \text{r/min}$。

电机稳定运行时，电机的实际转速比旋转磁场同步转速小，以保证转子绕组与旋转磁场有相对运动，从而产生感应电动势和电磁转矩。这也是异步电机名称的由来。

旋转磁场的同步转速和电机转子转速之差与旋转磁场的同步转速之比称为转差率，用于描述转子转速与旋转磁场转速相差的程度。在正常运行范围内，异步电机的转差率很小，仅为 $0.01 \sim 0.06$。

3. 永磁同步电机

（1）永磁同步电机的基本结构　永磁同步电机的基本结构与交流异步电机类似，也包括定子部分和转子部分，如图 4-11 所示。

三相永磁同步电机具有三相分布着绕组的定子和永磁转子，在磁路结构和绕组分布上保证反电动势波形为正弦波，为了进行磁场定向控制，输入定子的电压和电流也为正弦波。根据永磁体在转子上的位置不同，永磁同步电机可以分为内置式永磁同步电机（SPM）和外置式永磁同步电机（IPM）。

1）内置式永磁同步电机。内置式永磁同步电机按永磁体磁化方向可分为径向式、切向式和混合式，在有阻尼绕组情况如图 4-12 所示。内置式永磁同步电机的转子由于内部嵌入永磁体，容易导致转子机械结构上的凸极特性。

2）外置式永磁同步电机。外置式永磁同步电机根据永磁体是否嵌入转子铁心中，可以分为面贴式和嵌入式两种，如图 4-13 所示。

面贴式永磁同步电机的转子永磁体一般为瓦片形，通过合成粘胶粘于转子铁心表面。在

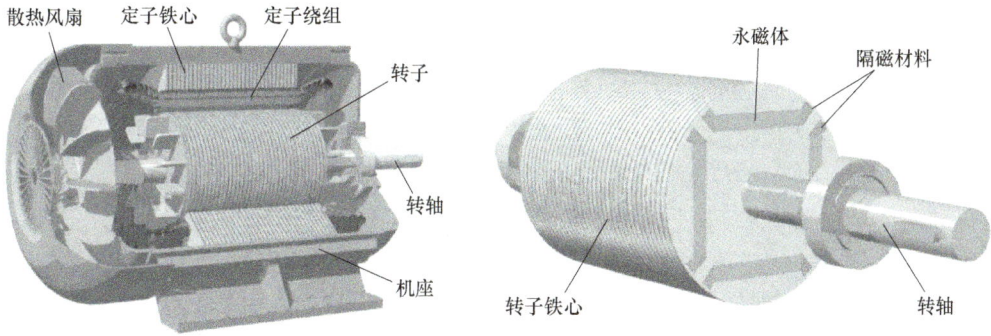

图 4-11　永磁同步电机

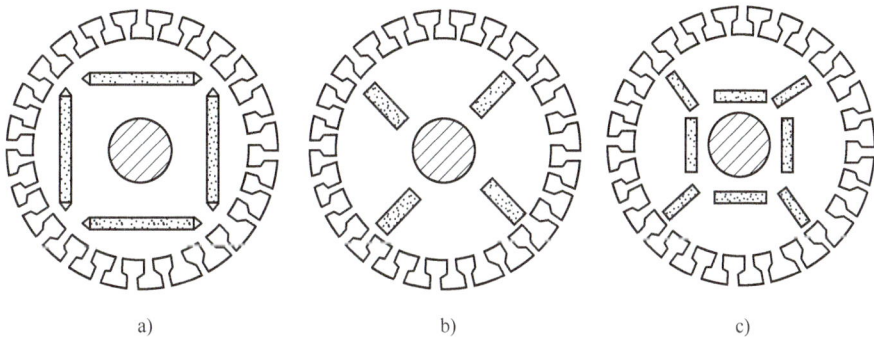

图 4-12　内置式永磁同步电机转子结构示意图

a）径向式　b）切向式　c）混合式

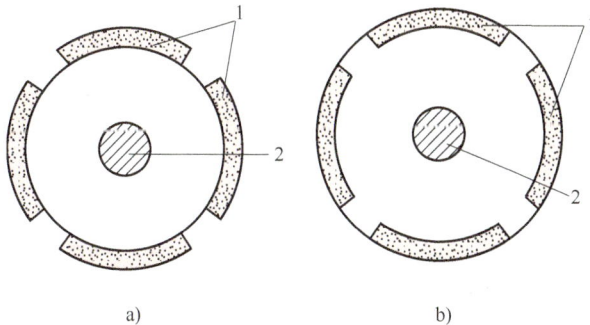

图 4-13　外置式永磁同步电机转子结构示意图

a）面贴式　b）嵌入式

1—永磁体　2—转轴

功率较大的面贴式永磁同步电机中，永磁体与气隙之间可以通过无纬玻璃丝加以捆绑保护，防止永磁体因转子高速转动而脱落。在面贴式永磁同步电机中，由于永磁体的相对磁导率接近真空磁导率，等效气隙基本均匀，交轴（q 轴）和直轴（d 轴）电感基本相等，是一种隐极式同步电机。

嵌入式永磁同步电机的永磁体嵌入转子铁心中，两个永磁体之间的铁心成为铁磁介质凸出的部分。嵌入式永磁同步电机的交轴方向上的气隙比直轴的小，交轴的电感也比直轴大，是一种凸极式永磁同步电机。相对而言，由于永磁体的存在使得面贴式永磁同步电机定子和转子之间的有效气隙较大，因而定子的电感较小。

（2）**永磁同步电机的基本工作原理**　当定子绕组输入三相正弦交流电时，会产生一个旋转磁场。该旋转磁场与转子的永磁体磁场相互作用，使转子产生电磁转矩，并随着定子的旋转磁场转动，由于转子的转动与旋转磁场同步，故称为永磁同步电机。

4. 开关磁阻电机

（1）**开关磁阻电机的基本结构**　开关磁阻电机由双凸极的定子和转子组成，其定子、转子的凸极均由普通的硅钢片叠压而成，如图 4-14 所示。定子极上绕有集中绕组，把沿径向相对的两个绕组串联成一个两极磁极，称为"一相"。转子既无绕组又无永磁体，仅由硅钢片叠成。

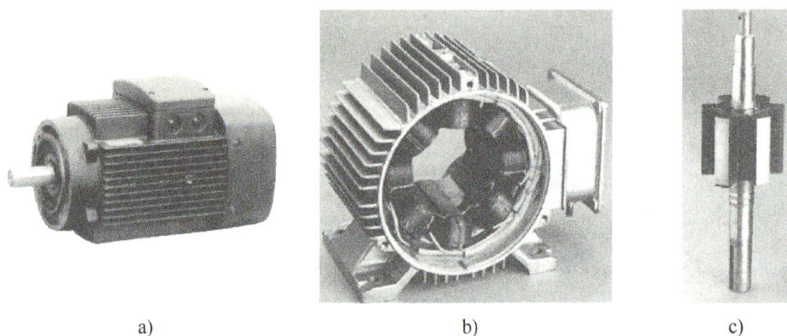

a)　　　　　　　　b)　　　　　　　　c)

图 4-14　开关磁阻电机

a）电机外观　b）定子　c）转子

开关磁阻电机的定子和转子极数不同，有多种组合方式，最常见的为三相 6/4 结构（图 4-15a）和四相 8/6 结构（图 4-15b）。三相开关磁阻电机的定子上有 6 个凸极，转子上有 4 个凸极。四相开关磁阻电机的定子上有 8 个凸极，转子上有 6 个凸极。

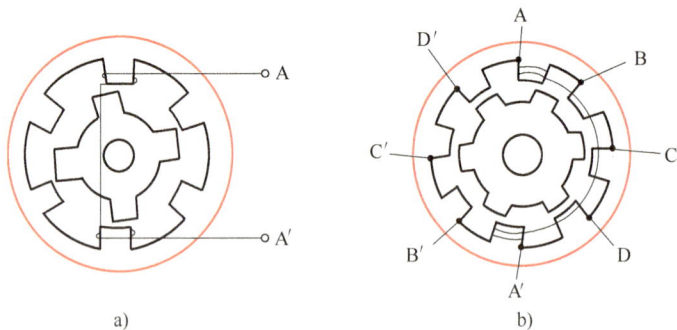

a)　　　　　　　　　　　　　　b)

图 4-15　开关磁阻电机的结构

a）三相 6/4 结构　b）四相 8/6 结构

（2）**开关磁阻电机的基本工作原理**　三相开关磁阻电机的工作原理如图 4-16 所示。当 A 相线圈接通电源产生磁通，依据"磁阻最小原理"，磁力线从最近的转子齿极通过转子铁心（图 4-16a），磁力线可看成极有弹力的线，在磁力的牵引下转子开始逆时针方向转动，

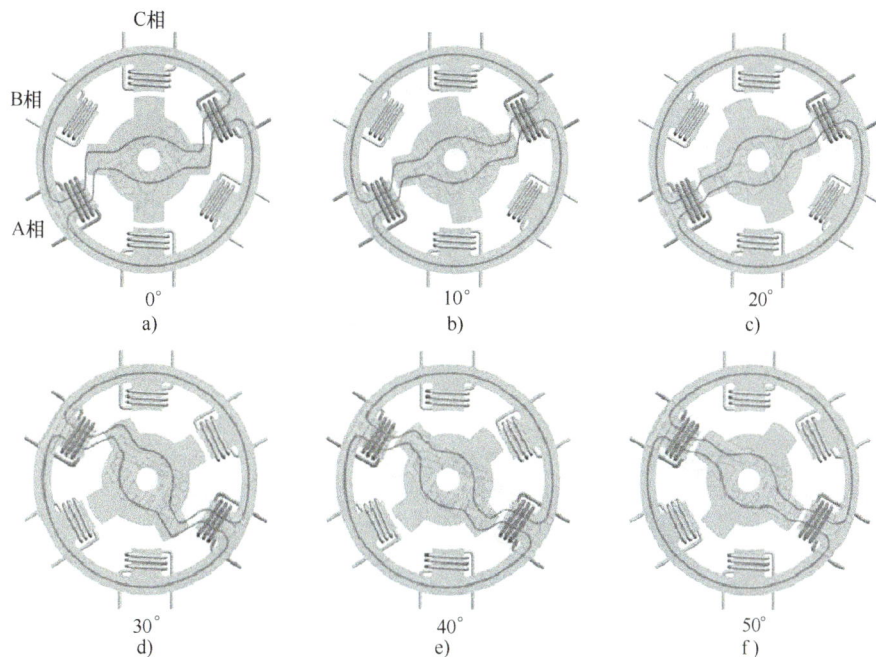

图 4-16 三相开关磁阻电机的工作原理

经过 10°、20°（图 4-16b、c），磁力一直牵引转子转到 30°（图 4-16d）为止，到了 30°转子不再转动，此时磁路最短。

为了使转子继续转动，在转子转到 30°前已切断 A 相电源，在 30°时接通 B 相电源，磁通从最近的转子齿极通过转子铁心（图 4-16d），于是转子继续转动。经过 40°、50°，转到 60°为止。

在转子转到 60°前切断 B 相电源，在 60°时接通 C 相电源，磁通从最近的转子齿极通过转子铁心，转子又继续转动，一直牵引转子转到 90°为止。

之后又重复前面过程，接通 A 相电源，转子继续转动，这样不停地重复下去，转子就会不停地旋转。这就是磁阻电机的工作原理。由于是运用了磁阻最小原理，故称为磁阻电机；又由于电机磁场并非由正弦波交流电产生，其线圈电流通断、磁通状态直接受开关控制，故称为开关磁阻电机。

知识点 3 典型车型电机

1. 商用车的直流电机

电动汽车用直流电机主要是他励式直流电机（包括永磁直流电机）、串励式直流电机、复励式直流电机三种类型。小功率（小于 10kW）的电机多采用小型高效的永磁直流电机，一般应用在小型、低速的专用车辆上，如电动自行车、高尔夫球车、观光车、电动叉车、警用巡逻车等。中等功率（10~100kW）的电机采用他励、串励或复励式直流电机，可以用在结构简单、转矩较大的电动货车上。大功率（大于 100kW）的电机采用串励式直流电机，可用在要求低速、大转矩的大型专用电动汽车上，如电动矿石搬运车、电动玻璃搬运车等。图 4-17 所示为采用了直流电机的高尔夫球车。

2. 乘用车的交流异步电机

从电机的特性来说，配备交流异步电机的电动汽车更倾向于性能策略，充分利用这种电机在高转速下的性能输出和效率优势。图 4-18 所示为采用了交流异步电机的特斯拉 Model S，其特性是：当汽车处于高速行驶时，能够保持高速运转和高效的电能使用效率，在为汽车保持最大动力输出的同时，减少能耗。其电机如图 4-19 所示。

图 4-17　采用直流电机的高尔夫球车

图 4-18　特斯拉 Model S

图 4-19　特斯拉 Model S 交流异步电机

3. 乘用车的永磁同步电机

相比于交流异步电机的控制系统，永磁同步电机的控制系统更加简单。但是由于永磁材料的限制，在高温、振动和过电流等极端条件下，转子永磁体会产生退磁现象，所以在相对复杂的工作条件下，永磁电机容易损坏，加上永磁材料高价，导致了整个电机及其控制系统成本较高。

如图 4-20 所示，以比亚迪 e5 为例，采用现阶段在电动汽车上运用最为广泛的三相交流永磁同步电机来提供驱动力，转子由强磁性的永磁体制作而成，在定子旋转磁场的驱动下，能自由提供正反转驱动力，驱动车辆前进或后退，同时也能在车辆高速滑行或制动时，把来自惯性旋转车轮的动能，转换为三相交流电能反向输出。从能量的流动方向来看，电机既是一台在驱动车辆行驶时能提供动力的电动机，也是一台在制动能量回馈工况下能输出电能的发电机。

图 4-20 比亚迪 e5

【温馨提示】

驱动电机结构原理视频请扫教学资源 4.1 对应的二维码  进行观看。

4.2 驱动电机控制系统

知识点 1 驱动电机控制系统功能

驱动电机控制系统是新能源汽车的核心技术之一，它的主要任务是按驾驶人的驾驶意图，控制驱动电机最优化运转。随着电机控制技术的发展，近年来各种智能控制技术、模糊控制技术、神经网络控制技术已开始应用于电动汽车驱动电机控制中，极大地提高了驱动系统的技术性能。控制系统具体功能有以下几点：

1）限制交流电的最大输出电流和直流电的最高输出电压。

2）控制电机正向驱动、反向驱动、正转发电、反转发电。

3）根据目标转矩进行最优运转控制，具有限幅和平滑处理功能。

4）通过 CAN 与其他控制模块通信，接收并发送相关的信号，间接地控制车上相关系统正常运行。

5）控制电机的动力输出，同时对电机进行保护（电压跌落、过温保护等）。

6）制动能量回馈控制。

7）自身内部故障的检测和处理。

知识点 2 驱动电机控制系统组成

1. 驱动电机控制系统的基本组成

如图 4-21 所示，驱动电机控制系统由驱动电机（DM）和驱动电机控制器（MCU）构成，通过高低压线束、冷却管路，与整车其他系统做电气和散热连接。

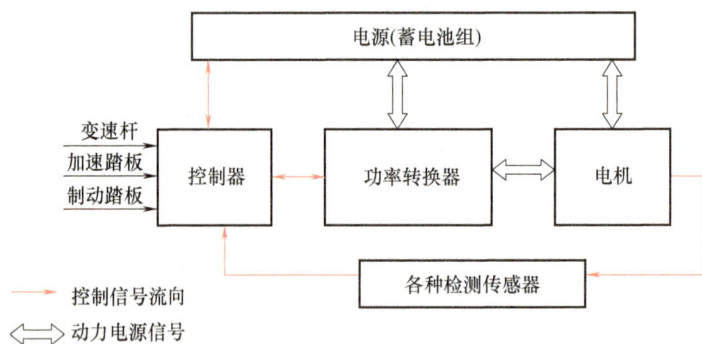

图 4-21　驱动电机控制系统基本组成

整车控制器根据加速踏板、制动踏板、档位等信号通过 CAN 网络向驱动电机控制器发送指令，实时调节驱动电机的转矩输出，以实现整车的怠速、加速、能量回收等功能。电机控制器能对自身温度、电机的运行温度、转子位置进行实时监测，并把相关信息传递给整车控制器 VCU，进而调节水泵和冷却风扇工作，使电机保持在理想温度下工作。

【温馨提示】

驱动电机控制系统结构原理视频请扫教学资源 4.2 对应的二维码 📱 进行观看。

2. 驱动电机控制系统关键部件——电机控制器

电机控制器是驱动电机系统的控制中心，又称智能功率模块。其主要功能是控制电机的转速、转向以及再生能量回收。此外，电机控制器还要对电流传感器、电压传感器、温度传感器等输入信号进行处理，并将驱动电机系统的运行状态通过 CAN 总线发送给整车控制器。

如图 4-22 所示，以北汽 EV200 电机控制器为例。电机控制器以 IGBT 模块（绝缘栅双极型晶体管）为核心，主要由控制板、冷却水道、UVW 高压插件、直流高压插件、IGBT 模块及驱动板组成。新能源汽车电机控制器主要是通过脉冲宽度调制（PWM）的方式控制

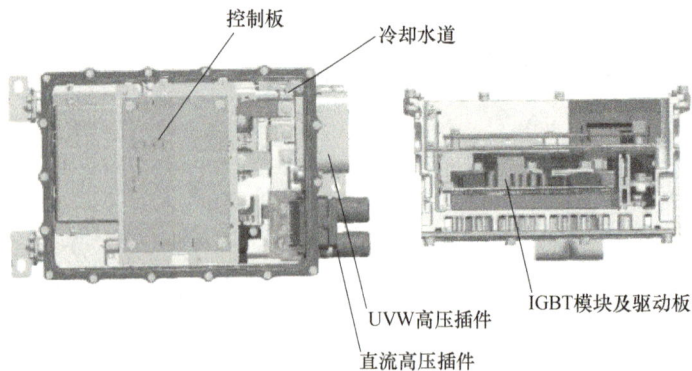

图 4-22　北汽 EV200 电机控制器

IGBT 工作，从而将电流从 DC 转换到 AC（电池到驱动电机）或者从 AC 转换到 DC（驱动电机到电池）。

IGBT（Insulated Gate Bipolar Transistor）是一种高功率电子器件，通常用于控制大电流的开关电路。它结合了双极型晶体管（Bipolar Transistor）和场效应管（Field Effect Transistor）的优点，具有低导通电阻和高输入阻抗，使得它能够在高电压、高电流和高频率下工作，并且能够承受较大的击穿电压。IGBT 常用于变频器、逆变器、电力调节、电机驱动等方面。

如图 4-23 所示，GTR 是 N^+、P、N^-、N^+ 四层半导体组成，无 SiO_2 绝缘层；MOSFET 是 N^+、P、N^-、N^+ 四层半导体组成，但有 SiO_2 绝缘层；IGBT 是 N^+、P、N^-、N^+、P^+ 五层半导体组成，有 SiO_2 绝缘层。图中黑色箭头代表正电荷，白箭头代表负电荷，仅有负电荷流动的为单极性管，有正负电荷流动的为双极性管。

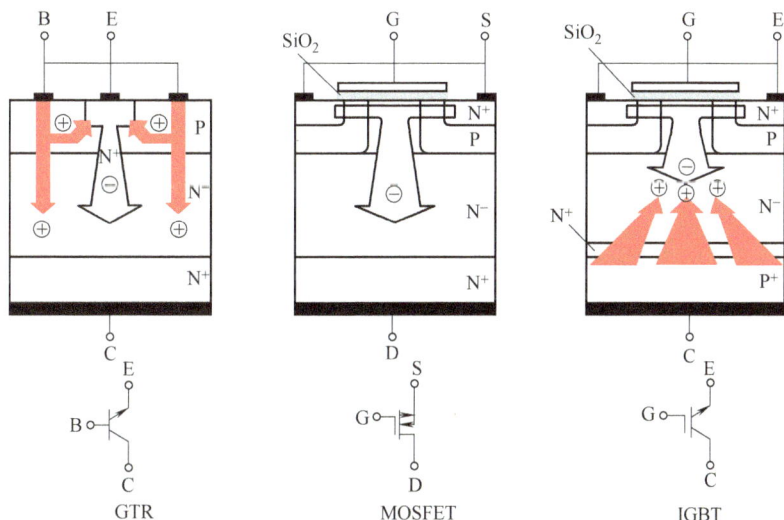

图 4-23　IGBT 等电子元件结构比较

GTR 有集电极 C、基极 B、发射极 E 三个电极，当 B、E 间通过一个小电流时，则在 C、E 间有大电流流过，是电流放大电流的器件。MOSFET 有漏极 D、栅极 G、源极 S 三个电极，当 G、S 间施加一个电压时，则在 D、S 间有大电流流过，是电压放大电流的器件。IGBT 有集电极 C、极栅 G、发射极 E 三个极，当 G、E 间施加一个电压时，则在 C、E 间有大电流流过，是电压放大电流的器件。

IGBT 是通过栅极驱动电压来控制的开关晶体管，工作原理与 MOSFET 相似，区别在于 IGBT 是电导调制来降低通态损耗。GTR 饱和压降低、载流密度人，但驱动电流也较大。MOSFET 驱动功率很小、开关速度快，但导通压降大、载流密度小。IGBT 综合了两种器件的优点，驱动功率小而饱和压降低。

3. 比亚迪 e5 的驱动电机控制系统介绍

比亚迪 e5 汽车采用的是永磁同步电机，它与汽车动力网连接和动力系统布局分别如图 4-24、图 4-25 所示。

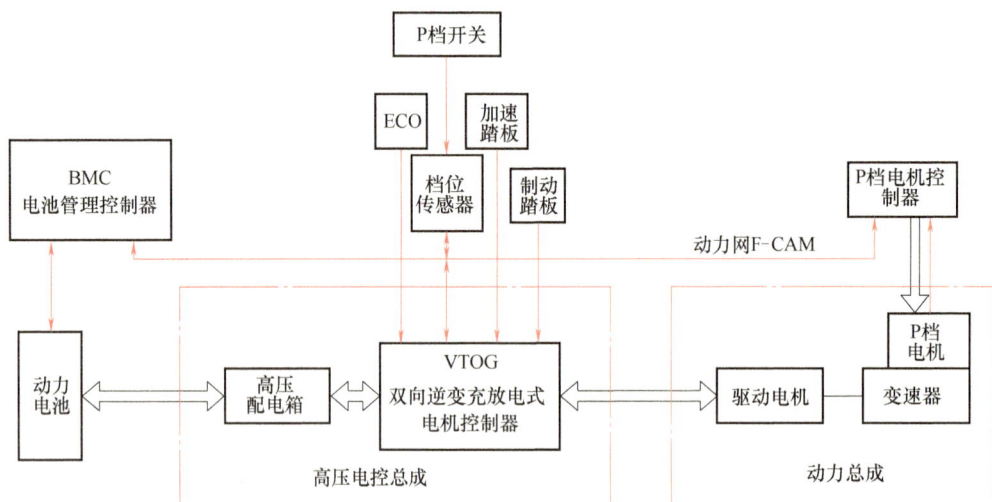

图 4-24 比亚迪 e5 与汽车动力网连接

图 4-25 比亚迪 e5 汽车动力系统布局

比亚迪 e5 的电机控制器又名双向逆变充放电式电机控制器（VTOG），位于高压电控总成内，如图 4-26 所示，其主要功能如下：

1）驱动控制（放电）方面：具有采集加速、制动、档位、旋变等信息控制电机正、反向驱动，正、反转发电功能；具有高压输出电压和电流限制功能：具有防止电压跌落、过电流保护、过温保护、IPM 过温保护、IGBT 过温保护、功率限制、转矩限制

图 4-26 比亚迪 e5 高压电控总成

等功能；同时具有电控系统防盗、能量回馈控制、主动泄放、被动泄放控制功能。

2）充电控制方面：具有交、直流转换，双向充、放电控制功能；能自动识别单相、三相相序并根据充电电流控制充电方式，根据充电设备识别充电功率，控制充电方式；能根据车辆或其他设备请求信号控制车辆对外放电；具有断电重启功能；在电网断电又供电时，可继续充电。

知识点3 驱动电机控制系统工作原理

新能源汽车的驱动电机主要是由车辆的电机控制器进行控制。电机控制器接收档位开关、节气门位置、旋转变压器、制动等信号，经过判断和逻辑运算之后控制电机的正反转以及转速。电机控制器工作框架如图 4-27 所示。电机控制器内部主要包括控制电路板和驱动电路板两部分。控制电路板以信号采集、旋变解码、模/数转换以及 CAN 通信功能为主，并计算出所需占空比，产生 PWM（正弦脉宽调制）信号。驱动电路板以电源控制、功率调节为主，通过 IG-BT 向驱动电机输送三相交流电。

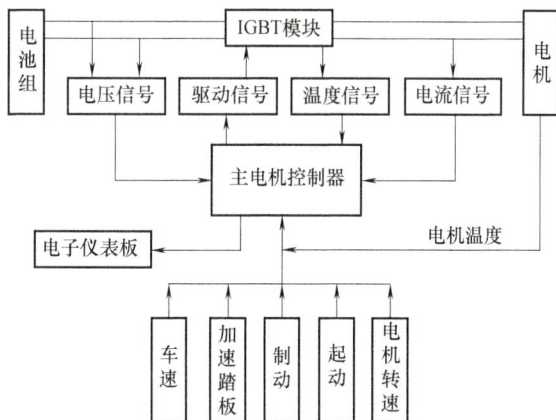

图 4-27 电机控制器工作框架

【温馨提示】

驱动电机及其控制系统拆装、检测视频请分别扫教学资源 4.3、4.4 对应的二维码进行观看。

本章小结

1. 电动汽车驱动电机主要有直流电机、交流异步电机、永磁同步电机、开关磁阻电机。

2. 驱动电机基本结构包括转子、定子、电枢、永磁体、轴承、风扇等。

3. 驱动电机控制系统主要功能是控制电机的电流、电压和正反向驱动，同时还有通信、故障检测等。

4. 驱动电机控制系统主要由控制板、冷却水道、UVW 高压插件、直流高压插件、IGBT 模块及驱动板组成。

5. 驱动电机控制系统工作时，驱动电机控制器接收档位开关信号、加速踏板深度信号、制动踏板深度信号及电机旋变信号，经过一系列逻辑处理和判断，来控制电机的正反转和转速等。

思考题

1. 电动汽车常见驱动电机有哪些类型？列表比较它们的特点。

2. 永磁同步电机的构造和工作原理是怎样的？

3. 驱动电机控制系统有哪些功能？

4. 描述驱动电机控制系统的基本组成和工作原理。

5. 说说 IGBT 模块的作用和结构原理。

第5章　电动汽车整车控制系统

【本章内容架构】

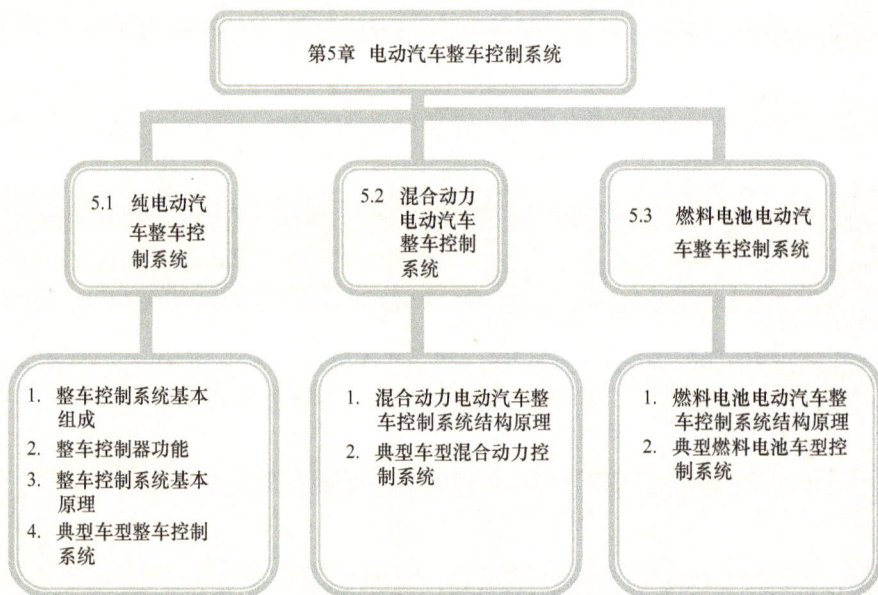

```
第5章  电动汽车整车控制系统
```

5.1　纯电动汽车整车控制系统	5.2　混合动力电动汽车整车控制系统	5.3　燃料电池电动汽车整车控制系统
1. 整车控制系统基本组成 2. 整车控制器功能 3. 整车控制系统基本原理 4. 典型车型整车控制系统	1. 混合动力电动汽车整车控制系统结构原理 2. 典型车型混合动力控制系统	1. 燃料电池电动汽车整车控制系统结构原理 2. 典型燃料电池车型控制系统

【学习目标要求、重点与难点】

序号	学习目标要求	学习重点	学习难点
1	掌握纯电动汽车整车控制系统的基本组成	√	
2	掌握纯电动汽车整车控制系统的工作原理	√	√
3	掌握混合动力电动汽车整车控制系统的结构原理	√	√
4	理解混合动力控制器主要功能		√
5	理解典型车型整车控制系统结构原理		√
6	能够现场识别整车控制系统主要零部件	√	

5.1　纯电动汽车整车控制系统

整车控制系统对车辆性能的影响主要有三个方面：

1）动力性和经济性：整车控制器决定发动机和电动机转矩的输出，直接关系到汽车动力性能，影响驾驶人的操纵感觉；燃料电池轿车和客车有两个或两个以上的能量来源，在汽车实际行驶过程中，整车控制器实施控制能量源之间的能量分配，从而实现整车能量的优化，获得较高的经济性。

2）安全性：燃料电池轿车和客车上包括氢气瓶、动力电池等能量储存单元和动力总线，电动汽车电机及其控制器等强电环节，除原有的车辆安全性问题（如制动和操作稳定性）之外，还增加了高压电安全等新的安全隐患。整车控制器必须从整车的角度及时检测各个部件的工作状态，并对可能出现的危险进行及时处理，以保证乘员和车辆的安全。

3）驾驶舒适性及整车的协调控制：采用整车控制器管理汽车上的各部件工作，可以整合汽车的各项功能，如自动巡航、ABS、自动换档等，实现信息共享和全局控制，改善驾驶舒适性。整车控制器根据驾驶人操作信号进行驾驶意图解释，根据各个部件和整车工作的状态进行整车安全管理和能量分配决策，通过 CAN 总线向部件 ECU 发送命令，并通过硬件资源驱动整车安全操作和仪表显示。

知识点 1　整车控制系统基本组成

纯电动汽车整车控制系统主要分为集中式控制和分布式控制两种方案。

集中式控制系统的基本思想是整车控制器独自完成对输入信号的采集，并根据控制策略对数据进行分析和处理，然后直接对各执行机构发出控制指令，驱动纯电动汽车的正常行驶。

分布式控制系统的基本思想是整车控制器采集一些驾驶人信号，同时通过 CAN 总线与电机控制器和电池管理系统通信，电机控制器和电池管理系统分别将各自采集的整车信号通过 CAN 总线传递给整车控制器。整车控制器根据整车信息，并结合控制策略对数据进行分析和处理，电机控制器和电池管理系统收到控制指令后，根据电机和电池当前的状态信息，控制电机运转和电池放电。

典型分布式整车控制系统结构如图 5-1 所示。整车控制系统的顶层是整车控制器，整车控制器通过 CAN 总线接收电机控制器和电池管理系统的信息，并对电机控制器、电池管理系统和车载信息显示系统发送控制指令。电机控制器和电池管理系统分别负责驱动电机和动力电池组的监控与管理，车载信息显示系统用于显示车辆当前的状态信息等。

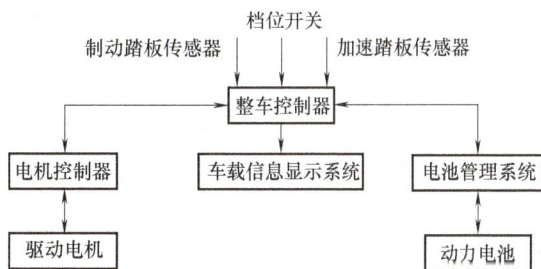

图 5-1　典型分布式整车控制系统结构图

整车控制系统包括整车控制器、电池管理系统、电机控制器、车载信息显示系统、驱动电机、动力电池等部分。其中整车控制器、电池管理系统、电机控制器在系统中的作用最为重要。电池管理与驱动电机控制已经在前面介绍，本节将选取整车控制器进行详细介绍。

整车控制器是整个汽车的核心控制部件，相当于汽车的大脑。对于纯电动汽车而言，它采集加速踏板信号、制动踏板信号及其他部件信号，并做出相应判断后，控制下层各部件控制器的动作，驱动汽车正常行驶。因此整车控制器的优劣直接决定了车辆的稳定性和安全性。其结构组成如图 5-2 所示。

而对于混合动力电动汽车而言，整车控制器是关键部件，它基于驾驶人的操控指令、车速等整车的状态信息、混合动力系统组成部件的状态信息等，实施驾驶人的指令解析，依据制定的控制策略进行动力分配控制，依据动力蓄电池组等的能量状态进行能量管理，对混合动力系统组成部件进行信息监控和故障诊断等，并输出合理的指令到电动机、发动机以及动力耦合装置等，以满足汽车的行驶要求。

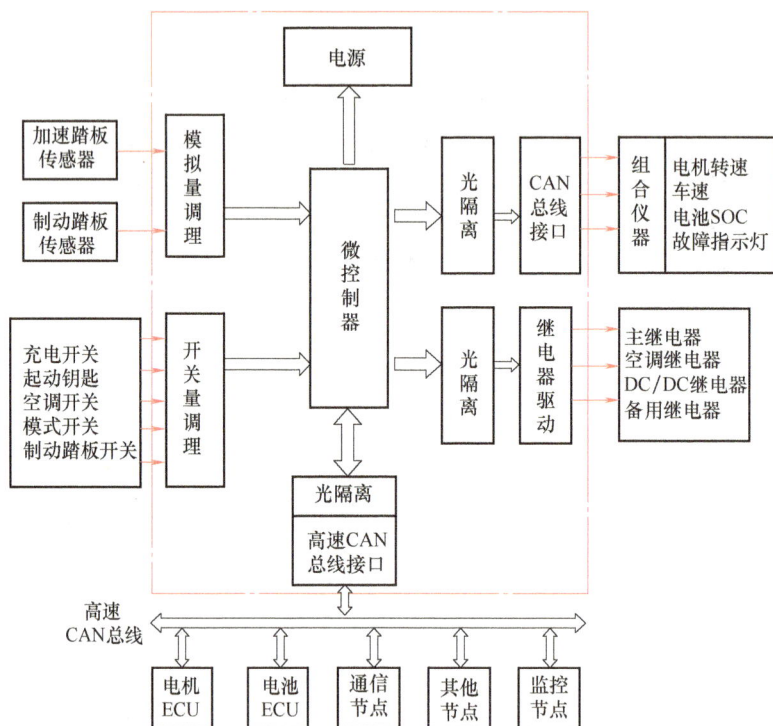

图 5-2　整车控制器结构组成

【温馨提示】

整车控制器拆装与检测视频请扫教学资源 5.1 对应的二维码 ▨ 进行观看。

微控制器模块是整车控制器的核心，综合考虑纯电动汽车整车控制器的功能及其运行的外界环境，微控制器模块应该具有高速的数据处理性能、丰富的硬件接口、低成本和可靠性高的特点。

开关量调理模块用于开关输入量的电平转换和整型，其一端与多个开关量传感器相连，另一端与微控制器相接。

模拟量调理模块用于采集加速踏板和制动踏板的模拟信号，并输送给微控制器单元。

继电器驱动模块用于驱动多个继电器，其一端通过光隔离器与微控制器相连，另一端与多个继电器相接。

高速 CAN 总线接口模块用于提供高速 CAN 总线接口，其一端通过光隔离器与微控制器

相连，另一端与系统高速 CAN 总线相接。

电源模块为微处理器和各输入、输出模块提供隔离电源，并对蓄电池电压进行监控，与微控制器相连。

整车控制器对电动汽车动力链的各个环节进行管理、协调和监控，以提高整车能量利用效率，确保安全性和可靠性。整车控制器采集驾驶人驾驶信号，通过 CAN 总线获得驱动电机和动力电池系统的相关信息，进行分析和运算，通过 CAN 总线给出电机控制和电池管理指令，实现整车驱动控制、能量优化控制和制动能量回收控制。整车控制器还具有组合仪表接口功能，可显示整车状态信息；具备完善的故障诊断和处理功能；具有整车网关及网络管理功能。

知识点2 整车控制器功能

汽车整车控制器主要功能包括蓄电池管理、发动机管理、能量管理、变速器管理等。

1. 蓄电池管理

为确保电池安全、可靠地运行，需要确定蓄电池系统的多个特性参数，监控器各自的边界值，并同时保证其冷却系统正常工作。这些目标都需要由电池管理系统来实现。

通过对汽车的电机驱动系统、电池管理系统、传动系统以及其他车载耗能部件的协调和管理，获得最佳的能量利用率，延长使用寿命。

2. 发动机管理

为达到可根据驾驶人意愿（加速踏板位置）调节发动机转矩、满足排放法规、降低油耗以及提高驾驶舒适性与驾驶乐趣的目标，需要发动机管理系统根据不同的驾驶工况采取不同的措施。

发动机管理系统可以实现以下控制：

1）可变凸轮轴控制。通过改变凸轮轴正时和凸轮轴相位影响缸内混合气形成及混合气中新鲜空气与废气的比例。

2）外部排气再循环。通过调节废气回流阀，使排气管中一部分废气回流到缸内，以控制混合气中的废气比例。

3）涡轮增压。通过提高燃烧室内空气的压力，提高发动机转矩。

4）燃油蒸气回收系统。回收从油箱泄漏并由活性炭罐吸收的燃油蒸气。

5）运行数据采集。发动机管理系统通过传感器对那些需要控制和调节的运行量进行测量，如发动机转速、发动机温度、电池电压、进气量、进气歧管压力、排气的数据值等。设定值发生器（如开关）提供由驾驶人给定的设定值，如点火开关位置、巡航控制等。

6）运行数据处理。根据各输入信号，发动机控制单元确定发动机当前的运行状态，并结合外围设备要求和驾驶人意图（如加速踏板位置和开关输入）计算发送到执行机构的控制信号。

3. 能量管理

作为一种新型的多能量源交通工具，混合动力电动汽车的性能与其采用的能量管理策略密切相关。能量管理策略是传统燃油汽车与纯电动汽车完美结合的纽带，是混合动力电动汽车成败的最终决定性因素。

能量管理策略的控制目标是根据驾驶人的操作，如踩加速踏板、制动踏板等，判断驾驶人的意图，在满足车辆动力性能的前提下，最优地分配电动机、发动机、动力电池等部件的输出功率，实现能量的最优分配，提高车辆的燃油经济性和排放性能。由于混合动力电动汽车中电池不需要外部充电，因此，能量管理策略还应考虑动力电池的荷电状态平衡，以延长电池寿命，降低车辆维护成本。

混合动力电动汽车的结构不同，能量管理策略也不同。目前，国内外学者提出了各种各样的能量管理策略，下面给予简单介绍。

(1) **串联式混合动力电动汽车的能量管理** 由于串联式混合动力电动汽车的发动机与汽车行驶工况没有直接联系，因此其能量管理策略的主要目标是使发动机在最佳效率区和排放区工作。为了优化能量分配整体效率，还应考虑传动系统的动力电池、发动机、电动机和发电机等部件。串联式混合动力电动汽车三种基本的能量管理策略如下：

1）恒温器策略。当动力电池 SOC 低于设定的低门限值时，起动发动机在最低油耗或排放点按恒功率模式输出，其中一部分功率用于满足车轮驱动功率要求，另一部分功率给动力电池充电。而当动力电池组 SOC 上升到所设定的高门限值时，发动机关闭，由电动机驱动车辆。其优点是发动机效率高、排放低；缺点是动力电池充放电频繁，加上发动机开关时的动态损耗，使得系统总体的损失功率变大，能量转换效率较低。

2）功率跟踪式策略。由发动机全程跟踪车辆功率需求，只有当动力电池的 SOC 大于 SOC 设定上限，并且仅由动力电池提供的功率能满足车辆需求时，发动机才停机或怠速运行。由于动力电池容量小，动力电池充放电次数减少而使得系统内部损失减少。但是发动机必须在从低到高的较大负荷区内运行，使得发动机效率和排放不如恒温器策略。

3）基本规则型策略。该策略综合了恒温器策略与功率跟踪式策略两者的优点，根据发动机负荷特性图设定了高效率工作区，根据动力电池的充放电特性设定了高效率荷电状态范围，并设定组控制规则，根据需求功率和 SOC 进行控制，以充分利用发动机和动力电池的高效率区，达到整体效率最高。

(2) **并联式混合动力电动汽车的能量管理** 并联式混合动力电动汽车的能量管理策略基本属于基于转矩的控制，目前主要有以下四类：

1）静态逻辑门限策略。该策略通过设置车速、动力电池 SOC 上下限、发动机工作转矩等一组门限参数，限定动力系统各部件的工作区域，并根据车辆实时参数及预先设定的规则调整动力系统各部件的工作状态，以提高车辆整体性能。其实现简单，目前实际应用较为广泛。但由于主要依靠工程经验设置门限参数，静态逻辑门限策略无法保证车辆燃油经济性最优，而且这些静态参数不能适应工况的动态变化，无法使整车系统达到最大效率。

2）瞬时优化能量管理策略。针对静态逻辑门限策略的上述缺点，一些学者提出了瞬时优化能量管理策略。瞬时优化策略一般采用"等效燃油消耗最少"法或"功率损失最小"法。二者原理类似。"等效燃油消耗最少"法是将电动机的等效油耗与发动机的实际油耗之和定义为名义油耗，将电动机的能量消耗转换为等效的发动机油耗，得到一张类似于发动机万有特性图的电动机等效油耗图。

在某一个工况瞬时，从保证系统在每个工作时刻的名义油耗最小出发，确定电动机的工作范围（用电动机转矩表示），同时确定发动机的工作点，对每一工作点计算发动机的实际燃油消耗以及电动机的等效燃油消耗，最后选名义油耗最小的点作为当前的工作点，实现对发动机、电动机输出转矩的合理控制。为了将排放一同考虑，该策略还可采用多目标优化技

术，采用一组权值来协调排放和燃油同时优化存在的矛盾。"等效燃油消耗最少"法在每一步长内是最优的，但无法保证在整个运行区间内最优，而且需要大量的浮点运算和比较精确的车辆模型，计算量大，实现困难。

3）全局最优能量管理策略。全局最优能量管理策略是应用最优化方法和最优化控制理论开发出来的混合动力系统能量分配策略，目前主要有基于多目标数学规划方法的能量管理策略、基于古典变分法的能量管理策略和基于 Bellman 动态规划理论的能量管理策略三种。

全局优化模式实现了真正意义上的最优化，但实现这种策略的算法往往都比较复杂，计算量也很大，在实际车辆的实时控制中很难得到应用。通常的做法是把应用全局优化算法得到的能量管理策略作为参考，以帮助总结和提炼出能用于在线控制的能量管理策略，如与静态逻辑门限策略等相结合，在保证可靠性和实际可能性的前提下进行优化控制。

4）模糊能量管理策略。该策略基于模糊控制方法来决策混合动力系统的工作模式和功率分配，将"专家"的知识以规则的形式输入模糊控制器中，模糊控制器将车速、电池 SOC、需求功率等输入量模糊化，基于设定的控制规则完成决策，以实现对混合动力系统的合理控制，从而提高车辆整体性能。基于模糊逻辑的策略可以表达难以精确定量表达的规则，可以方便地实现不同影响因素（功率需求、SOC、电机效率等）的折中。但是模糊控制器的建立主要依靠经验，无法获得全局最优。

（3）混联式混合动力电动汽车的能量管理 混联式混合动力电动汽车由于其特有的传动系统结构，如采用行星齿轮传动，除采用瞬时优化能量管理策略、全局最优能量管理策略和模糊能量管理策略（与并联式混合动力电动汽车能量管理策略原理类似）以外，还有一些特有的能量管理策略，即发动机恒定工作点策略和发动机最优工作曲线策略。

1）发动机恒定工作点策略。由于采用了行星齿轮传动机构，发动机转速可以独立于车速变化，因此可使发动机工作在最优工作点，提供恒定的转矩输出，剩余的转矩则由电动机提供。电动机负责动态部分，避免了发动机动态调节带来的损失，而且与发动机相比，电动机的控制更为灵敏，更易于实现。

2）发动机最优工作曲线策略。发动机工作在万有特性图中最佳油耗线上，只有当发电机电流需求超出电池的接收能力或者当电动机驱动电流需求超出电动机或电池的允许限制时，才调整发动机的工作点。

4. 变速器管理

传统自动变速器为了获得更好的油耗特性，必须充分利用发动机的最佳工作点，变速器档位越多，发动机工作效率高的区域可以更多地利用。目前先进自动变速器已经达到 8~10 档，这使得自动变速器变得非常复杂，技术门槛高，开发费用高昂，并且只有达到一定的产量才有好的经济效益。

在混合动力系统中由于电动机驱动可以帮助发动机工作在比较好的区域，导致混合动力系统的档位数可以适当减少，对整车的油耗影响很小。一般来说，混合动力系统从节油方面讲，变速器的档位不需要超过 6 个；如果配置针对专用混合动力变速器开发的发动机，则档位数量可以进一步减少到 3 档左右；在配备双电动机系统中甚至没有换档单元，传动比是在某一车速情况下通过转矩平衡控制发动机和电动机的速度，实现所谓的电无级变速（ECVT）功能。

知识点 3   整车控制系统基本原理

电动汽车动力系统的部件都有自己的控制器，为分布式分层控制提供了基础。分布式分层控制可以实现控制系统的拓扑分离和功能分离。拓扑分离使得物理结构上各个子系统控制系统分布在不同位置上，从而减少了电磁干扰。功能分离使得各个子部件完成相对独立的功能，从而可以减少子部件的相互影响并提高了容错能力。

电动汽车分层结构控制系统如图 5-3 所示。最底层是执行层，由部件控制器和一些执行单元组成，其任务是正确执行中间层发送的指令，这些指令通过 CAN 总线进行交互，并且有一定的自适应和极限保护功能。中间层是协调层，也就是整车控制器，它的主要任务是一方面根据驾驶人的各种操作和汽车当前的状态解释驾驶人的意图，另一方面根据执行层的当前状态，做出最优的协调控制。最高层是组织层，由驾驶人或者自动驾驶仪来实现车辆控制的闭环。

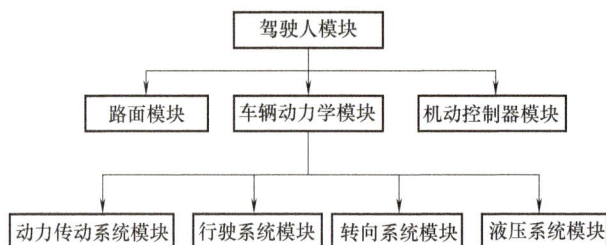

```
                    ┌──────────────┐
                    │  驾驶人模块   │
                    └──────┬───────┘
          ┌────────────────┼────────────────┐
          ↓                ↓                ↓
    ┌──────────┐    ┌──────────────┐  ┌──────────────┐
    │ 路面模块 │    │ 车辆动力学模块 │  │ 机动控制器模块 │
    └──────────┘    └──────┬───────┘  └──────────────┘
          ┌────────┬───────┼────────┬────────┐
          ↓        ↓       ↓        ↓
┌──────────────┐┌──────────┐┌──────────┐┌──────────┐
│ 动力传动系统模块 ││行驶系统模块││转向系统模块││液压系统模块│
└──────────────┘└──────────┘└──────────┘└──────────┘
```

图 5-3   电动汽车分层结构控制系统

知识点 4   典型车型整车控制系统

1. 比亚迪 e5 整车控制系统

比亚迪 e5 整车控制系统的组成如图 5-4 所示。其特点是没有整车控制器，其控制功能主要由网关、VTOG（双向交流逆变式电机控制器）、BMS（动力电池管理系统，由电池管理控制器和电池信息采集器等组成）、电池热管理控制器和主控制器等共同实现。这种架构形式没有明显的分层处理，大多数任务在各 ECU 所属的控制子网内完成，控制的实时性有所加强，对各子网之间的数据交换要求更高。

比亚迪 e5 整车控制网络由起动网、舒适网、动力网和 ESC 网组成。

（1）起动网   用于汽车的起动控制与信息采集，数据传输速度为 125kbit/s。由 ECL（Electrical Control Line，电子控制线）、BCM（Body Control Module，车身控制模块）和 I-Key（智能钥匙 ECU）组成。当驾驶人进入驾驶室时由起动网检测到信号，可无钥匙起动整车。

（2）舒适网   舒适系统网络，应用于整车多媒体系统，数据传输速度为 125kbit/s，由多功能显示屏、组合开关、CD、多媒体、RCM（Relay Control Module，继电器控制模块）、SRS（Supplement Restraint System，安全气囊系统）、倒车雷达和空调子网（空调 ECU、电动压缩机控制器、PTC 水加热总成控制器）等组成。

（3）动力网   动力系统网络，数据传输速度为 250kbit/s，属于中速传输网。比亚迪 e5 动力网的 ECU 包括：档位控制器、组合仪表、VTOG、车载充电机、DC/DC、主动泄放模块、漏电传感器、主控制器、动力电池冷却控制 ECU、车载终端和电池管理模块（BMC、动力电池信息采集器）。

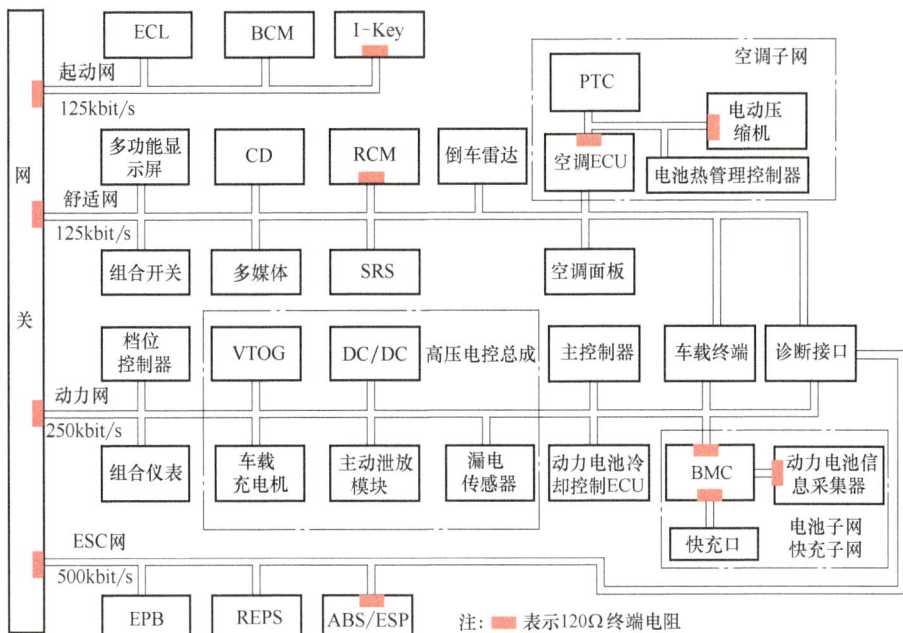

图 5-4　比亚迪 e5 整车控制系统组成

（4）ESC 网　汽车电子稳定控制系统网络，数据传输速度为 500kbit/s，是比亚迪汽车新型的主动安全系统的信息传递网络，属于高速传输网。它由四个模块组成：EPB（Electrical Park Brake，电子驻车制动）模块、REPS（Rack Electric Power Steering，齿条式电动助力转向）模块、ABS/ESP 和诊断接口。

比亚迪 e5 网关控制器的位置如图 5-5 所示，位于副驾驶室储物箱的后方。网关控制器用于整车CAN 通信网络管理，主要有以下三个功能：

1）报文路由。网关控制器具有转发报文的功能，对总线报文状态进行诊断，并将驱动系统 CAN总线和舒适系统 CAN 总线上的诊断数据转换到车身导线上，以便于车辆测量和诊断仪器处理这些诊断数据。

2）信号路由。网关控制器实现信号在不同报文间的映射，在驱动系统 CAN 总线与舒适系统 CAN总线间进行数据交换。

图 5-5　比亚迪 e5 网关控制器位置

3）网络管理。网关控制器具有网络状态监测与统计，以及错误处理、休眠唤醒等功能。

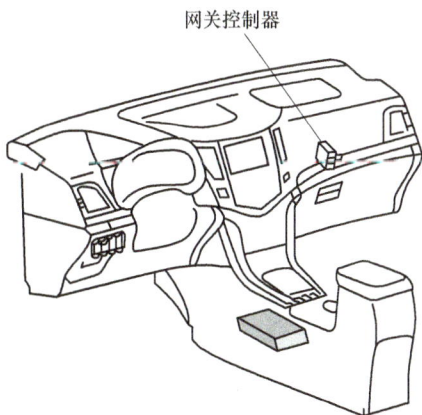

【温馨提示】

整车控制系统结构介绍视频请扫教学资源 5.2 对应的二维码进行观看。

2. 北汽 EV200 整车控制系统

北汽 EV200 纯电动汽车的整车控制系统组成与原理如图 5-6 所示。

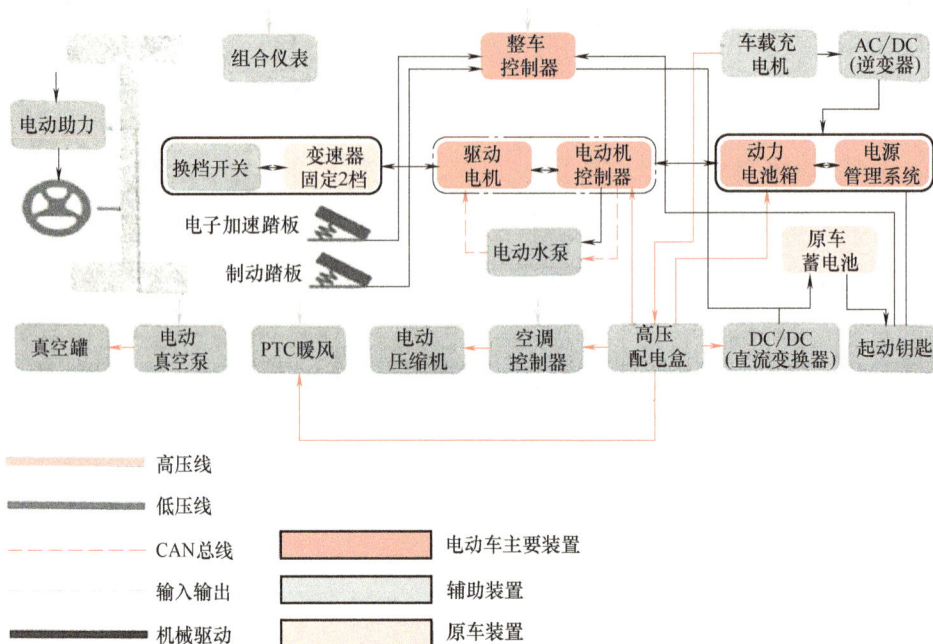

图 5-6　北汽 EV200 纯电动汽车整车控制系统组成与原理图

各控制功能如下所述：

（1）驾驶人意图解析　主要是对驾驶人操作信息及控制命令进行分析处理，也就是将驾驶人的加速信号和制动信号根据某种规则，转化成电动机的需求转矩命令。因而驱动电机对驾驶人操作的响应性能完全取决于整车控制的加速解释结果，直接影响驾驶人的控制效果和操作感觉。

（2）驱动控制　根据驾驶人对车辆的操纵输入（加速踏板、制动踏板以及换档开关）、车辆状态、道路及环境状况，经分析和处理，向 VMS 发出相应的指令，控制电动机的驱动转矩来驱动车辆，以满足驾驶人对车辆驱动的动力性要求；同时根据车辆状态，向 VMS 发出相应指令，保证安全性、舒适性。

（3）制动能量回收控制　整车控制器根据加速踏板和制动踏板的开度、车辆行驶状态信息以及动力电池的状态信息（如 SOC 值）来判断某一时刻能否进行制动能量回馈，在满足安全性能、制动性能以及驾驶人舒适性的前提下，回收部分能量，包括制动或惯性滑行过程中的电机制动转矩控制。

根据加速踏板和制动踏板信号，制动能量回收可以分为两个阶段：阶段一是在车辆行驶过程中驾驶人松开加速踏板，但没有踩下制动踏板开始；阶段二是在驾驶人踩下了制动踏板后开始。制动能量回馈的原则：能量回收制动不应该干预 ABS 的工作；当 ABS 进行制动力调节时，制动能量回收不应该工作；当 ABS 报警时，制动能量回收不应该工作；当电驱动系统有故障时，制动能量回收不应该工作。

（4）**整车能量优化管理** 通过对电动汽车的电动机驱动系统、电池管理系统、传动系统以及其他车载能源动力系统（如空调、电动系等）的协调和管理，提高整车能量利用效率，延长续驶里程。

（5）**充电过程控制** 与电池管理系统共同进行充电过程中的充电功率控制，整车控制器接收到充电信号后，应该禁止高压系统上电，保证车辆在充电状态下处于行驶锁止状态，并根据电池状态信息限制充电功率，保护电池。

（6）**高低压上下电控制** 根据驾驶人对行车钥匙开关的控制，进行动力电池的高压接触器开关控制，以完成高压设备的电源通断和预充电控制。上下电流程处理：协调各相关部件的上电与下电流程，包括电动机控制器、电池管理系统等部件的供电，预充电继电器、主继电器的吸合和断开时间等。

（7）**电动化辅助系统管理** 电动化辅助系统包括电动空调、电制动、电动助力转向控制管理。

（8）**车辆状态的实时监测和显示** 整车控制器应该对车辆的状态进行实时监测，并且将各个子系统的信息发送给车载信息显示系统，其过程是通过传感器和 CAN 总线，检测车辆故障、动力系统、电器附件等各子系统状态信息，将状态信息和故障诊断信息通过数字仪表显示出来。

（9）**故障诊断与处理** 连续监视整车电控系统，进行故障诊断，并及时进行相应安全保护处理。根据传感器的输入及其他通过 CAN 总线通信得到的电动机、电池、充电机等的信息，对各种故障进行判断、等级分类、报警显示，存储故障码，供维修时查看。故障指示灯指示出故障类型和部分故障码。在行车过程中，根据故障内容，进行故障诊断与处理。

（10）**远程控制**

1）远程空调控制：无论是在炎热的夏季，还是在寒冷的冬季，用户在出门前就可以通过手机指令实现远程的空调制冷、空调暖风和除霜功能控制。

2）远程充电控制：用户离开车辆时将充电枪插入充电桩，并不进行立即充电，可以利用电价波谷并在家里实时查询 SOC 值，需要充电时通过手机 APP 发送远程充电指令，进行充电操作。

（11）**整车 CAN 总线网关及网络化管理** 在整车的网络管理中，整车控制器是信息控制的中心，负责信息的组织与传输、网络状态的监控、网络节点的管理、信息优先权的动态分配以及网络故障的诊断与处理等功能。通过 CAN 总线协调电池管理系统、电动机控制器、空调系统等模块相互通信。

（12）**基于 CCP 的在线匹配标定** 主要作用是监控 ECU 工作变量、在线调整 ECU 的控制参数（包括 MAP、曲线及点参数）、保存标定数据结果以及处理离线数据等。完整的标定系统包括上位机 PC 标定程序、PC 与 ECU 通信硬件连接及 ECU 标定驱动程序三个部分。

（13）**DC/DC 控制、EPS 控制** 整车控制器应该根据动力电池以及低压电池状态，对 DC/DC、电动化辅助系统进行监控。

（14）**档位功能控制** 档位管理心系驾驶人的驾驶安全，正确理解驾驶人意图，以及识别车辆合理的档位，在基于模型开发的档位管理模块中得到很好的优化。能在出现故障时做出相应处理保证整车安全，在驾驶人出现档位误操作时通过仪表等提示驾驶人，使驾驶人能迅速做出纠正。

（15）防溜车控制 纯电动汽车在坡上起步时，驾驶人从松开制动踏板到踩下加速踏板过程中，会出现整车向后溜车的现象。在坡上行驶过程中，如果驾驶人踩加速踏板的深度不够，整车会出现车速逐渐降到0，然后向后溜车的现象。

为了防止出现纯电动汽车在坡上起步和运行时向后溜车的现象，在整车控制策略中增加了防溜车功能。防溜车功能可以保证整车在坡上起步时，向后溜车小于10cm；在坡上运行过程中如果动力不足，整车车速会慢慢降到0，然后保持零车速，不再向后溜车。

（16）远程监控 远程查询功能：用户可以通过手机 APP 实时查询车辆状态，实时了解自己爱车的状况，包括剩余 SOC 值、续驶里程等。

5.2 混合动力电动汽车整车控制系统

知识点1 混合动力电动汽车整车控制系统结构原理

混合动力电动汽车（HEV）控制系统结构如图 5-7 所示，主要由 HCU、DC-DC 变换器、空调用逆变器、电动压缩机、冷却扇、电池监测单元、系统主继电器、电流传感器、发动机 ECU、制动防滑控制 ECU 等组成。

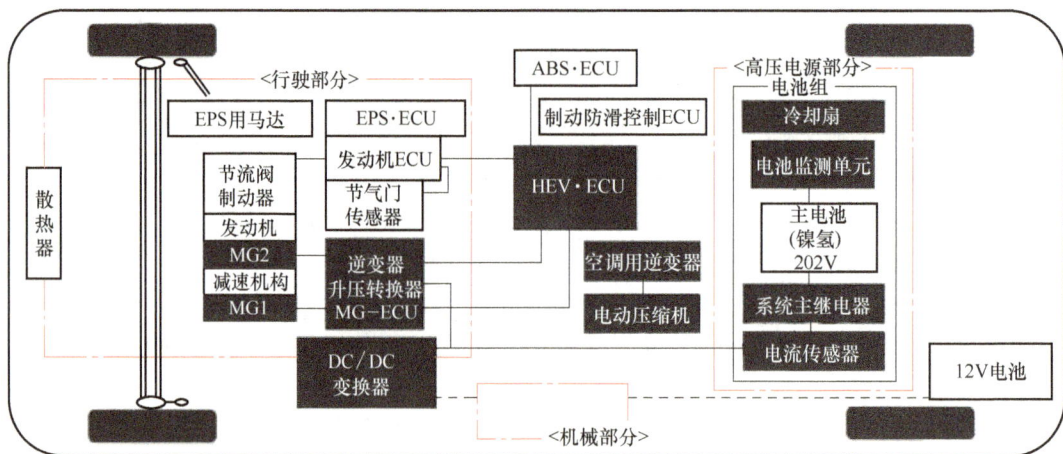

图 5-7　混合动力电动汽车（HEV）控制系统结构图

HEV ECU 接收传感器及有关 ECU（发动机 ECU、蓄电池 ECU、制动防滑控制 ECU 和动力转向 ECU）的信息，计算所需的转矩和输出功率，并将计算结果发送到变频器总成、发动机 ECU、蓄电池 ECU 和制动防滑控制 ECU。

知识点2 典型车型混合动力控制系统

丰田混合动力电动汽车的动力中枢是丰田混合动力系统（Toyota Hybrid System，THS），它使用汽油机和电动机两种动力，通过串联与并联相结合的方式进行工作，达到了低排放的效果，也实现了动力性，并具有舒畅的驾驶乐趣和良好的静谧性。下面介绍丰田普锐斯混合动力系统的组成（图 5-8）与其对应功能。

（1）混合动力系统 ECU 的控制 根据请求转矩、再生制动控制和 HV 蓄电池的 SOC

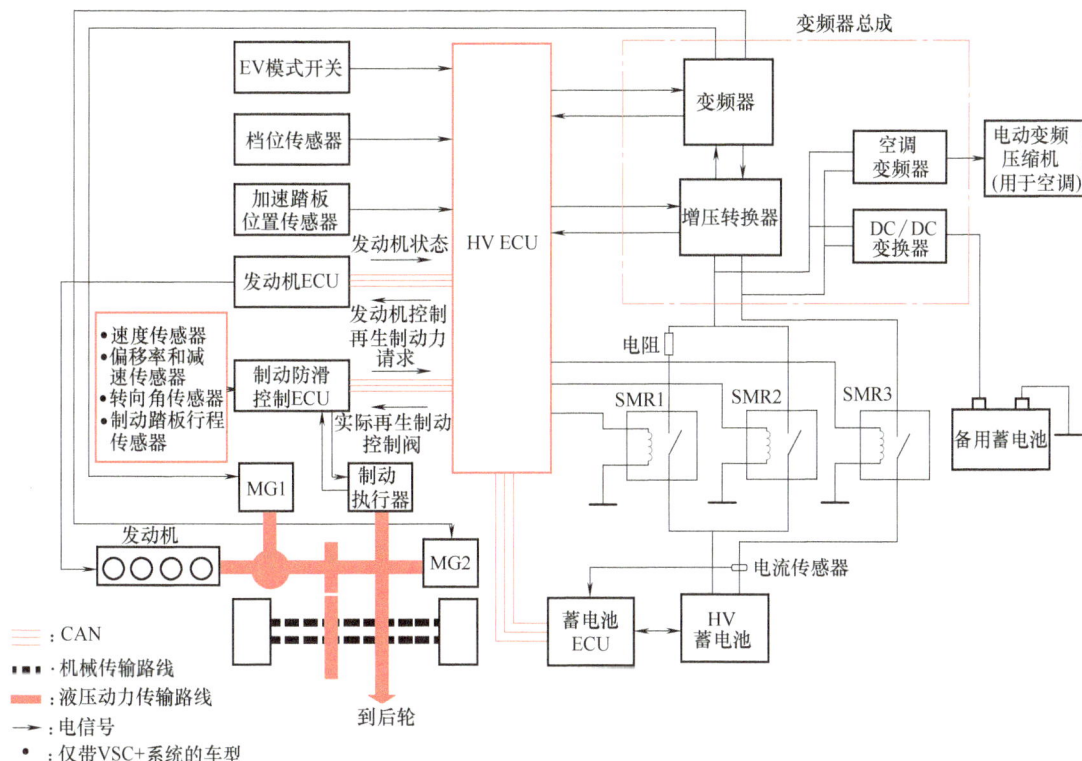

图 5-8　丰田普锐斯混合动力系统组成图

（充电状态）控制发电机（MG1）、电动机（MG2）和发动机。具体工作状态由档位、加速踏板踩下角度和车速来确定。

混合动力系统 ECU 监控 HV 蓄电池的 SOC 和 HV 蓄电池的温度、发电机（MG1）和电动机（MG2）以对这些项目实施最优控制。车辆处于"空档（N）"时，HV ECU 实施关闭控制，自动关闭发电机（MG1）和电动机（MG2）。车辆在陡坡上松开制动而起动时，上坡辅助控制可以防止车辆下滑。如果驱动轮在没有附着力时空转，HV ECU 提供电动机牵引力控制，抑制电动机（MG2）旋转，进而保护行星齿轮组，同时防止发电机（MG1）产生过大的电流。

（2）发动机 ECU 的控制　发动机 ECU 接收 HV ECU 发送的目标发动机转速和所需的发动机动力，来控制 ETCS-i 系统、燃油喷射量、点火正时和 VVT-i 系统。

（3）变频器的控制　根据 HV ECU 提供的信号，变频器将 HV 蓄电池的直流电转换为交流电来驱动发电机（MG1）、电动机（MG2），同样也可进行逆向过程。此外，变频器将发电机（MG1）的交流电提供给电动机（MG2）。HV ECU 向变频器内的功率晶体管发送信号，来转换发电机（MG1）、电动机（MG2）的 U、V 和 W 相来驱动发电机（MG1）和电动机（MG2）。HV ECU 从变频器接收到过热、过电流或故障电压信号后即关闭。

（4）增压转换器的控制　根据 HV ECU 提供的信号，增压转换器将额定电压 DC 201.6V 升高到最高电压 DC 500V。

发电机（MG1）或电动机（MG2）产生的最高电压 AC 500V 由变频器转换为直流电，根据 HV ECU 的信号，增压转换器将直流电降低到 DC 201.6V（用于 HV 蓄电池）。

（5）**变换器的控制**　将额定电压 DC 201.6V 转化为 DC 12V，为车身电气组件供电，并为备用蓄电池充电（DC 12V），变换器将备用蓄电池控制在恒定电压。

（6）**空调变频器的控制**　将 HV 蓄电池的额定电压 DC 201.6V 转换为 AC 201.6V，为空调系统的电动变频压缩机供电。

（7）**发电机（MG1）和电动机（MG2）的控制**

1）发电机（MG1）由发动机带动旋转，产生高压（最高电压 AC 500V），操作电动机（MG2）并为 HV 蓄电池充电。另外，它作为起动机起动发动机。

2）由发电机（MG1）或 HV 蓄电池供电驱动，产生车辆动力。

3）制动时或加速踏板未被踩下时，它产生电能为 HV 蓄电池再次充电（再生制动控制）。

4）速度传感器（转向角传感器）检测到发电机（MG1）、电动机（MG2）的转速和位置并将信号输出到 HV ECU。

5）电动机（MG2）上的温度传感器检测温度，并将温度信号发送到 HV ECU。

（8）**制动防滑控制 ECU 的控制**　制动时，制动防滑控制 ECU 计算所需的再生制动力并将信号发送到 HV ECU。在接收到信号时，HV ECU 立刻将实际的再生制动控制数据发送到制动防滑控制 ECU，根据这个结果，制动防滑控制 ECU 计算并执行所需的液压制动力。

（9）**蓄电池 ECU 的控制**　蓄电池 ECU 实施监视控制，监视 HV 蓄电池和冷却风扇控制的状态，使 HV 蓄电池保持在预定的温度。这样，对这些组件实施最优控制。

（10）**换档的控制**　HV ECU 根据档位传感器提供的信号检测档位（"R""N""D"或"B"），控制发电机（MG1）、电动机（MG2）和发动机，调整车辆行驶状态以适应所选档位。

（11）**碰撞时的控制**　发生碰撞时，如果 HV ECU 收到空气囊传感器总成发出的空气囊张开信号，或变频器中断路器传感器发出的执行信号，则关闭 SMR（系统主继电器）以切断整个电源。

（12）**电动机驱动模式的控制**　仪表板上的 EV 模式开关被驾驶人手动打开时，如果所需条件满足，则 HV ECU 使车辆只由电动机（MG2）驱动运行。

（13）**巡航控制系统操作的控制**　HV ECU 中的巡航控制 ECU 收到巡航控制开关信号时，按照驾驶人的要求，将发动机、发电机（MG1）和电动机（MG2）的动力调节到最佳的组合，获得目标车速。

（14）**指示灯和警告灯点亮的控制**　使灯点亮或闪烁，通知驾驶人车辆状态或系统故障。

（15）**诊断**　HV ECU 检测到故障时，进行诊断并存储故障的相应数据。

（16）**安全保护**　HV ECU 检测到故障时，HV ECU 根据存储在存储器中的数据停止或控制执行器和 ECU。

5.3　燃料电池电动汽车整车控制系统

燃料电池电动汽车是一个高度集成的电气系统，各个部件之间的耦合性很强，为了实现燃料电池电动汽车多个能源之间的能量分配，需要一个中央控制单元来进行动力系统的协调

控制，从而达到更好的经济性和动力性，实现这个功能的控制单元就是整车控制系统。

知识点1 燃料电池电动汽车整车控制系统结构原理

燃料电池电动汽车整车控制系统由燃料电池（Fuel Cell，FC）、蓄电池组、燃料电池控制器（Fuel cell Control Unit，FCU）、DC/DC 变换器、数字电机控制器（DMOC）、电机、整车控制器（Vehicle Control Unit，VCU）等部分组成。燃料电池电动汽车的整车控制系统基本结构如图5-9所示。

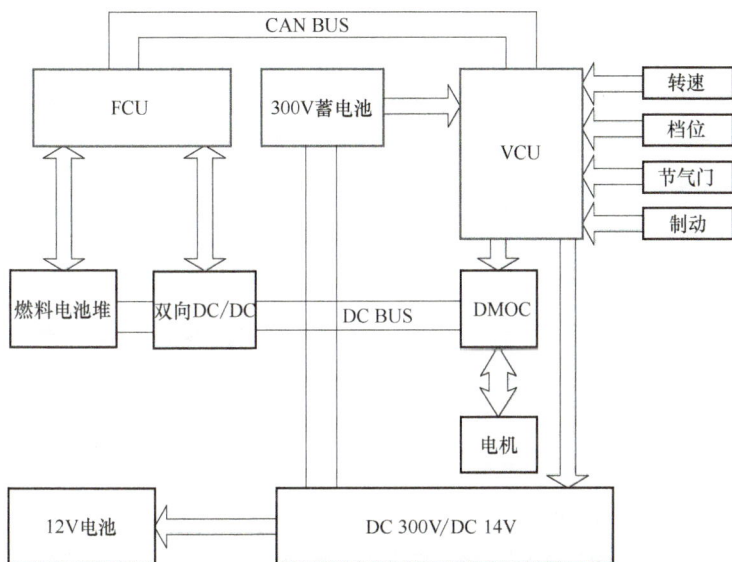

图 5-9 燃料电池电动汽车的整车控制系统基本结构

（1）**燃料电池** 燃料电池是燃料电池电动汽车的主动力源，提供车辆正常行驶的能量，在蓄电池组电压过低时，还可以为蓄电池组充电。燃料电池实质上是电化学反应发生器。燃料电池的反应机理是将燃料中的化学能不经燃烧而直接转换为电能。氢氧燃料电池实际上就是一个电解水的逆过程，通过氢氧的化学反应生成水并释放电能。氢气和氧气分别是燃料电池在电化反应过程中的燃料和氧化剂。

（2）**蓄电池组** 蓄电池组是燃料电池电动汽车的辅助动力源，其作用是为燃料电池的启动、驱动加力（爬坡和提速）、行驶提供能源。同时燃料电池和制动时发出的富余电能可被它吸收存储。目前应用于电动汽车的动力电池主要有铅酸电池、氢-镍电池、锂离子电池等。

（3）**燃料电池控制器** FCU 的作用是控制燃料电池发动机的基本工况和输出功率。通常燃料电池车辆的控制核心 VCU 根据车辆的行驶状况对能量的要求，通过 CAN 总线实时向FCU 发出对能量需求量的请求信号，FCU 在收到来自 VCU 对能量要求的信号后，会即刻调整燃料电池的工况和 DC/DC 的转换功率。燃料电池发动机的起动、功率输出、关机均受VCU 的指挥。在燃料电池工作过程中，若燃料电池发动机出现故障，出于自我保护可先停机，再通知 VCU，此时车辆还可以依靠蓄电池组继续工作。

（4）**DC/DC 变换器** 在燃料电池电动汽车动力系统中，DC/DC 变换器的输入端是燃料电池的输出电压，DC/DC 变换器的输出端和电池并联，为车辆驱动系统等负载提供能量。燃料电池电动汽车 DC/DC 变换器的关键技术之一是设计合理的输出特性，实现从燃料电池输出电压到电池工作电压之间的变换，同时，DC/DC 变换器的输出特性还应该限制燃料电池的输出功率和电流，保证燃料电池的安全运行。根据整车动力系统的设计要求，确定 DC/DC 变换器的输出电压给定值，通过输出电压的闭环控制实现变换器恒压输出。对电流的控制，防止过电流的发生也是车载 DC/DC 变换器的关键技术。

（5）**电机及数字电机控制器** 电机是一个将电能转换为机械能的装置。控制器的作用是控制电机转速、转矩和功率，将动力源的电能转换为适合于电机运行的另一种形式的电能，同时在制动时将电机发出的电能回收到蓄电池组。所以，控制器本质上是一个电能转换控制装置。

（6）**整车控制器** 燃料电池电动汽车整车控制器是整个汽车的核心控制部件，负责处理驾驶人输入和系统运行状态信号，例如起动钥匙状态、节气门位置、制动踏板位置、档位、燃料电池温度和电流等。通过这些信号进行控制决策和计算，将控制指令输出到各部件控制单元。车辆的运行情况基本决定了整车控制器应该实现的功能。一般来讲，VCU 需要完成的基本功能包括：

1）保持与各个子控制单元的通信，对各个子系统进行整体监控和协调。

2）调节燃料电池、主 DC/DC 输出电流以便控制燃料电池输出功率，并实现整车的能量优化。

知识点 2　典型燃料电池车型控制系统

丰田 Mirai 是采用燃料电池的电动汽车车型，如图 5-10 所示。丰田 Mirai 使用 PEM 氢/氧燃料电池，且为氢/空气系统，其系统结构如图 5-11 所示。因为燃料电池输出特性偏软及动态性能较差，电堆电压波动很大，几乎没有负载能够承受这样的电压波动，故不适合单独作为车辆的动力电源，需要在燃料电堆的输出端串接一个 DC/DC 变换器对燃料电堆电压进行调节，而且要配备辅助动力电池组（NiMH 电池组）和燃料电堆并联共同构成 FCV 的动力系统。该 DC/DC 同时

图 5-10　丰田 Mirai 燃料电池电动汽车

可以对燃料电堆的输出电流和输出功率进行控制，起到保护燃料电堆的作用。

燃料电池只可对外供电，禁止充电，其正、负电极的电流绝对不容许反向，因此其后接 DC/DC 只能是单向能量传输，属于单向 DC/DC。由于驱动电机通常采取较高的工作电压，目的是在输出相同功率时减小电流，从而减小铜损和减小电机体积。而燃料电池为了延长寿命，单体电压不宜太高，另外由于体积限制堆叠的单体不能太多，Mirai 的燃料电堆电压低于驱动电机工作电压，其后接 DC/DC 是升压变换器（boost converter）。在燃料电堆能量较高超出驱动电机需求时，燃料电堆同时向 NiMH 电池组充电，在燃料电堆能量较低不足以满足驱动电机功率需求时，NiMH 电池组同时向驱动电机供电。

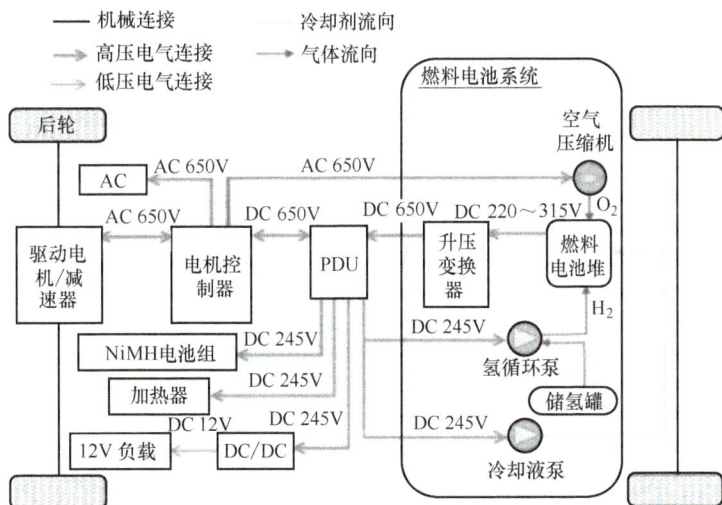

图 5-11　丰田 Mirai 燃料电池电动汽车控制系统结构

本章小结

1. 纯电动汽车整车控制系统主要分为集中式控制和分布式控制两种。

2. 整车控制系统包括整车控制器、电池管理系统、电机控制器、车载信息显示系统、驱动电机、动力电池等部分。

3. 整车控制器（VCU）是整个汽车的核心控制部件，相当于汽车的大脑。它采集加速踏板信号、制动踏板信号及其他部件信号，并做出相应判断后，控制下层各部件控制器的动作，驱动汽车正常行驶。

4. 混合动力电动汽车控制器主要功能是进行整车功率控制和工作模式的切换控制，指挥各个子系统协调工作，以达到效率、排放和动力性的最佳匹配，同时兼顾车辆行驶的平顺性。

思考题

1. 电动汽车整车控制系统的作用是什么？基本组成有哪些？各个部件的作用是什么？
2. 纯电动汽车整车控制系统是怎样进行工作的？
3. 混合动力控制系统的基本组成有哪些？各个部件的作用是什么？
4. 混合动力控制系统是怎样进行工作的？

第6章　其他高压与电动化部件

【本章内容架构】

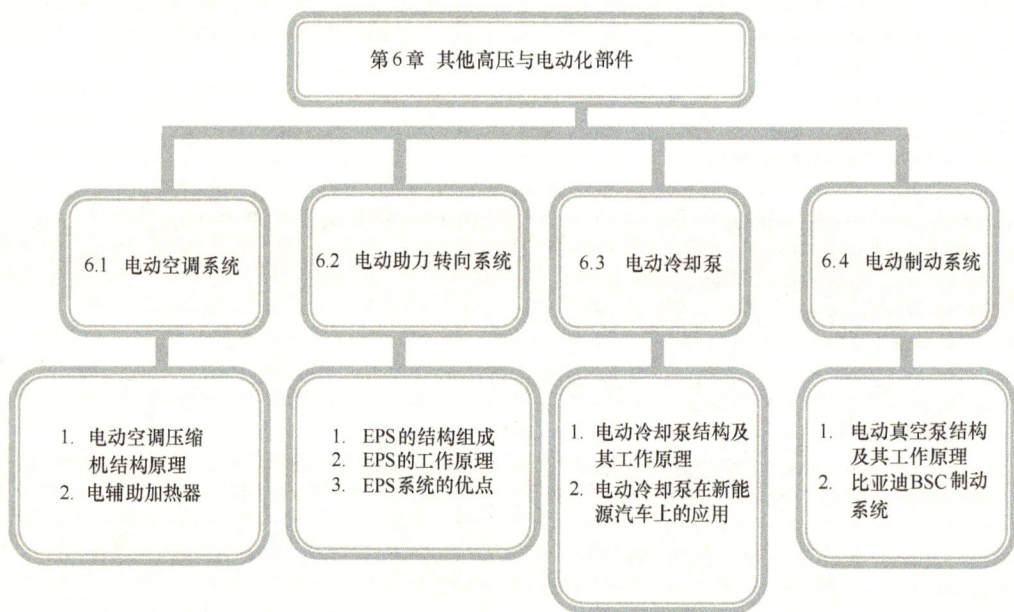

```
第6章 其他高压与电动化部件
├── 6.1 电动空调系统
│   ├── 1. 电动空调压缩机结构原理
│   └── 2. 电辅助加热器
├── 6.2 电动助力转向系统
│   ├── 1. EPS的结构组成
│   ├── 2. EPS的工作原理
│   └── 3. EPS系统的优点
├── 6.3 电动冷却泵
│   ├── 1. 电动冷却泵结构及其工作原理
│   └── 2. 电动冷却泵在新能源汽车上的应用
└── 6.4 电动制动系统
    ├── 1. 电动真空泵结构及其工作原理
    └── 2. 比亚迪BSC制动系统
```

【学习目标要求、重点与难点】

序号	学习目标要求	学习重点	学习难点
1	掌握电动空调压缩机的结构特点与工作原理	√	√
2	掌握电辅助加热器的结构原理	√	
3	掌握电动助力转向系统的结构特点与工作原理	√	√
4	掌握制动系统电动真空泵的结构特点与工作原理	√	√
5	会识别电动汽车主要辅助电动部件	√	

6.1 电动空调系统

在传统燃油汽车空调系统中，制冷主要采用发动机驱动的蒸汽压缩式制冷系统进行降温，而制热主要采用燃油发动机产生的余热。但对于纯电动汽车及燃料电池电动汽车来说，没有发动机作为空调压缩机的动力源，也不能提供作为汽车空调冬天制热用的热源，因此无法直接采用传统汽车空调系统的解决方案。针对新能源汽车有高压电源的特点，电动空调系统采用电力驱动电动压缩机，并采用 PTC 进行电辅助加热。电动空调系统组成如图 6-1 所示。

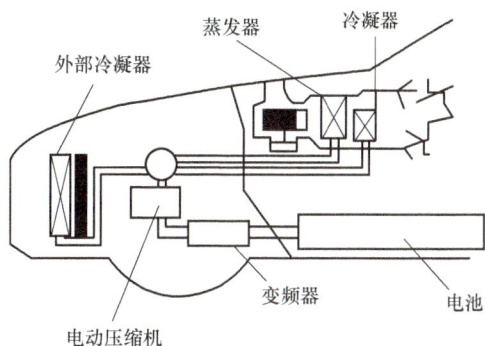

图 6-1 电动空调系统组成

知识点 1 电动空调压缩机结构原理

传统的汽车空调系统一般是利用压缩机通过带轮和离合器与发动机主轴相连获得压缩动力，压缩后的高温高压制冷剂蒸气通过冷凝器与车室外空气换热冷却冷凝，经节流阀节流降压后进入蒸发器，在蒸发器内吸热蒸发，从而获得冷量。在新能源汽车中采用电动压缩机，由电力直接驱动压缩机进行制冷。

如图 6-2 所示，以电动变频压缩机为例，电动变频压缩机内部结构由涡旋压缩机定子、涡旋压缩机转子、无刷电动机、油挡板和电动机轴组成，其中涡旋压缩机定子、转子分别是一对螺旋线缠绕的固定蜗形管、可变蜗形管。固定蜗形管安装在壳体上，轴的旋转引起可变蜗形管在保持原位置不变时发生转动，这时，由这对蜗形管隔开的空间大小发生变化，实现制冷气的吸入、压缩和排出等功能。将进气管直接放在蜗形管上可以直接吸气，从而可以提高进气效率。压缩机中有一个内置油挡板，可以挡住制冷循环过程中与气态制冷剂混合的压缩机油，使气态制冷剂循环顺畅，从而降低机油的循环率。

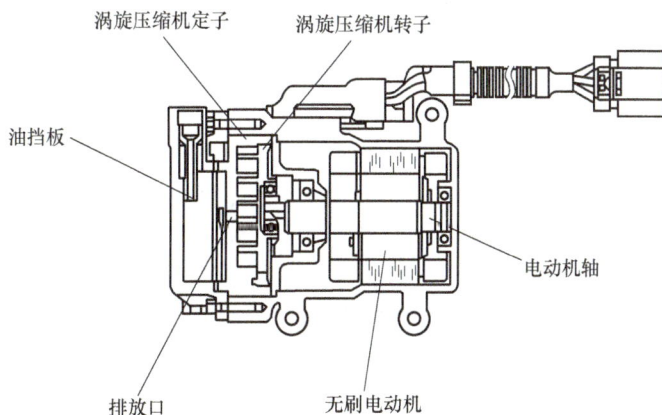

图 6-2 电动变频压缩机内部结构

电动变频空调压缩机结构与工作原理视频请扫教学资源6.1对应的二维码 ▦ 进行观看。

电动变频空调压缩机工作原理如图6-3所示，可分为吸入、压缩和排放三个过程。吸入过程：在固定蜗形管和可变蜗形管间产生的压缩室的容量随着可变蜗形管的旋转而增大，这时，气态制冷剂从进风口吸入。压缩过程：吸入步骤完成后，随着可变蜗形管继续转动，压缩室的容量逐渐减小，吸入的气态制冷剂逐渐压缩并被排到固定蜗形管的中心，当可变蜗形管旋转约2周后，制冷剂的压缩完成。排放过程：气态制冷剂压缩完成而压力较高时，通过按压排放阀，气态制冷剂通过固定蜗形管中心排放口排出。

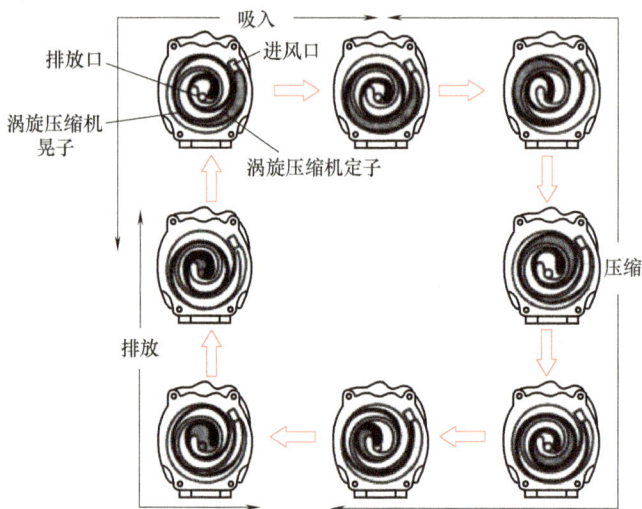

图6-3 电动变频空调压缩机工作原理

电动空调压缩机的拆装与检测视频请扫教学资源6.2对应的二维码 ▦ 进行观看。

知识点2 电辅助加热器

1. PTC的概念及特性

电加热方式多为使用PTC加热。PTC是Positive Temperature Coefficient的缩写，意思是正的温度系数，泛指正温度系数很大的半导体材料或元器件。通常提到的PTC是指正温度系数热敏电阻，简称PTC热敏电阻。PTC热敏电阻是一种典型具有温度敏感性的半导体电阻，超过一定的温度（居里温度）时，它的电阻值随着温度的升高而陡增。也就是PTC加热器的功率将突然降低到最小值，使温度回到其居里温度以下。就因为这个特性，PTC加热器具有恒温发热、无明火、使用寿命长等优点。

2. PTC的结构原理

在电动汽车中一般采用的PTC加热器器件的电制热方式，通常位于驾驶位置和副驾驶

位置的中间地板下方。一般有两种制热方式，一种是将 PTC 的热量传送至散热剂（冷却水）的散热扇、散热剂流路和控制底板等，这时辅助电池（12V）不能满足使用要求，需要使用的电源是驱动电机的锂离子充电电池的高压；另外一种制热方式是直接用鼓风机吹送经 PTC 加热器加热的暖风，一般这种制热方式只是在纯电动汽车上使用。PTC 实物如图 6-4 所示。

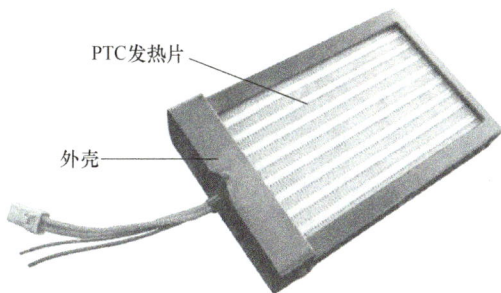

图 6-4　PTC 实物图

【温馨提示】

电辅助加热器拆装与检测视频请扫教学资源 6.3 对应的二维码　进行观看。

6.2　电动助力转向系统

电动助力转向系统（Electric Power Steering，EPS）是一种直接依靠电机提供辅助转矩的动力转向系统。

知识点 1　EPS 的结构组成

电动助力转向系统是在传统机械转向系统的基础上发展起来的。它利用电动机产生的动力来帮助驾驶人进行转向操作。系统主要由三大部分构成：信号传感装置（包括转矩传感器、转角传感器和车速传感器），转向助力机构（电机、离合器、减速传动机构）及电子控制装置。电动机仅在需要助力时工作，驾驶人在操纵转向盘时，转矩、转角传感器根据输入转矩和转向角的大小产生相应的电压信号，车速传感器检测到车速信号，控制单元根据电压和车速的信号，给出指令控制电动机运转，从而产生所需的转向助力。电动助力转向系统机构组成如图 6-5 所示。

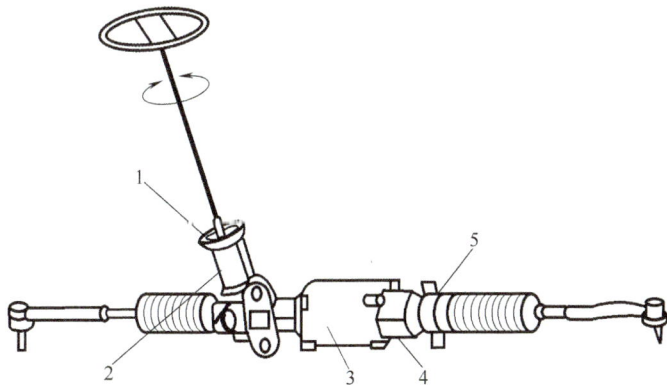

图 6-5　电动助力转向系统机构示意图

1—转向轴　2—转矩传感器　3—电机　4—循环球螺杆　5—齿条

知识点 2　EPS 的工作原理

转矩传感器与转向轴连接在一起，当转向轴转动时，转矩传感器开始工作，把转向轴在扭杆作用下产生的相对转动角位移变成电信号传给 ECU，ECU 根据车速传感器和转矩传感器的信号决定电动机的旋转方向和助力电流的大小，从而完成实时控制助力转向。因此它可以很容易地实现在不同车速时提供电动机不同的助力效果，保证汽车在低速转向行驶时轻便灵活，高速转向行驶时稳定可靠。

【温馨提示】

电动助力转向系统结构与工作原理视频请扫教学资源 6.4 对应的二维码 进行观看。

知识点 3　EPS 系统的优点

与传统的液压助力转向系统（Hydraulic Power Steering，HPS）相比，EPS 系统具有以下优点：

1）只在转向时电机才提供助力，可以显著降低燃油消耗。传统的液压助力转向系统由发动机带动转向液压泵，不管转向或者不转向都要消耗发动机部分动力。而电动助力转向系统只是在转向时才由电机提供助力，不转向时不消耗能量。因此，电动助力转向系统可以降低车辆的燃油消耗。与液压助力转向系统对比试验表明：在不转向时，电动助力转向可以降低燃油消耗 2.5%；在转向时，可以降低 5.5%。

2）转向助力大小可以通过软件调整，能够兼顾低速时的转向轻便性和高速时的操纵稳定性，回正性能好。传统的液压助力转向系统所提供的转向助力大小不能随车速的提高而改变。这样就使得车辆虽然在低速时具有良好的转向轻便性，但是在高速行驶时转向盘太轻，产生转向"发飘"的现象，驾驶人缺少显著的"路感"，降低了高速行驶时的车辆稳定性和驾驶人的安全感。电动助力转向系统提供的助力大小可以通过软件方便地调整。在低速时，电动助力转向系统可以提供较大的转向助力，提供车辆的转向轻便性；随着车速的提高，电动助力转向系统提供的转向助力可以逐渐减小，转向时驾驶人所需提供的转向力将逐渐增大，这样驾驶人就感受到明显的"路感"，提高了车辆稳定性。电动助力转向系统还可以施加一定的附加回正力矩或阻尼力矩，使得低速时转向盘能够精确地回到中间位置，而且可以抑制高速回正过程中转向盘的振荡和超调，兼顾了车辆高、低速时的回正性能。

3）结构紧凑，重量轻，生产线装配好，易于维护保养。电动助力转向系统取消了转向液压泵、液压缸、液压管路、油罐等部件，而且电机及减速机构可以和转向柱、转向器做成一个整体，使得整个转向系统结构紧凑，重量轻，在生产线上的装配性好，节省装配时间，易于维护保养。

4）通过程序的设置，电动助力转向系统容易与不同车型匹配，可以缩短生产和开发的周期。

电动助力转向系统由于具有上述多项优点，近年来获得了越来越广泛的应用。

【温馨提示】

电动助力转向器拆装与检测视频请扫教学资源 6.5 对应的二维码 进行观看。

6.3 电动冷却泵

汽车冷却泵可以分为机械式冷却泵和电动冷却泵两类。在新能源汽车中电动冷却泵的独特作用非常明显，它可以在发动机停止的情况下保持冷却系统的正常运行，通过对转速的调节可以使冷却系统运行更为高效。

知识点 1 电动冷却泵结构及其工作原理

1. 电动冷却泵结构

电动冷却泵主要有两种，一种与机械式冷却泵相同，只是由于其使用电机直接驱动，而非通过发动机带轮转动，故其结构就是将机械式水泵的带轮替换为电机。另外一种取消动静密封，使用橡胶代替泵轴的轴承，扩大冷却泵电机定子和转子间隙，并且将定、转子隔离，使冷却液直接流入转子的周围，其作用可以润滑泵轴，冷却水泵电机。该结构可以有效降低整个泵的制造成本，但是设计复杂，工艺要求较高。该结构一般使用在低电压的直流电机驱动的电动冷却泵中，若是由高电压电机驱动的电动冷却泵则不适用该结构。

目前采用的电动冷却泵属于离心式水泵，实物如图 6-6 所示。

2. 电动冷却泵工作原理

电动冷却泵工作时由直流电动机带动叶轮旋转，叶轮部分的冷却液受到旋转产生的离心力作用，被抛向叶轮外围出口，而在叶轮中心产生低压区，将冷却液从入口吸入，进而使冷却液在系统中产生循环流动。

电动冷却泵电机大部分厂家选用自感应电机，并且与控制器集成一体设计，采用脉冲宽度调制（PWM）或者 LIN 进行电机转速的控制。

冷却液出口
冷却液进口

图 6-6 电动冷却泵实物图

知识点 2 电动冷却泵在新能源汽车上的应用

汽车热管理技术是新能源汽车的核心技术之一，相比于传统燃油汽车，因新增了大的发热部件（动力电池、驱动电机、电机控制器、充电机等），新能源汽车冷却性能就变得格外重要。目前，由电动冷却泵组成的循环水路如图 6-7 所示。电动冷却泵现在主要应用于驱动电机、电动部件、动力电池等的循环冷却，在冬季工况条件下，起到循环加热循环水路的作用。

为了保证新能源汽车各电动零部件的正常使用，要求入口的冷却液温度不高于 65℃，因此由散热器、电动水泵、电机控制器、驱动电机等串联组成的冷却循环回路为低温冷却循

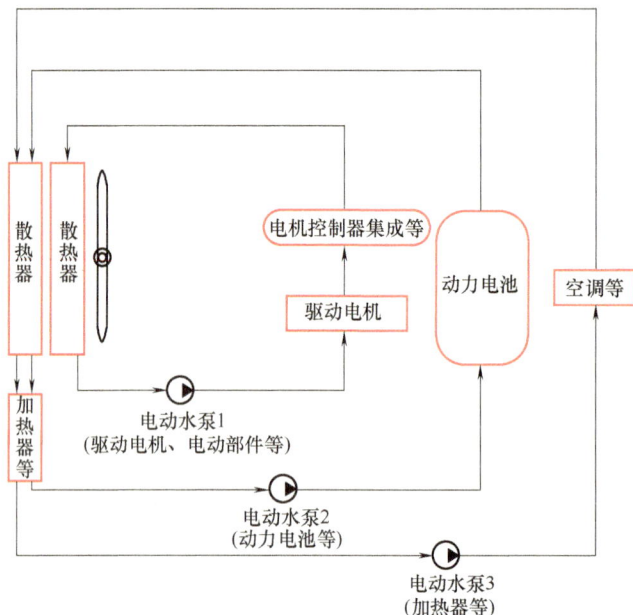

图 6-7　电动冷却泵组成的循环水路

环回路（相对发动机冷却回路）。电动冷却泵主要作用是使驱动电机、电动部件等在车辆行驶的任何工况下都能满足热管理的技术需求。在新能源汽车上根据被冷却的部件的不同，对电动冷却泵的需求也不同。一般乘用车对驱动电机及电动部件的冷却用电动冷却泵的需求功率在 150W 以下，其可以使用 12V 直流电机驱动的电动冷却泵，并且可以使用那种取消动静密封形式的水泵。

6.4　电动制动系统

新能源汽车与传统汽车的制动系统不同，在传统汽车中是通过发动机提供真空的动力源，而在纯电动汽车中没有发动机，仅由人力产生的制动力无法实现汽车的制动。因此，在电动汽车中可以采用蓄电池驱动电动真空泵的电机进行活塞运动从而产生真空。

知识点 1　电动真空泵结构及其工作原理

电动真空泵按常用结构形式可分为：旋片式、活塞式和膜片式。

1. 旋片式真空泵结构原理

旋片式电动真空泵由偏心地装在定子腔内的转子、转子槽内的旋片和外壳定子组成。转子带动旋片旋转时，旋片借离心力紧贴定子内壁，把进、排气口分割开来，并使进气腔容器周期性扩大而吸气，排气腔容积则周期性地缩小而压缩气体，借气体的压力推开阀排气，获得真空。其结构如图 6-8 所示。

2. 活塞式真空泵结构原理

活塞式电动真空泵包含两个 180° 对置的工作腔。电动机主轴连接一个偏心轮，偏心轮

驱动转轴及活塞做往复运动，在往复运动过程中，活塞会发生偏转摇摆。活塞的往复运动引起工作腔容积的变化，产生进气和排气的效果。摆动活塞式真空泵活塞和缸体之间有相对滑动，工作时真空泵温度会升高，活塞上活塞环与缸体之间过盈量可以通过设计进行调整，其温升比旋片式真空泵低，磨损较慢，噪声也相对较低。由于摆动活塞式真空泵采用双腔对置结构，当一腔失效时，摆动活塞式真空泵仍可有一定的抽取真空能力。其结构如图6-9所示。

图6-8 旋片式真空泵结构

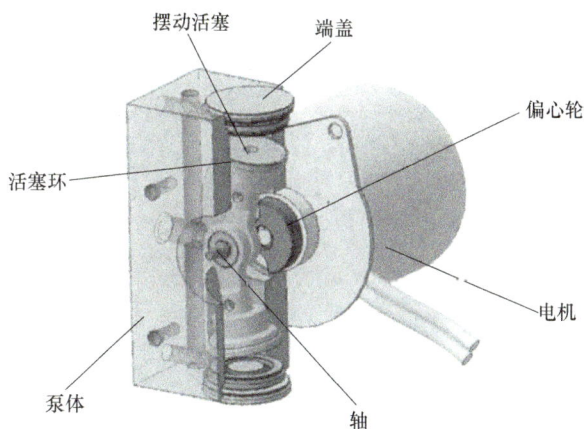

3. 膜片式真空泵结构原理

膜片式真空泵包含两个180°对置的工作腔。膜片由一个曲柄连杆机构驱动，此曲柄连杆机构包括一个偏心机构，上面装有两个偏心轴承，推动作用在膜片上的连杆，使膜片受到推力和拉力的作用产生变形。膜片的变形使工作腔容积变化，产生摩擦较小，温升速度低，可以使真空泵有较长的使用寿命和较低的噪声。其结构如图6-10所示。

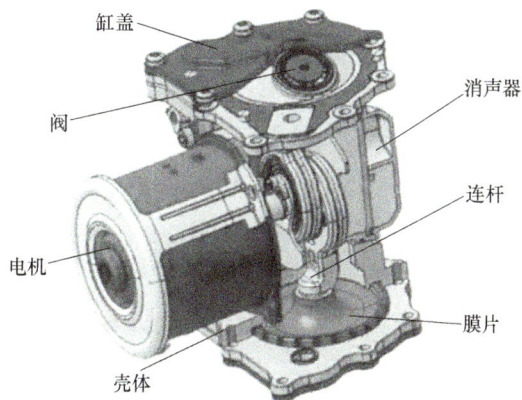

图6-9 活塞式真空泵结构

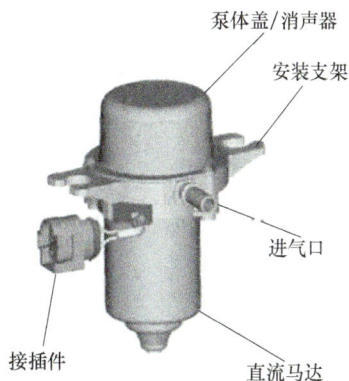

图6-10 膜片式真空泵结构

【温馨提示】

制动系统电动真空泵的拆装与检测视频请扫教学资源6.6对应的二维码进行观看。

知识点2 比亚迪BSC制动系统

为了制动效率更高，行驶更平稳，比亚迪自主研发了一套线控制动系统——BSC制动安全控制系统，其结构如图6-11所示。

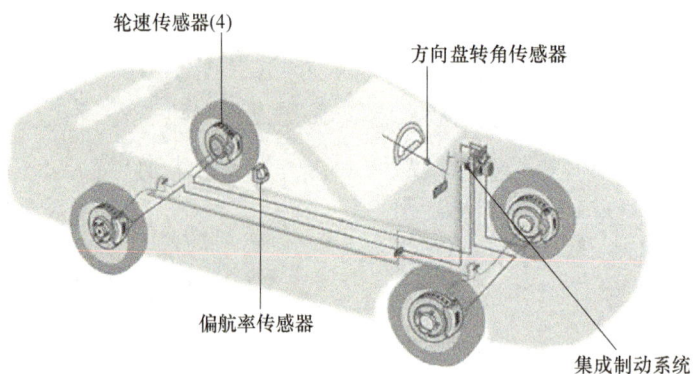

图 6-11　比亚迪 BSC 制动系统

比亚迪将其全部高度集成为"ONEBOX"液压制动产品，并命名为弗迪动力制动安全控制系统（FinDreams Powertrain Braking Safety Control System，BSC）。

"ONEBOX"系统方案使得制动系统高度集成化，将传统的电子真空泵 EVP 系统六大零部件综合为一个，大大减小了体积和重量，为前舱空间留出更多位置。

比亚迪 BSC 系统由主缸、储液壶、液压单元组件、电机、活塞泵、电控单元、模拟器以及电路板等零部件组成。整体的长宽高仅为 180mm×200mm×230mm，总成质量仅 6.5kg，具有体积紧凑、重量轻的特征。其结构如图 6-12 所示。

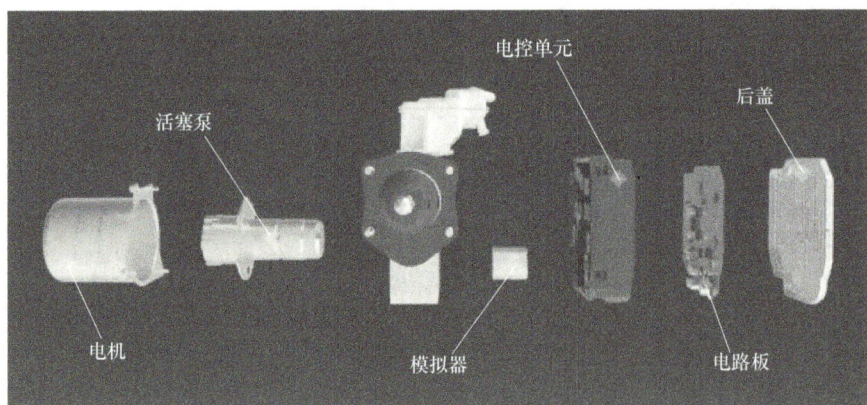

图 6-12　比亚迪 BSC 系统组成

【温馨提示】

比亚迪 BSC 系统结构与工作原理视频请扫教学资源 6.7 对应的二维码进行观看。

比亚迪 BSC 系统具有以下优点：

1）更短制动距离。BSC 2.0 硬件采用 600W 的大功率电机，最高转速可达 9000r/min，可在 140ms 内建立最大制动力，响应迅速、建压强大，相比传统燃油车的制动响应速度提升 4 倍以上，制动距离明显缩短，BSC 能将百公里制动距离缩短 3~5m。

2）系统更安全。BSC为车辆在静止时提供基础制动力为10MPa，行车时最大允许制动力为15MPa，在紧急制动情况下，系统施加最大制动力为18MPa，实现快速停车、躲避危险。系统能产生的机械制动减速度达4.88m/s²以上，是法规要求的两倍。

3）踏板感优越。BSC可提供定制化的驾驶感受，可以设定不同的"制动脚感"，从舒适制动到运动感更强的制动体验都可以个性化选择。

4）更舒适的空间布置。BSC可继承EPB控制器及间接式胎压监测，体积也较小，同时减小了整车布置难度。

5）整车更节能。BSC系统优先使用电机制动，以液压制动作为补偿，电液平衡减速度可达0.5g，百公里能量回收提升0.5kW·h以上，带来高效的能量回收，增加续驶里程。BSC 2.0在WLTC（全球轻型汽车测试循环）工况测试下，能有效提高续驶里程20%。

本章小结

1. 电动汽车高压与电动化的其他部件包括电动空调压缩机、电辅助加热器、电动冷却泵、电动真空泵等。

2. 电动汽车中采用电动压缩机，由电力直接驱动压缩机进行制冷。

3. 电加热方式普遍使用PTC加热。PTC泛指正温度系数很大的半导体材料或元器件，PTC加热器具有恒温发热、无明火、使用寿命长等优点。

4. 电动汽车采用电动冷却泵对整车动力电池和驱动电机等进行冷却。

5. 电动汽车采用电动助力转向系统，主要由信号传感装置、转向助力机构及电子控制装置组成。

6. 电动汽车采用电动制动系统，具有可降低燃油消耗、提高车辆稳定性以及提高控制性的优点。

思考题

1. 描述电动空调压缩机的基本结构特点与工作原理。
2. 请说说电辅助加热器的结构原理。
3. 电动汽车如何采用电动冷却泵对整车动力电池和驱动电机等进行冷却？
4. 电动助力转向系统的结构特点是什么？它是怎样进行工作的？
5. 制动系统电动真空泵的结构特点是什么？它是怎样进行工作的？
6. 请说说比亚迪BSC制动系统的结构与构造原理。

第7章　智能网联汽车技术

【本章内容架构】

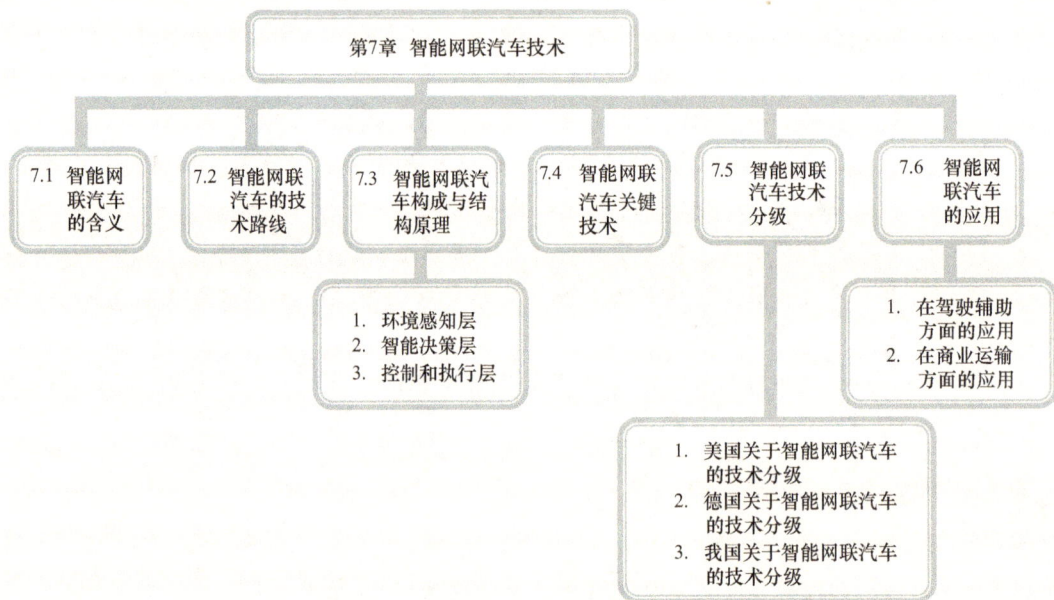

```
                        第7章  智能网联汽车技术

   ┌────────┬────────┬────────┬────────┬────────┬────────┐
  7.1 智能网  7.2 智能网  7.3 智能网汽  7.4 智能网联  7.5 智能网联  7.6 智能网
  联汽车     联汽车的技  车构成与结  汽车关键     汽车技术     联汽车
  的含义     术路线     构原理      技术         分级        的应用
                          │                      │           │
                    1. 环境感知层            │      1. 在驾驶辅助
                    2. 智能决策层            │         方面的应用
                    3. 控制和执行层          │      2. 在商业运输
                                            │         方面的应用
                                   1. 美国关于智能网联汽车
                                      的技术分级
                                   2. 德国关于智能网联汽车
                                      的技术分级
                                   3. 我国关于智能网联汽车
                                      的技术分级
```

【学习目标要求、重点与难点】

序号	学习目标要求	学习重点	学习难点
1	掌握智能网联汽车的定义	√	
2	掌握智能网联汽车的系统构成	√	√
3	理解智能网联汽车关键技术	√	√
4	掌握智能网联汽车技术分级	√	
5	理解智能网联汽车的应用		√

7.1　智能网联汽车的含义

智能网联汽车（Intelligent Connected Vehicle，ICV）是指通过搭载先进传感器、控制器、执行器等装置，并融合现代通信与网络技术，实现车与X（车、路、人、云端等）智能信息交换、共享，具备复杂环境感知、智能决策、协同控制等功能，可实现"安全、高效、舒适、节能"行驶，并最终可实现替代人来操作的新一代汽车。

智能网联汽车是车联网与智能驾驶汽车技术相结合的产物。车联网是依托于信息通信技术，通过车内互联、车与车、车与路、车与人、车与服务平台的全方位连接和数据交换，提供综合信息服务，形成汽车、电子、信息通信、道路交通运输等行业深度融合的新型产业形态。智能驾驶是通过利用信息技术、计算机技术、控制技术等来实现汽车性能的全面提升。

根据中国汽车工程学会于2016年10月发布的《节能与新能源汽车技术路线图》的解释，智能网联汽车可以分为网联化、智能化两个技术层面。

在网联化层面，车辆采用新一代移动通信技术（LTE-V、5G等），实现车辆位置信息、车速信息、外部信息等车辆信息之间的交互，并由控制器进行计算，进一步提高车辆的智能化程度和自动驾驶能力。

在智能化层面，汽车配备了多种传感器（摄像头、超声波雷达、毫米波雷达、激光雷达），如图7-1所示，实现对周围环境的自主感知。

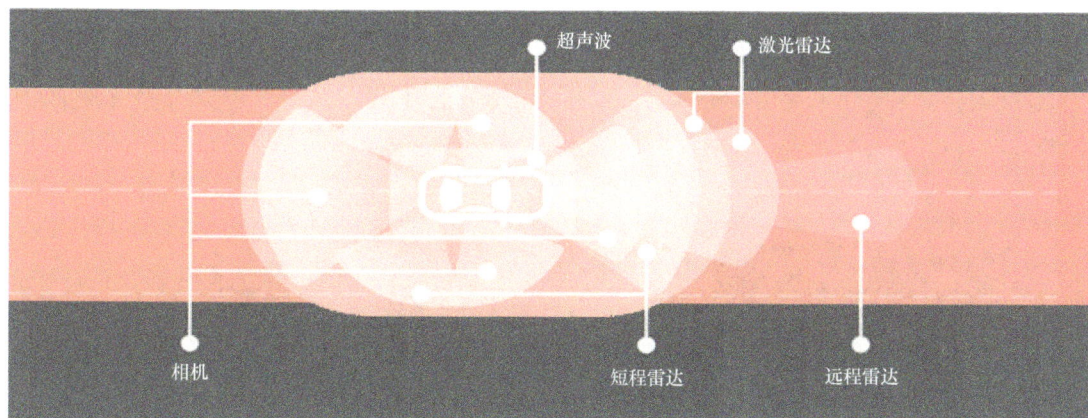

图 7-1　车载传感器

通过系列传感器信息处理和决策，汽车按照一定控制算法实现预定的驾驶任务。

我国智能网联汽车信息通信标准体系如图7-2所示，明确了汽车网联化过程中涉及的软硬件技术、体系结构、应用领域和应用中需要关注的信息安全等技术内容。

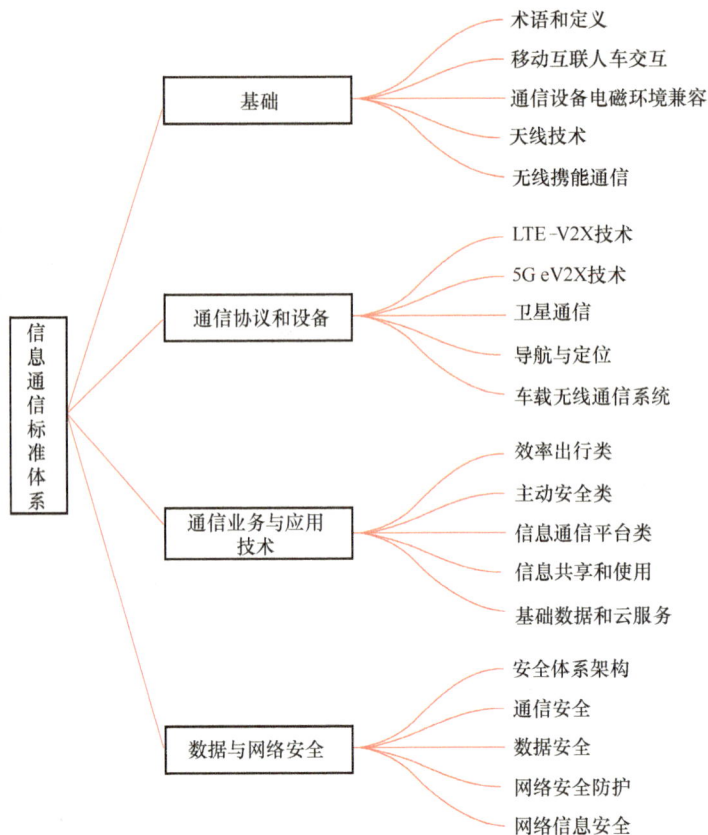

图 7-2　智能网联汽车信息通信标准体系

7.2　智能网联汽车的技术路线

　　智能网联汽车技术路线主要有两种，分别是基于传感器的车载式技术路线和基于车辆互联的网联式技术路线，如图 7-3 所示。

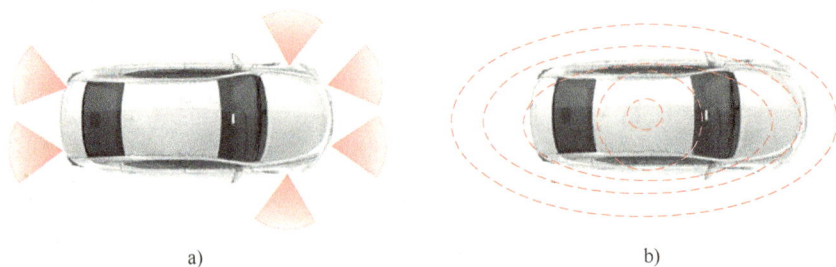

图 7-3　智能网联汽车技术路线
a）车载式　b）网联式

1. 基于传感器的车载式技术路线

　　该路线是基于先进的传感器技术与传统汽车制造业的深度融合来实现，主要是使用先进的传感器，如摄像机和毫米波雷达，通过驱动器、控制单元以及软件的相互结合，形成先进

驾驶辅助系统，使得汽车能够监测周围的环境。该路线技术发展较为成熟。这种基于传感器的技术路线能够给驾驶人提供一定程度上的辅助功能，但目前还无法实现完整的、具有成本竞争力的无人驾驶体验。主要原因是想要创建车辆周围环境的360°视图，需要配置大量的传感器来进行组合，成本较高。

2. 基于车辆互联的网联式技术路线

该路线主要表现为通过互联网对传统汽车驾驶模式进行变革，推动者主要是互联网企业。这类企业重点开发车载信息系统，并与汽车厂商合作开发推广导航、话音识别、娱乐、安全等方面的应用程序和应用技术。该方案使用短距离无线通信技术来实现车辆与车辆（V2V）、车辆与道路基础设施（V2I）之间的实时通信，能充分发挥短程无线通信快速部署、低延迟、高可靠等特点，对于主动安全应用尤其重要。但该方案对道路基础设施的要求较高。另一种方案是使用远距离无线通信技术以及现有的基础设施以获得更大的通信范围，但存在响应延迟、带宽不足等问题，制约了在主动安全领域的应用。

车载式技术路线和网联式技术路线目前均存在一些问题：车载式方案目前难以实现V2V、V2I之间的通信，且需要大规模使用传感器，应用成本较高；网联式方案的发展瓶颈则是目前无法实现车辆与行人（V2P）之间的通信，需要投资较多的基础设施建设。因此两种方案目前均不能很好地满足未来无人驾驶的需要。对于智能网联汽车的未来发展，车载式技术路线和网联式技术路线将深度融合，实现优势互补，为用户提供安全性更好、自动化驾驶程度更高、使用成本更低廉的解决方案。因此需要更先进的定位技术、更快的网络通信速度、更加可靠直观的人机交互界面以及政府下达的相关法规等。

7.3　智能网联汽车构成与结构原理

智能网联汽车是以汽车为主体，通过环境感知技术来实现道路多车辆有序安全行驶，利用无线通信网络等手段为用户提供多样化信息服务。智能网联汽车主要由环境感知层、智能决策层及控制和执行层组成，如图7-4所示。

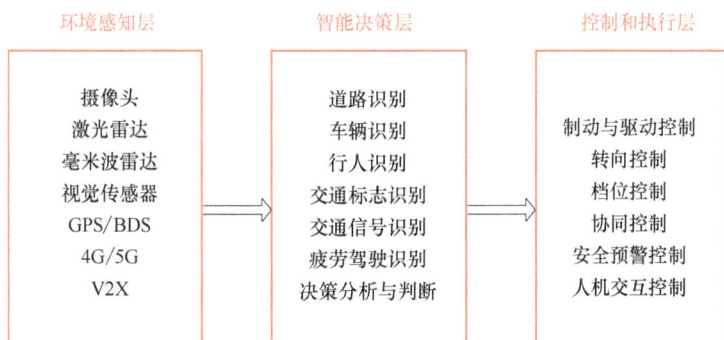

环境感知层	智能决策层	控制和执行层
摄像头 激光雷达 毫米波雷达 视觉传感器 GPS/BDS 4G/5G V2X	道路识别 车辆识别 行人识别 交通标志识别 交通信号识别 疲劳驾驶识别 决策分析与判断	制动与驱动控制 转向控制 档位控制 协同控制 安全预警控制 人机交互控制

图7-4　智能网联汽车结构层次

【温馨提示】

智能网联汽车总体结构原理和无人驾驶汽车视频请分别扫教学资源7.1和7.2对应的二维码进行观看。

知识点 1　环境感知层

环境感知层的主要功能是通过车载环境感知技术、卫星定位技术、4G/5G 及 V2X 无线通信技术等，实现对车辆自身属性和车辆外在属性（如道路、车辆和行人等）静、动态信息的提取和收集，并向智能决策层输送信息。

1. 车载环境感知技术

其主要功能是通过各种传感技术感知车辆本身状况和车辆周围状况。传感器主要包括车轮转速传感器、加速度传感器、微机械陀螺仪、转向盘转角传感器、超声波传感器、激光雷达、毫米波雷达、视觉传感器等。这里主要介绍视觉传感器、超声波传感器、激光雷达、毫米波雷达和微机械陀螺仪。

（1）视觉传感器　广义的视觉传感器主要由光源、镜头、图像传感器、模/数转换器、图像处理器、图像存储器等组成，如图 7-5 所示。其主要功能是获取足够的机器视觉系统要处理的最原始图像。把光源、摄像机、图像处理器、标准的控制与通信接口等集成一体的视觉传感器常称为一个智能图像采集与处理单元。内部程序存储器可存储图像处理算法，并能使用 PC，利用专用组态软件编制各种算法下载到视觉传感器的程序存储器中。视觉传感器将 PC、PLC、分布式网络技术结合在一起，这样可以更容易地构成机器视觉系统。

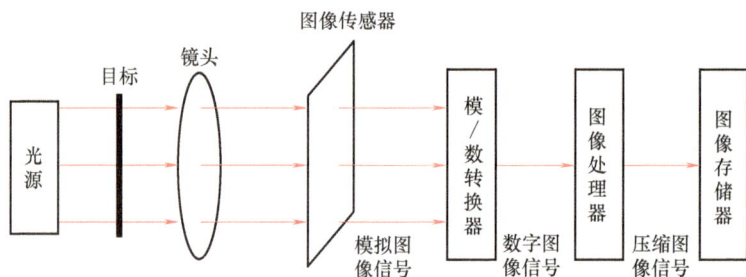

图 7-5　广义视觉传感器的组成

狭义的视觉传感器是指图像传感器，它的作用是将镜头所成的图像转变为数字或模拟信号输出，是视觉检测的核心部件，主要有 CCD 图像传感器和 CMOS 图像传感器。

CCD 图像传感器（Charge-Coupled Device）是电荷耦合元件，主要是由一个类似马赛克的网格、聚光镜片以及垫于最底下的电子线路矩阵所组成，其外形如图 7-6 所示。

CCD 是一种特殊的半导体器件，能够把光学影像转换为数字信号。CCD 上植入的微小光敏物质称作像素。一块 CCD 上包含的像素数越多，它提供的画面分辨率也就越高。CCD 的作用就像胶片一样，但它是把光信号转换成电荷信号。CCD 上有许多排列整齐的光电二极管，能感应光线，并将光信号转变成电信号，经外部采样放大及模/数转换电路转换成数字图像信号。由于 CCD 的体积小、成本低，所以广泛应用于扫描仪、数码相机及数码摄像机中。目前大多数数码相机采用的视觉传感器都是 CCD。

CMOS 图像传感器（Complementary Metal-Oxide Semiconductor）是互补性氧化金属半导体，是利用 CMOS 工艺制造的图像传感器，主要利用了半导体的光电效应，和 CCD 的原理相同，其外形如图 7-7 所示。CMOS 图像传感器与 CCD 图像传感器一样，可用于自动控制、自动测量、摄影摄像、视觉识别等各个领域。

图 7-6　CCD 图像传感器

图 7-7　CMOS 图像传感器

CCD 图像传感器和 CMOS 图像传感器有以下差异：

① 制造上的差异。CCD 和 CMOS 同为半导体，但 CCD 是集成在半导体单晶材料上，CMOS 是集成在金属氧化物的半导体材料上。

② 工作原理的差异。主要区别是读取视觉数据的方法，CCD 从阵列的一个角落开始读取数据，CMOS 对每一个像素采用有源像素传感器及晶体管，以实现视觉数据读取。

③ 视觉扫描方法的差异。CCD 传感器连续扫描，在最后一个数据扫描完成之后才能将信号放大，CMOS 传感器的每个像素都有一个将电荷转化为电子信号的放大器。

④ 感光度的差异。CMOS 每个像素包含了放大器与 A/D 转换电路，过多的额外设备压缩单一像素的感光区域的表面积，因此在相同像素下，同样大小的感光器尺寸，CMOS 的感光度会低于 CCD。

⑤ 分辨率的差异。CMOS 每个像素的结构比 CCD 复杂，其感光开口不及 CCD 大，比较相同尺寸的 CCD 与 CMOS 感光器时，CCD 感光器的分辨率通常会优于 CMOS。

⑥ 噪声的差异。CMOS 每个感光二极管旁都搭配一个 ADC 放大器，如果以百万像素计，那么就需要百万个以上的 ADC 放大器，虽然是统一制造的产品，但是每个放大器或多或少都有微小差异存在，很难达到放大同步的效果，对比单一放大器的 CCD，CMOS 最终计算出的噪声就比较多。

⑦ 成本的差异。CMOS 应用半导体工业常用的 MOS 制程，可以一次将全部周边设施整合于单芯片中，节省加工芯片所需负担的成本和良率的损失；相对地，CCD 采用电荷传递的方式输出信息，必须另辟传输信道，如果信道中有一个像素故障，就会导致一整排的信号壅塞，无法传递，因此 CCD 的良率比 CMOS 低，加上另辟传输通道和外加 ADC 等，CCD 的制造成本相对高于 CMOS。

⑧ 耗电量的差异。CMOS 的影像电荷驱动方式为主动式，感光二极管所产生的电荷会直接由旁边的晶体管做放大输出；但 CCD 却为被动式，必须外加电压让每个像素中的电荷移动至传输通道。而这外加电压通常需要 12V 以上，因此 CCD 还必须要有更精密的电源线路设计和耐压强度，高驱动电压使 CCD 的电量远高于 CMOS。

CCD 图像传感器和 CMOS 图像传感器的比较见表 7-1。

表 7-1　CCD 图像传感器和 CMOS 图像传感器比较

性能	CCD	CMOS
设计组合	单一感光器	感光器连接放大器

（续）

性能	CCD	CMOS
灵敏度	同等面积下灵敏度更高	感光开口小,灵敏度低
解析度	连接复杂度低,解析度高	解析度低
噪声比	单一放大器,噪声低	百万放大器,噪声高
功耗比	需外加电压,功耗高	直接放大,功耗低
成本	线路品质影响程度高,成本高	整体集成,成本低

CCD 摄像机和 CMOS 摄像机在使用过程中还涉及诸多工作参数。就当前技术现状,CCD 摄像机的灵敏度和解析度均比 CMOS 高,为了能够确保视觉识别的精度和准确度,一般选用 CCD 摄像机作为图像传感器。

【温馨提示】

视觉传感器结构原理视频请扫教学资源 7.3 对应的二维码 进行观看。

（2）超声波传感器 频率高于人类听觉上限频率（约 20000Hz）的声波,称为超声波。超声波传感器是利用超声波的特性研制而成的传感器,是在超声频率范围内将交变的电信号转换成声信号或者将外界声场中的声信号转换为电信号的能量转换器件。

超声波传感器具有以下特点：

① 超声波的传播速度仅为光波的百万分之一,并且指向性强,能量消耗缓慢,因此可以直接测量较近目标的距离,一般测量距离小于 10m。

② 超声波对色彩、光照度不敏感,可适用于识别透明、半透明及漫反射差的物体。

③ 超声波对外界光线和电磁场不敏感,可用于黑暗、有灰尘或烟雾、电磁干扰强、有毒等恶劣环境中。

④ 超声波传感器结构简单,体积小,成本低,信息处理简单可靠,易于小型化与集成化,并且可以进行实时控制。

超声波方法作为非接触检测和识别的手段,已引起人们越来越多的重视。

超声波传感器典型结构如图 7-8 所示。它采用双晶振子（压电晶片）,即把双压电陶瓷片以相反极化方向粘在一起,在长度方向上,一片伸长另一片就缩短。在双晶振子的两面涂覆薄膜电极,上面用引线通过金属板（振动板）接到一个电极端,下面用引线直接接到另一个电极端。双晶振子为正方形,正方形的左右两边由圆弧形凸起部分支撑着。这两处的支点就成为振子振动的节点。金属振动板的中心有圆锥形振子,发送超声波时,圆锥形振子有较强的方向性,因而能高效地发送超声波；接收超声波时,超声波的振动集中于振子的中心,所以能产生高效率的高频电压。超声波传感器采用金属或塑料外壳,其顶部有屏蔽栅。通过超声换能结构,配以适

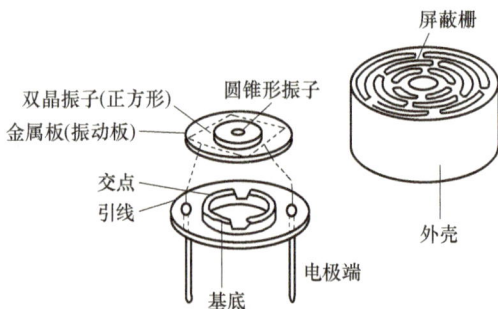

图 7-8 超声波传感器结构图

当的收发电路，就可以使超声能量定向传输，并按预期接收反射波，实现超声测距、遥控、防盗等检测功能。超声波传感器有一个发射头和一个接收头，安装在同一面上。在有效的检测距离内，发射头发射特定频率的超声波，遇到检测面反射部分超声波，接收头接收返回的超声波，由芯片记录声波的往返时间，并计算出距离值。超声波传感器可以通过模拟接口和IC接口两种方式将数据传输给控制单元。

超声波传感器测距原理是超声波发射头发出的超声波脉冲，经介质（空气）传到障碍物表面，反射后通过介质（空气）传到接收头，测出超声脉冲从发射到接收所需的时间，根据介质中的声速，求得从发射头到障碍物表面之间的距离。如图 7-9 所示，设发射头到障碍物表面的距离为 L，超声在空气中的传播速度为 v（约为 340m/s），从发射到接收所需的传播时

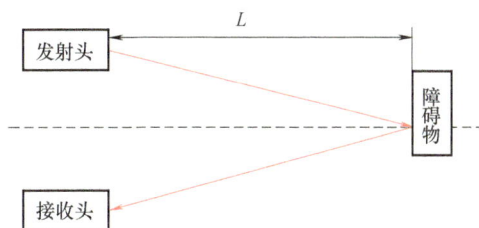

图 7-9　超声波传感器测距原理

间为 t，当发射头和接收头之间的距离远小于发射头到障碍物之间的距离时，则有 $L=vt/2$。由此可见，被测距离与传播时间之间具有确定的函数关系，只要能测出传播时间，即可求出被测距离。

【温馨提示】

超声波雷达结构原理视频请扫教学资源 7.4 对应的二维码 ▨ 进行观看。

（3）激光雷达　激光雷达是以发射激光束来探测目标位置的雷达系统，其功能包含：搜索和发现目标；测量其距离、速度、角位置等运动参数；测量目标反射率、散射截面和形状等特征参数。

激光雷达根据扫描机构的不同，有二维和三维两种。它们大部分都是靠旋转的反射镜将激光发射出去并通过测量发射光和从障碍物表面反射光之间的时间差来测距。三维激光雷达的反射镜还附加一定范围内俯仰，以达到面扫描的效果。

二维激光雷达和三维激光雷达在先进驾驶辅助系统上得到了广泛应用。与三维激光雷达相比，二维激光雷达只在一个平面上扫描，结构简单，测距速度快，系统稳定可靠。但二维激光雷达用于地形复杂、路面高低不平的环境时，由于它只能在一个平面上进行单线扫描，故不可避免会出现数据失真和虚报的现象。同时，由于数据量有限，用单个二维激光雷达也无法完成越野环境下的地形重构。

激光雷达以激光作为载波，激光是光波波段电磁辐射，波长比微波和毫米波短得多。激光雷达具有以下特点：

① 全天候工作，不受白天和黑夜的光照条件的限制。

② 激光束发散角小，能量集中，有更好的分辨率和灵敏度，探测精度高。

③ 可以获得幅度、频率和相位等信息，且多普勒频移大，可以探测从低速到高速的目标。

④ 抗干扰能力强，隐蔽性好。激光不受无线电波干扰，能穿透等离子鞘套，低仰角工

作时，对地面的多路径效应不敏感。

⑤ 激光雷达的波长短，可以在分子量级上对目标探测且探测系统的结构尺寸可做得很小。

⑥ 激光雷达具有三维建模功能，能够检测周围360°所有物体。

激光雷达是由发射系统、接收系统、信号采集处理系统、控制系统等组成，其简化结构如图7-10所示。

激光雷达发射系统主要负责向障碍物发出激光信号；接收系统主要负责接收经障碍物反射之后回来的激光信息；信号采集处理系统主要负责将接收回来的信号进行处理，使它能够符合下一级系统的要求，它是激光雷达系统最关键的环节，将直接影响激光雷达系统的测量精度；控制系统

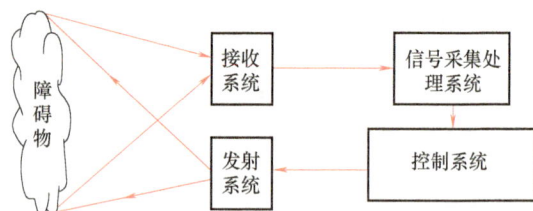

图7-10　激光雷达的简化结构

的主要作用是提供信号并且对接收回来的信号进行数据处理。

激光雷达测距的基本原理是通过测算激光发射信号与激光回波信号的往返时间，从而计算出目标的距离。首先，激光雷达发出激光束，激光束碰到障碍物后被反射回来，被激光接收系统进行接收和处理，从而得知激光从发射至被反射回来并接收之间的时间，即激光的飞行时间，根据飞行时间，可以计算出障碍物的距离。

根据所发射激光信号的不同形式，激光测距方式可分为脉冲激光测距和连续波相位激光测距两大类。目前主要用到的测距方法有脉冲测距法、干涉测距法和相位测距法等。

1）脉冲测距法。用脉冲测距法测量距离时，首先激光器发出一个光脉冲，同时设定的计数器开始计数，当接收系统接收到经过障碍物反射回来的光脉冲时停止计数。计数器所记录的时间就是光脉冲从发射到接收所用的时间。光速是一个固定值，所以只要得到从发射到接收所用的时间就可以算出所要测量的距离，如图7-11所示。

设 c 为光在空气中传播的速度，$c = 3 \times 10^8 \mathrm{m/s}$，光脉冲从发射到接收的时间为 t，则待测距离为 $L = ct/2$。脉冲测距法所测得距离比较远，发射功率较高，一般从几瓦到几十瓦不等，最大射程可达几十千米。脉冲激光测距的关键之一是对激光飞行时间的精确测量。脉冲测距法测量的精度和分辨率与发射信号带宽或处理后的脉冲宽度有关，脉冲越窄，性能越好。

2）干涉测距法。干涉测距法的基本原理是利用光波的干涉特性实现距离的测量。根据干涉原理，产生干涉现象的条件是两列有相同频率、相同振动方向的光相互叠加，并且这两列光的相位差固定。

干涉测距法原理如图7-12所示，激光器发射出一束激光，通过分光镜分为两束相干光波，两束光波各自经过反射镜 M1 和 M2 反射回来，在分光镜处又汇合到一起。由于两束光

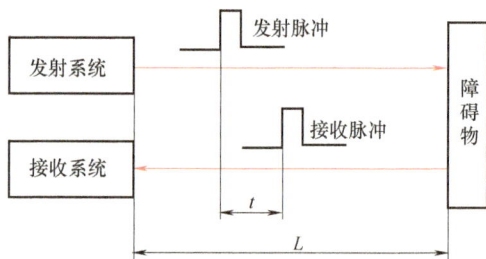

图7-11　脉冲测距法原理示意图

波的路程差不同，通过干涉后形成的明暗条纹也不同，所以传感器将干涉条纹转换为电信号之后，就可以实现测距功能。干涉测距法技术虽然已经很成熟，并且测量精度也很高，但是

一般是用在测量距离的变化中，不能直接用它测量距离，所以干涉测距法一般应用于干涉仪、测振仪、陀螺仪。

3）相位测距法。相位测距法的原理是利用发射波和返回波之间所形成的相位差来测量距离的。首先，经过调制的频率通过发射系统发出一个正弦波的光束，然后，通过接收系统接收经过障碍物之后反射回来的激光。只要求出这两束光波之间的相位差，便可通过此相位差计算出待测距离。

图 7-12　干涉测距法原理示意图

激光从发射到接收的时间为

$$t = \frac{\Delta\varphi}{\omega} = \frac{\Delta\varphi}{2\pi f} \tag{7-1}$$

式中　t——激光从发射到接收的时间；

$\Delta\varphi$——发射波和返回波之间的相位差；

ω——正弦波角频率；

f——正弦波频率。

待测距离为

$$L = \frac{1}{2}ct = \frac{c\Delta\varphi}{4\pi f} \tag{7-2}$$

相位测距法由于其设备精度高、体积小、结构简单、昼夜可用的优点，被公认为是最有发展潜力的距离测量技术。相比于其他类型的测距方法，相位测距法朝着小型化、高稳定性、方便与其他仪器集成的方向发展。

【温馨提示】

激光雷达结构原理视频请扫教学资源 7.5 对应的二维码🔲进行观看。

【温馨提示】

环境感知系统传感器的拆装与检测视频请扫教学资源 7.6 对应的二维码🔲进行观看。

（4）毫米波雷达　毫米波雷达是指工作频率介于微波和光之间，选在 30~300GHz 频域（波长为 1~10mm，即 1mm 波波段）的雷达。

毫米波雷达具有以下优点：

① 优异的探测性能。毫米波波长较短，并且汽车在行驶中的前方目标一般都是金属构成，这会形成很强的电磁反射，其探测不受颜色与温度的影响。

② 快速的响应速度。毫米波的传播速度与光速一样，并且其调制简单，配合高速信号处理系统，可以快速地测量出目标的角度、距离、速度等信息。

③ 对环境适应性强。毫米波具有很强的穿透能力，在雨、雪、大雾等恶劣天气依然可

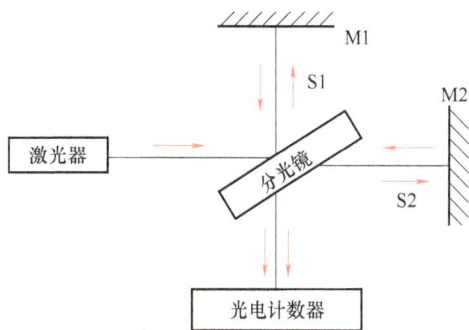

以正常工作，由于其天线属于微波天线，相比于光波天线，它在大雨及轻微上霜的情况下依然可以正常工作。

④ 抗干扰能力强。毫米波雷达一般工作在高频段，而周围的噪声和干扰处于中低频区，基本上不会影响毫米波雷达的正常运行，因此，毫米波雷达具有抗低频干扰特性。

毫米波雷达最主要的缺点是毫米波在空气中传播时会受到空气中的氧分子和水蒸气的影响，这些气体的谐振会对毫米波频率产生选择性吸收和散射，大气传播衰减严重，因此，实际应用中，应找到毫米波在大气中传播时，由气体分子谐振吸收所致衰减为极小值的频率。

车载毫米波雷达根据测量原理的不同，一般分为脉冲方式和调频连续波方式两种。脉冲方式测量原理简单，但由于受技术、元器件等方面的影响，实际应用中很难实现。采用脉冲方式的毫米波雷达需在很短的时间（一般都是微秒的数量级）内发射大功率的信号脉冲，通过脉冲信号控制雷达发射装置发射出高频信号，因此在硬件结构上比较复杂，成本高。除此之外，在高速路上行驶的车辆，其回波信号难免会受到周围树木、建筑物的影响，使回波信号衰减，从而降低接收系统的灵敏度。同时，如果收发采用同一个天线时，在对回波信号进行放大处理之前，应将其与发射信号进行严格的隔离，否则会因为发射信号的窜入，导致回波信号放大器饱和或者损坏。为了避免发射信号窜入接收信号中，需进行隔离技术处理，通常情况下，采用环形器或者使用不同的天线收发以避免发射信号的窜入，但这样就导致硬件结构的复杂性增加，产品成本高。故在车用领域，脉冲测量方式运用较少。

目前，大多数车载毫米波雷达都采用调频连续波方式，其测量原理如图7-13所示。

采用调频连续波方式的毫米波雷达结构简单，体积小，可以同时得到目标的相对距离和相对速度。它的基本原理是当发

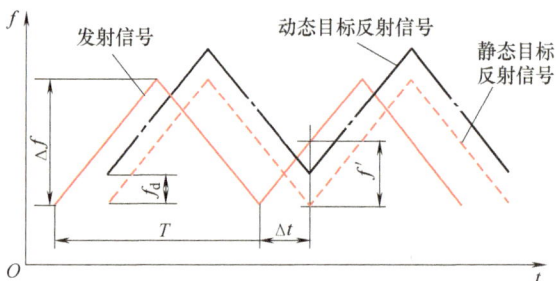

图7-13　毫米波雷达调频连续波方式测量原理

射的连续调频信号遇到前方目标时，会产生与发射信号有一定延时的回波，再通过雷达的混频器进行混频处理，而混频后的结果与目标的相对距离和相对速度有关。毫米波雷达测距和测速的计算公式为

$$s = \frac{c\Delta t}{2} = \frac{cTf'}{4\Delta f} \tag{7-3}$$

$$u = \frac{cf_{\mathrm{d}}}{2f_0} \tag{7-4}$$

式中　s——相对距离；

　　　c——光速；

　　　T——信号发射周期；

　　　f'——发射信号与反射信号的频率差；

　　　Δf——调频带宽；

　　　f_{d}——多普勒频率；

　　　f_0——发射信号的中心频率；

　　　u——相对速度。

（5）微机械陀螺仪　陀螺仪是一种能够敏感载体角度或角速度的惯性器件，在姿态控制和导航定位等领域有着非常重要的作用。陀螺仪正朝着高精度、高可靠性、微型化、多轴测量和多功能测量的方向发展。微机械陀螺仪属于微电子机械范畴，它是利用科里奥利力现象研制而成的。科里奥利力现象是对旋转体系中进行直线运动的质点由于惯性相对于旋转体系产生的直线运动的偏移的一种描述。

科里奥利力来自物体所具有的惯性，在旋转体系中进行直线运动的质点，由于惯性的作用，有沿着原有运动方向继续运动的趋势，但由于体系本身是旋转的，在经历了一段时间的运动之后，体系中质点的位置会有所变化，而它原有运动趋势的方向，如果以旋转体系的视角去观察，就会发生一定程度的偏离。

微机械陀螺仪可以根据制作材料、振动方式、有无驱动结构、检测方式及加工方式等进行分类。

① 按制作材料可将微机械陀螺仪划分为硅陀螺仪和非硅陀螺仪。非硅陀螺仪包括压电陶瓷陀螺仪和压电石英陀螺仪。压电陶瓷陀螺仪不采用微加工工艺，但需要微光刻技术来保证陀螺的几何尺寸，其尺寸大小与微加工陀螺的尺寸大小相当。压电石英陀螺仪精度高，但生产加工工艺复杂，成本高。所以，硅陀螺仪是发展方向，硅材料又分单晶硅材料和多晶硅材料。

② 按振动方式可将微机械陀螺仪划分为角振动陀螺仪和线振动陀螺仪。角振动陀螺仪是围绕一个轴来回振动，线振动陀螺仪是沿一条线来回振动。

③ 按有无驱动结构可将微机械陀螺仪划分为有驱动结构和无驱动结构两种方式。有驱动结构方式又根据不同驱动方式分为静电驱动陀螺仪、电磁驱动陀螺仪和压电驱动陀螺仪。静电驱动陀螺仪是采用在驱动电极上施加变化电压产生变化的静电力作为驱动力；电磁驱动陀螺仪是在电场中，给陀螺内部的质量块施加垂直于电场方向的变化电流产生的力作为驱动力；压电驱动陀螺仪是在陀螺的驱动电极上施加变化的电压，陀螺随之发生形变。无驱动结构方式主要是利用旋转体自身旋转作为动力来源，省略驱动装置，结构简单，成本低，可靠性高，它是专用于旋转体的陀螺。

④ 按检测方式可将微机械陀螺仪划分成压式陀螺仪、压阻式陀螺仪、电容式陀螺仪和光学陀螺仪。

⑤ 按加工方式可以将微机械陀螺仪划分为体加工微机械陀螺仪、表面加工陀螺仪及微电子工艺陀螺仪。体加工工艺和表面加工工艺与微电子工艺兼容，是可以与微电子电路实现单片集成制造的工艺，适合低成本的大批量微型零件和微系统器件的加工制造；但可用的材料种类相对比较少，能加工的零件尺寸范围窄，适合尺度在 $0.1 \sim 100 \mu m$ 范围内的零件加工，能制造的零件形状相对简单。形状复杂的结构和部件则需要用微电子等其他加工工艺来制造。

2. 卫星定位技术

卫星定位是指采用卫星对地面、海洋、空中和空间用户进行定位的技术。目前全球有四大卫星导航系统，分别是美国的全球定位系统（GPS）、我国的北斗卫星导航系统（BDS）、俄罗斯的格洛纳斯（GLONASS）系统和欧洲的伽利略（GALILEO）系统。

（1）全球定位系统（GPS）　全球定位系统是由美国国防部建设的基于卫星的无线电定位导航系统。它能连续为世界各地的陆海空用户提供精确的位置、速度和时间信息，最大优势是覆盖全球，全天候工作，可以为高动态、高精度平台服务，目前得到普遍应用。

GPS 是由导航卫星、地面监控设备和 GPS 用户组成的，如图 7-14 所示。

导航卫星是由分布在 6 个地球椭圆轨道平面上的 21 颗工作卫星和 3 颗在轨备用卫星组成，相邻轨道之间的卫星彼此呈 30°，每个轨道面上有 4 颗卫星，在距离地球 17700km 的高空上进行监测。这些卫星每 12h 环绕地球一圈，在地球上的任何地方、任何时间都可以观测到 4 颗以上的 GPS 卫星，保持定位的精度从而提供连续的全球导航能力。导航卫星的任务是接收和存储来自地面监控设备发送来的导航定位控制指令，微处理器进行数据处理，以原子钟产生基准信号和精确的时间为基准向用户连续发送导航定位信息。卫星信号的编码方式为码分多址（CDMA），根据调制码来区分不同的卫星。

地面监控设备由 1 个主控站、4 个注入站和 6 个监测站组成，它们的任务是实现对导航卫星的控制。监测站跟踪所有可见的 GPS 卫星，并从卫星广播中收集测距信息等，并将收集到的信息发送至主控站。主控站拥有许多以计算机为主体的设备，用于数据收集、计算、传输和诊断等；编制导航定位指令发送到注入站，并调整卫星运行姿态，纠正卫星轨道偏差，进行卫星轨道和时钟校正参数计算，同时还协助、指挥、管理空间卫星和地面监控设备，监控卫星对用户的指令发送。

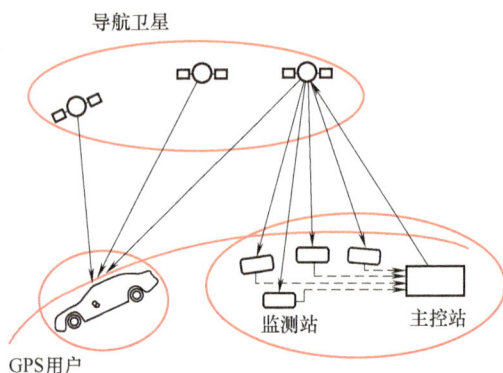

图 7-14　GPS 系统组成

注入站的任务是将主控站送来的导航、定位控制指令通过 S 波段发送至飞过头顶的卫星。

GPS 用户主要由 GPS 接收机和 GPS 数据处理软件组成。GPS 接收机的主要功能是接收、追踪、放大卫星发射的信号，获取定位的观测值，提取导航电文中的广播星历以及卫星时钟改正参数等。GPS 数据处理软件的主要功能是对 GPS 接收机获取的卫星测量记录数据进行预处理，并对处理的结果进行平差计算、坐标旋转和分析综合处理，计算出用户所在位置的三维坐标、速度、方向和精确时刻等。

GPS 可以提供两种类型的服务，即军用服务和民用服务，也称为精密定位服务和标准定位服务。精密定位服务只能由美国授权的军方用户和选定的政府机构用户使用。标准定位服务对于全世界的所有用户均可用，且免收直接费用。

GPS 定位是根据三角测量定位来实现的，并且同时利用相关技术获取观测值。在相关接收中，卫星钟用来控制卫星发射的伪随机信号，本地时钟用来控制用户接收机的伪随机信号，两者之间有比较大的时差。GPS 用户终端可以同时跟踪 4 颗 GPS 卫星，并捕获其信号。这里，将两时钟之间的时差作为未知量，使其和观测点坐标共同组成一个四元方程组，所得的解就是观测点的经纬度坐标和时差，使用这种方法进行定位可以得到较高的定位精度。这个观测值通常被称为伪距观测量。此观测值被称为伪距的原因是：

① 它是以地表和卫星之间的距离为变量的函数。

② 由于大气效应和时钟误差的影响，与实际的距离之间存在偏差。

设地面点 P 到卫星 i 的距离矢量为 $\boldsymbol{S}_i$，地心原点 O 到卫星 i 的距离矢量为 $\boldsymbol{S}_0$，地心原点 O 到地面点 P 的距离矢量为 $\boldsymbol{S}_P$。如果卫星钟和地面钟不存在任何时差，说明此时伪距观测量代表了 P 点与卫星之间的真实距离 S_i，其值为

$$S_i = c(t_i - t_j) - c\tau \tag{7-5}$$

式中　c——光的传播速度；

　　　t_i——地面接收机已同步的观测时刻；

　　　t_j——卫星已同步的发射时刻；

　　　τ——传播途径中的附加时延。

卫星钟和地面钟之间的完全同步只存在理论上的可能性，实际上通常会存在一定的时钟差，所以实际测量的并非真实距离，而是伪距，即

$$\rho_{Pi} = c(t_{Pi} - t_{Pj}) \tag{7-6}$$

式中　ρ_{Pi}——地面点 P 到卫星 i 的伪距；

　　　t_{Pi}——含有时钟差的地面站接收时刻；

　　　t_{Pj}——含有时钟差的卫星发射时刻。

实际上接收时，地面站接收机的接收时刻要与 GPS 时间同步。这样，时钟差为两个微小量 Δt_i 和 Δt_j，即

$$t_{Pi} = t_i + \Delta t_i \tag{7-7}$$

$$t_{Pj} = t_j + \Delta t_j \tag{7-8}$$

$$\rho_{Pi} = c(t_{Pi} - t_{Pj}) + c(\Delta t_i - \Delta t_j) = S_i + c\tau + c(\Delta t_i - \Delta t_j) \tag{7-9}$$

当接收机对卫星信号跟踪锁定后，可以从接收信号中提取，从而得到导航电文和伪距观测量。导航电文一般分为电离层修正数、卫星钟改正数和卫星星历参数三部分。进一步经过对卫星星历参数的统计计算，可求出发射时刻卫星在地心坐标系中的三维坐标值 X_P、Y_P 和 Z_P。关于卫星时钟差的修正，利用卫星钟改正数依据式（7-10）给以适当的调整。

$$\Delta t_j = a_0 + a_1(t - t_0) + a_2(t - t_0)^2 \tag{7-10}$$

$$t = t_{Pj} - \Delta t_j \tag{7-11}$$

式中　t——观测时间；

　　　t_0——卫星钟基准时间。

设 P 点的地心坐标为 X_P、Y_P 和 Z_P，则 P 点至卫星 i 的实际距离为

$$S_i = \sqrt{(X_i - X_P)^2 + (Y_i - Y_P)^2 + (Z_i - Z_P)^2} \tag{7-12}$$

将式（7-12）代入式（7-9）得

$$\rho_{Pi} = \sqrt{(X_i - X_P)^2 + (Y_i - Y_P)^2 + (Z_i - Z_P)^2} + c\tau + c(\Delta t_i - \Delta t_j) \tag{7-13}$$

在式（7-13）中，τ 为大气修正，可参考空间大气模型进行修正。这时，式（7-13）中只有 4 个未知量，X_P、Y_P、Z_P、$\Delta t_i - \Delta t_j$。需要同时观测 4 颗卫星，可以得到式（7-13）的 4 个方程，这些非线性方程可以通过线性化方法或者卡尔曼滤波技术进行求解，得到 P 点的坐标 X_P、Y_P、Z_P。以上即为 GPS 定位的原理分析，通常，由此得到的定位数据还需进一步进行差分运算，减小误差，从而得到更为准确的定位信息。

GPS 卫星导航系统组成与原理视频请扫教学资源7.7 对应的二维码████进行观看。

（2）北斗卫星导航系统（BDS） 北斗卫星导航系统是我国自行研制的全球卫星导航系统，是继美国的 GPS、俄罗斯的 GLONASS 之后第三个成熟的卫星导航定位系统。北斗卫星导航系统致力于向全球用户提供高质量的定位、导航和授时服务，其建设与发展则遵循开放性、自主性、兼容性、渐进性这四项原则。

北斗卫星导航系统由空间段、地面段和用户段三部分组成，如图 7-15 所示。

空间段包括 5 颗静止轨道卫星和 30 颗非静止轨道卫星；地面段包括主控站、注入站和监测站等若干个地面站；用户段由北斗用户终端以及与美国 GPS、俄罗斯的 GLONASS、欧洲的 GALILEO 等其他卫星导航系统兼容的终端组成。

北斗卫星导航系统是基于三球交汇原理进行定位的，以两颗卫星的已知坐标为球心，两球心至用户的距离为半径，可画出两个球面，用户必然位于这两个球面交线的圆弧上。另一个球面是以地心为球心，画出以用户所在位置点至地心的距离为半径的球面，三个球面的交汇点即为用户位置。

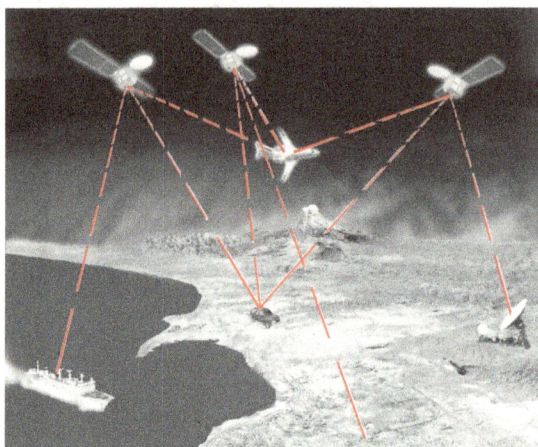

图 7-15 北斗卫星导航系统组成

由上述原理可得，地面中心到双星的两个伪距分别为

$$\rho_1 = 2(R_1 + S_1) = c\Delta t_1 \tag{7-14}$$
$$\rho_2 = 2(R_2 + S_2) = c\Delta t_2 \tag{7-15}$$

式中 ρ_1、ρ_2——第一个和第二个伪距观测量；

S_1、S_2——地面中心至双星距离；

R_1、R_2——用户设备至双星距离；

Δt_1、Δt_2——在地面中心的电文经过两个卫星及用户之间时间偏差。

S_1、S_2 和地面中心站的坐标都是已知的，即 S_1（x_1，y_1，z_1）、S_2（x_2，y_2，z_2）和（x_0，y_0，z_0）。设接收机坐标为（x，y，z），则

$$S_i = \sqrt{(X_i - X_P)^2 + (Y_i - Y_P)^2 + (Z_i - Z_P)^2} \tag{7-16}$$
$$R_i = \sqrt{(X_i - x)^2 + (Y_i - y)^2 + (Z_i - z)^2} \tag{7-17}$$

式中，$i = 1$，2。

将式（7-16）和式（7-17）代入式（7-14）和式（7-15）中，可以求得用户坐标的三个未知量的两个方程。此时需要用到用户所处位置的高程值来解算用户位置。

设该高程值为 H，则

$$H = \sqrt{x^2 + y^2 + z^2} \tag{7-18}$$

北斗卫星导航系统具有以下功能：

① 短报文通信。北斗系统用户终端具有双向报文通信功能，用户可以一次传送 40~60 个汉字的短报文信息。

② 精密授时。北斗系统具有精密授时功能，可向用户提供 20~100ns 时间同步精度。

③ 定位精度。水平精度 100m（1σ），设立标校站之后为 20m（类似差分状态）；工作频率为 2491.75MHz。

④ 最大用户数。每小时 540000 户。

北斗卫星导航系统可在全球范围内全天候、全天时为各类用户提供高精度、高可靠定位、导航、授时服务，并具有短报文通信能力，已经初步具备区域导航、定位和授时能力。

（3）北斗卫星导航系统与 GPS 比较

随着第 55 颗北斗三号发射成功，北斗卫星导航系统的全球组网完成，我国终于成为拥有自己导航系统的国家，从此不再完全依赖于美国的 GPS，在导航系统中拥有了完全的自主产权。我国的北斗卫星导航系统与美国的 GPS 同属于成熟的卫星导航系统，都得到了联合国卫星导航委员会的认证。与 GPS 相比，北斗卫星导航系统主要有以下几点不同：

① 北斗卫星导航系统支持收发短文字信息，而 GPS 只支持接收定位信息。北斗卫星导航系统在全球范围内终端可以一次性发送 40 个汉字，而区域通信能力达到每次 1000 汉字，含图片、视频、文字等，这种双向通信能力，在航空、航海遇险时有大用处。

② 定位精准度。GPS 的民用（免费）的精度是"在 95% 的情况下精度可以达到 7.8m"，一般在全球的指标是在 10m 以内，当然在实际使用中会发现精度大部分在 5~10m。而北斗卫星导航系统的全球实测定位精度均值为 2.34m，测速精度优于 0.2m/s，授时精度优于 20ns，服务可用性优于 99%，在亚太地区性能更优（定位精度将优于 5m）。

③ 北斗卫星导航系统可以实现双向通信，GPS 是单向通信卫星。GPS 系统只能是卫星向终端发送信号，终端是不能向卫星发射信号的，但北斗卫星导航系统卫星能够向终端发送信号，而终端也能够向卫星发送信号。

3. 无线通信技术

无线通信系统主要功能是各种数据和信息的传输，分为短距离无线通信技术和远距离无线通信技术。

（1）短距离无线通信技术

该技术可以为车辆安全系统提供实时响应的保障，并为基于位置信息服务提供有效支持。用于智能网联汽车上的短距离无线通信技术还没有统一标准，处于起步阶段，但短距离无线通信技术在其他领域应用比较广泛，如蓝牙技术、ZigBee 技术、Wi-Fi 技术、UWB 技术、60GHz 技术、IrDA 技术、RFID 技术、NFC 技术、专用短程通信技术等。

1）蓝牙技术。蓝牙（Bluetooth）技术是由爱立信、诺基亚、东芝、IBM 和英特尔五家公司于 1998 年联合宣布共同开发的一种短距离无线通信技术。

蓝牙是一种支持设备之间进行短距离无线通信的技术，它能在包括移动电话、掌上计算机、无线耳机、便携式计算机、智能汽车、相关外设等众多设备之间进行无线信息交互。利用蓝牙技术能够有效地简化移动通信终端设备之间的通信，也能够简化设备与因特网（Internet）之间的通信，使数据传输变得更加迅速高效，为无线通信拓宽道路。蓝牙采用分散式网络结构以及快跳频和短包技术，支持点对点及点对多点通信，工作在全球通用的 2.4GHz ISM（即工业、科学、医学）频段，采用时分双工传输方案实现全双工传输。

蓝牙系统一般由无线单元、链路控制（固件）单元、链路管理（软件）单元和软件（协议栈）单元四个功能单元组成，如图 7-16 所示。

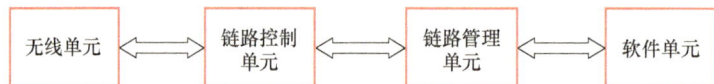

图 7-16 蓝牙系统的组成

无线单元要求体积小、重量轻。蓝牙系统的无线发射功率符合 FCC（美国联邦通信委员会）关于 ISM 波段的要求。由于采用扩频技术，发射功率可增加到 100MW。系统的最大跳频为 1600 跳/s，在 2.4~2.48GHz，采用 79 个 1MHz 带宽的频点。系统的设计通信距离为 0.1~10m，如果增加发射功率，距离可以达到 100m。

链路控制（固件）单元在蓝牙中使用了 3 个 IC 分别作为链路控制器、基带处理器以及射频传输/接收器，此外还使用了 3~5 个单独调谐元件。链路控制器负责处理基带协议和其他的底层连接规程，支持同步面向连接（SCO）和异步无连接（ACL）两种方式。

链路管理（软件）单元携带了链路的数据设备、鉴权、链路硬件配置和其他一些协议。链路管理（软件）单元可以发现其他远端链路管理并通过链路管理协议与之通信。链路管理（软件）单元提供的服务主要有发送和接收数据、请求名称、地址查询、鉴权、建立连接、链路模式协商和建立以及决定帧的类型等。

软件（协议栈）单元是一个独立的操作系统，不与任何操作系统捆绑，它必须符合已经制定好的蓝牙规范。链路协议分为 4 层——核心协议层、电缆替代层、电话控制协议层和采纳的其他协议层。软件（协议栈）单元主要实现的功能有配置及诊断、蓝牙设备的发现、电缆仿真、与外围设备的通信、音频通信及呼叫控制等。

在蓝牙协议栈中，还有一个主机控制接口（HCI）和音频（Audio）接口。HCI 是到基带控制器、链路管理器以及访问硬件状态和控制寄存器的命令接口。利用音频接口，可以在一个或多个蓝牙设备之间传递音频数据，该接口与基带直接相连。

蓝牙技术具有以下特点：

① 全球范围适用。蓝牙工作在 2.4GHz 的 ISM 频段，全球大多数国家 ISM 频段的范围是 2.4~2.4835GHz，使用该频段无须向各国的无线电资源管理部门申请许可证，便可直接使用。

② 通信距离为 0.1~10m，发射功率 100MW 时可以达到 100m。

③ 同时可传输语音和数据。蓝牙采用电路交换和分组交换技术，支持异步数据信道、三路语音信道以及异步数据与同步语音同时传输的信道。蓝牙有两种链路类型，异步无连接（ACL）链路和同步面向连接（SCO）链路。

④ 可以建立临时性的对等连接。根据蓝牙设备在网络中的角色，可分为主设备和从设备。主设备是组网连接主动发起连接请求的蓝牙设备，几个蓝牙设备连接成一个皮网时，其中只有一个主设备，其余都是从设备。皮网是蓝牙最基本的一种网络形式，最简单的皮网是一个主设备和一个从设备组成的点对点的通信连接。

⑤ 抗干扰能力强。工作在 ISM 频段的无线电设备有很多种，为了很好地抵抗来自这些设备的干扰，蓝牙采用了跳频方式来扩展频谱。蓝牙设备在某个频点率改变 1600 次，每个频率持续 625μs。

⑥ 蓝牙模块体积很小，便于集成。

⑦ 功耗低。蓝牙设备在通信连接状态下，有四种工作模式——激活模式、呼吸模式、保持模式和休眠模式。激活模式是正常的工作状态，另外三种模式是为了节能所规定的低功耗模式。

⑧ 接口标准开放。蓝牙技术联盟（SIG）为了推广蓝牙技术的应用，将蓝牙的技术标准全部公开，全世界范围内的任何单位和个人都可以进行蓝牙产品的开发，只要最终通过 SIG 的蓝牙产品兼容性测试，就可以推向市场。

⑨ 成本低。随着市场需求的扩大，各个供应商纷纷推出自己的蓝牙芯片和模块，蓝牙产品价格逐渐下降。

2）ZigBee 技术。ZigBee 技术是以 IEEE 802.15.4 标准为基础发展起来的短距离无线通信技术。2000 年 12 月成立工作小组起草 IEEE 802.15.4 标准，为了促进 ZigBee 技术的发展，2001 年 8 月成立 ZigBee 联盟，目前该联盟已经有 400 多家成员，研发和推广 ZigBee 无线通信技术。

ZigBee 技术是一种短距离双向无线通信技术，主要用于距离短、功耗低且传输速率不高的各种电子设备之间进行数据传输以及典型的有周期性数据、间歇性数据和低反应时间数据传输的应用。

ZigBee 技术是一种低速短距离传输的无线网络协议。ZigBee 协议从下到上分别为物理层（PHY）、媒体访问控制层（MAC）、传输层（TL）、网络层（NWK）、应用层（APL）等。其中物理层和媒体访问控制层遵循 IEEE 802.15.4。

ZigBee 是一种无线连接技术，可工作在 2.4GHz（全球流行）、868MHz（欧洲流行）和 915 MHz（美国流行）3 个频段上，分别具有最高 250kbit/s、20kbit/s 和 40kbit/s 的传输速率；不同频段可使用的信道分别为 16 个、1 个和 10 个，它的传输距离一般在 10～100m 的范围内。

ZigBee 支持三种网络拓扑结构，即星形网、对等网和混合网，如图 7-17 所示。

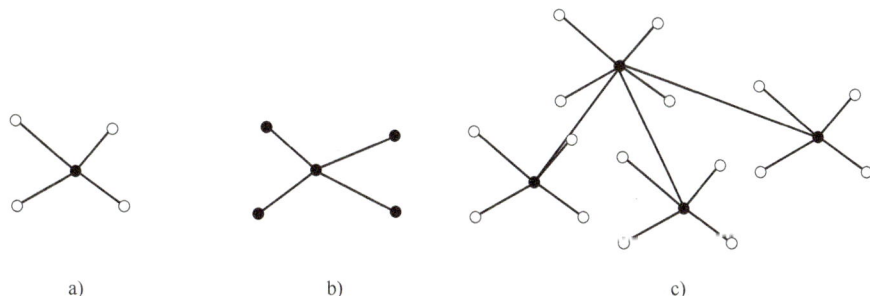

图 7-17 ZigBee 网络拓扑结构
a）星形网 b）对等网 c）混合网

在 ZigBee 网络中存在三种逻辑设备类型：协调器、路由器和终端设备。ZigBee 网络由一个协调器以及多个路由器和多个终端设备组成，如图 7-18 所示。

协调器的主要功能是整个网络的初始配置和启动。协调器首先需要选择一个信道和一个网络ID（也称PANID），然后再开始启动整个网络。协调器也可以协助在网络安全和应用层的工作。一旦这些都完成后，它的角色就转化成一个路由器。

路由器的功能主要是允许终端设备以节点的身份加入网络，实现多跳路由和协助终端设备的通信。

终端设备没有特定的维持网络结构的责任，它可以睡眠或者唤醒，因此它可以是一个电池供电设备。通常，终端设备对存储空间的需求比较小。

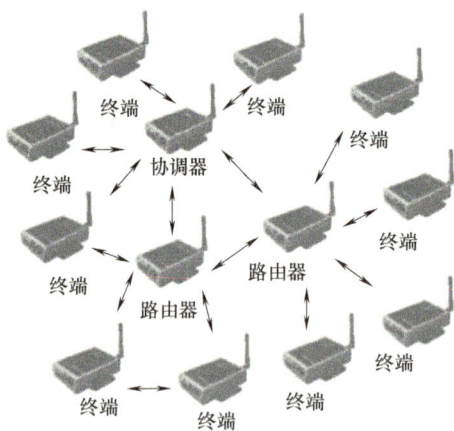

图7-18　ZigBee网络示意图

ZigBee技术具有以下特点：

① 低功耗。由于ZigBee的传输速率低，发射功率仅为1MW，而且采用了休眠模式，功耗低，因此，ZigBee设备非常省电。

② 低成本。通过大幅度简化协议，降低了对通信控制器的要求，而且ZigBee免协议专利费。

③ 低速率。ZigBee工作速率为20~250kbit/s，分别提供250kbit/s（2.4GHz）、40kbit/s（915MHz）和20kbit/s（868MHz）的原始数据吞吐率，满足低速率传输数据的应用需求。

④ 短距离。传输范围一般为10~100m，在增加发射功率后，也可增加到1~3km，这指的是相邻节点间的距离。如果通过路由和节点间通信的接力，传输距离可以更远。

⑤ 短时延。ZigBee的响应速度较快，一般休眠激活的时延只需15ms，节点接入网络只需30ms，活动设备信道接入只需15ms，进一步节省了电能。相比较，蓝牙需要3~10s，Wi-Fi需要3s。

⑥ 高容量。ZigBee可采用星形、对等和混合网络结构，由一个主节点管理若干子节点，一个主节点最多可管理254个子节点；同时主节点还可由上一层网络节点管理，最多可组成65000个节点的大网；一个区域内可以同时存在最多100个ZigBee网络，而且网络组成灵活。

⑦ 高安全性。ZigBee提供了三级安全模式，包括无安全设定、使用访问控制清单防止非法获取数据以及采用高级加密标准（AES 128）的对称密码，以灵活确定其安全属性。

⑧ 高可靠性。采取了碰撞避免策略，同时为需要固定带宽的通信业务预留了专用时隙，避开了发送数据的竞争和冲突。媒体访问控制层采用了完全确认的数据传输模式，每个发送的数据包都必须等待接收方的确认信息。如果传输过程中出现问题，可以进行重发。

⑨ 免执照。频段使用工业科学医疗（ISM）频段、915MHz（美国）、868MHz（欧洲）、2.4GHz（全球）。

（2）远距离无线通信技术　用于提供即时的互联网接入，主要有移动通信技术、微波通信技术、卫星通信技术等，在智能网联汽车上的应用主要是4G/5G技术。

1）5G技术简介。第五代移动通信技术（5th Generation Mobile Communication Technology，5G）是具有高速率、低时延和大连接特点的新一代宽带移动通信技术，5G通信设施是实现人机物互联的网络基础设施。

国际电信联盟（ITU）定义了5G的三大类应用场景，即增强移动宽带（eMBB）、超高可靠低时延通信（uRLLC）和海量机器类通信（mMTC）。增强移动宽带主要面向移动互联网流量爆炸式增长，为移动互联网用户提供更加极致的应用体验；超高可靠低时延通信主要面向工业控制、远程医疗、自动驾驶等对时延和可靠性具有极高要求的垂直行业应用需求；海量机器类通信主要面向智慧城市、智能家居、环境监测等以传感和数据采集为目标的应用需求。

为满足5G多样化的应用场景需求，5G的关键性能指标更加多元化。ITU定义了5G八大关键性能指标，其中高速率、低时延、大连接成为5G最突出的特征，用户体验速率达1Gbit/s，时延低至1ms，用户连接能力达100万连接/km^2。

2）5G技术性能指标如下：

① 峰值速率需要达到10~20Gbit/s，以满足高清视频、虚拟现实等大数据量传输。

② 空中接口时延低至1ms，满足自动驾驶、远程医疗等实时应用。

③ 具备百万连接/km^{2}的设备连接能力，满足物联网通信需求。

④ 频谱效率要比LTE提升3倍以上。

⑤ 连续广域覆盖和高移动性下，用户体验速率达到100Mbit/s。

⑥ 流量密度达到10Mbit/(s·m^2)以上。

⑦ 支持500km/h的高速移动。

3）5G技术在工业领域、车联网与自动驾驶、医疗领域、能源领域、教育领域、文旅领域、智慧城市领域、信息消费领域以及金融领域等均有应用。

① 工业领域。以5G为代表的新一代信息通信技术与工业经济深度融合，为工业乃至产业数字化、网络化、智能化发展提供了新的实现途径。5G在工业领域的应用涵盖研发设计、生产制造、运营管理及产品服务4个大的工业环节，主要包括16类应用场景，分别为：AR/VR研发实验协同、AR/VR远程协同设计、远程控制、AR辅助装配、机器视觉、AGV物流、自动驾驶、超高清视频、设备感知、物料信息采集、环境信息采集、AR产品需求导入、远程售后、产品状态监测、设备预测性维护、AR/VR远程培训。当前，机器视觉、AGV物流、超高清视频等场景已取得了规模化复制的效果，实现"机器换人"，大幅度降低人工成本，有效提高产品检测准确率，达到了提升生产率的目的。未来，远程控制、设备预测性维护等场景预计将会产生较高的商业价值。

5G在工业领域丰富的融合应用场景将为工业体系变革带来极大潜力，能使工业智能化、绿色化发展。"5G+工业互联网"512工程实施以来，行业应用水平不断提升，从生产外围环节逐步延伸至研发设计、生产制造、质量检测、故障运维、物流运输、安全管理等核心环节，在电子设备制造、装备制造、钢铁、采矿、电力等行业率先发展，培育形成协同研发设计、远程设备操控、设备协同作业、柔性生产制造、现场辅助装配、机器视觉质检、设备故障诊断、厂区智能物流、无人智能巡检、生产现场监测10大典型应用场景，助力企业降本提质和安全生产。

② 车联网与自动驾驶。5G车联网助力汽车、交通应用服务的智能化升级。5G网络的

大带宽、低时延等特性，支持实现车载 VR 视频通话、实景导航等实时业务。借助于车联网 C-V2X（包含直连通信和 5G 网络通信）的低时延、高可靠和广播传输特性，车辆可实时对外广播自身定位、运行状态等基本安全消息，交通灯或电子标志标识等可广播交通管理与指示信息，支持实现路口碰撞预警、红绿灯诱导通行等应用，显著提升车辆行驶安全和出行效率，后续还将支持实现更高等级、复杂场景的自动驾驶服务，如远程遥控驾驶、车辆编队行驶等。5G 网络可支持港口岸桥区的自动远程控制、装卸区的自动码货以及港区的车辆无人驾驶应用，显著降低自动导引运输车控制信号的时延以保障无线通信质量与作业可靠性，可使智能理货数据传输系统实现全天候全流程的实时在线监控。

③ 医疗领域。5G 通过赋能现有智慧医疗服务体系，提升远程医疗、应急救护等服务能力和管理效率，并催生 5G+远程超声检查、重症监护等新型应用场景。

5G+超高清远程会诊、远程影像诊断、移动医护等应用，在现有智慧医疗服务体系上，叠加 5G 网络能力，极大提升远程会诊、医学影像、电子病历等数据传输速度和服务保障能力。在抗击新冠肺炎疫情期间，解放军总医院联合相关单位快速搭建 5G 远程医疗系统，提供远程超高清视频多学科会诊、远程阅片、床旁远程会诊、远程查房等应用，支援新冠肺炎危重症患者救治，有效缓解抗疫一线医疗资源紧缺问题。

5G+应急救护等应用，在急救人员、救护车、应急指挥中心、医院之间快速构建 5G 应急救援网络，在救护车接到患者的第一时间，将病患体征数据、病情图像、急症病情记录等以毫秒级速度、无损实时传输到医院，帮助院内医生做出正确指导并提前制定抢救方案，实现患者"上车即入院"的愿景。

5G+远程手术、重症监护等治疗类应用，由于其容错率极低，并涉及医疗质量、患者安全、社会伦理等复杂问题，其技术应用的安全性、可靠性需进一步研究和验证，预计短期内难以在医疗领域实际应用。

知识点 2　智能决策层

智能决策层的主要功能是接收环境感知层的信息并进行融合，对道路、车辆、行人、交通标志和交通信号等进行识别，决策分析和判断车辆驾驶模式和将要执行的操作，并向控制和执行层输送指令。智能决策层主要由环境预测模块、行为决策模块、动作规划模块及路径规划模块组成。

1. 环境预测模块

环境预测模块作为决策规划控制模块的直接数据上游之一，其主要作用是对感知层所识别到的物体进行行为预测，并且将预测的结果转化为时间空间维度的轨迹传递给后续模块。通常感知层所输出的物体信息包括位置、速度、方向等物理属性。

2. 行为决策模块

行为决策模块在整个自动驾驶决策规划控制软件系统中扮演着"副驾驶"的角色。这个层面汇集了所有重要的车辆周边信息，不仅包括自动驾驶汽车本身的实时位置、速度、方向，还包括车辆周边一定距离以内所有的相关障碍物信息以及预测的轨迹。行为决策层需要解决的问题，就是在知晓这些信息的基础上，决定自动驾驶汽车的行驶策略。

3. 动作规划模块

自动驾驶汽车规划模块包括动作规划和路径规划两部分。动作规划模块主要是对短期甚至是瞬时的动作进行规划，例如转弯、避障、超车等动作；而路径规划模块是对较长时间内车辆行驶路径的规划，例如从出发地到目的地之间的路线设计或选择。

4. 路径规划模块

路径规划技术是智能网联汽车研究领域中的一个重要分支。智能网联汽车路径规划示意图如图 7-19 所示。所谓智能网联汽车的最优路径规划问题，可以理解为依据某个或某些优化准则（如工作代价最小、行驶路线最短、行驶时间最短等），在其工作空间中找到一条从起始状态到目标状态的能避开障碍物的最优路径。路径规划主要包含两个步骤：一是建立包含障碍区域与自由区域的环境地图；二是在环境地图中选择合适的路径搜索算法，快速实时地搜索可行驶路径。路

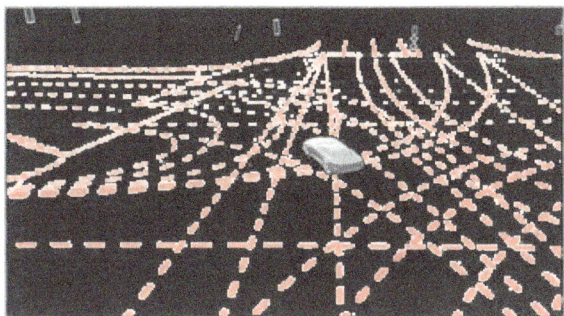

图 7-19　智能网联汽车路径规划示意图

径规划结果对车辆行驶起着导航作用，它引导车辆从当前位置行驶至目标位置，并且依据某种最优准则，在工作空间中能够寻找到一条可以避开障碍物的最优路径。

按照路径规划技术路线进行分类有以下三种：

① 静态结构化环境下的路径规划。例如，图已绘制完成，在已有的图上进行路径规划，即已知地图进行全局规划。

② 动态已知环境下的路径规划。例如，地图已知，但是地图中有一些可以移动的障碍物，这些障碍物在一定时间内的信息是未知的。

③ 动态不确定环境下的路径规划。环境是未知的，要求车辆生成一条路径，然后主动去探索环境。

知识点3　控制和执行层

控制和执行层的主要功能是按照智能决策层的指令，对车辆进行操作和协同控制，并为联网汽车提供道路交通信息、安全信息、娱乐信息、救援信息以及商务办公、网上消费等，保障汽车安全行驶和舒适驾驶。

智能网联汽车的控制系统分为纵向控制和横向控制。纵向控制包括对加速和制动的控制，以及对加速和制动控制的切换规则。在横向控制过程中，通常需要考虑车辆纵向速度、道路曲率以及未知干扰等诸多因素的影响。首先，考虑车辆的纵向速度对横向控制的影响，通过航向预估解决智能网联汽车在纵向速度发生变化时横向稳定性较差的问题，提高智能网联汽车对纵向速度的自适应能力。其次，考虑已知道路曲率和未知环境干扰时的横向控制，通过滑模变结构控制理论建立自动转向控制系统，采用前馈控制解决道路曲率对横向控制的影响，进一步添加反馈控制解决横向控制过程中由于未知干扰造成的航向偏差。最后，需要考虑环境信息与车辆约束的智能网联汽车路径跟踪。

（1）**线控节气门控制系统**　它是智能网联汽车最基本的控制系统，是实现智能网联汽车稳定、安全行驶最重要的部分，是反映智能网联汽车自动化及安全系数的关键技术之一。技术完善的智能网联汽车应具备以下功能：在面对复杂、未知的道路环境时，汽车在没有驾驶人的操作下，通过自身装载的雷达和各种传感器采集道路路况与四周环境等各方面的信息，在电控单元（ECU）的控制下能够平稳、安全地行驶，并到达所期望的目的地。正是有了节气门控制系统，智能网联汽车在行驶过程中才能随着周围路况与环境的变化，控制汽车节气门开度，调整汽车车速，保证汽车稳定、安全地行驶至目的地。

一般而言，增减节气门就是指通过加速踏板改变节气门的开度，从而控制可燃混合气的流量，改变发动机的转速和功率，以适应汽车行驶的需要。传统发动机节气门的操纵机构是通过拉索或者拉杆，一端连接加速踏板，另一端连接节气门连动板进行工作的。但这种传统节气门的应用范畴受到限制并缺乏精确性。电子节气门控制系统经过多年的发展，已经不是最初的电动机控制节气门，而逐渐发展成为根据加速踏板的位置，由 ECU 来决定节气门的开度以及喷油量、喷油时间间隔，早已实现了电子线控化，也就是线控节气门。线控节气门的主要功能是把驾驶人踩下加速踏板的角度转换成与其成正比的电压信号，同时把加速踏板的各种特殊位置制成接触开关，把怠速、高负荷、加减速等发动机工况变成电脉冲信号输送给 ECU，以达到供油、喷油与变速等的优化自动控制。

线控节气门控制系统主要由加速踏板、踏板位移传感器、ECU、数据总线、电动机和节气门执行机构组成。

如图 7-20 所示，位移传感器安装在加速踏板内部，随时监测加速踏板的位置。当监测到加速踏板高度位置有变化时，会瞬间将此信息送往 ECU，ECU 对该信息和其他系统传来的数据信息进行运算处理，计算出一个控制信号，通过线路送到电动机继电器，电动机驱动节气门执行机构，数据总线负责系统 ECU 与其他 ECU 之间的通信。在自适应巡航中，改由 ESP（ESC）中的 ECU 来控制电动机，进而控制进气门的开度，最终控制车速。

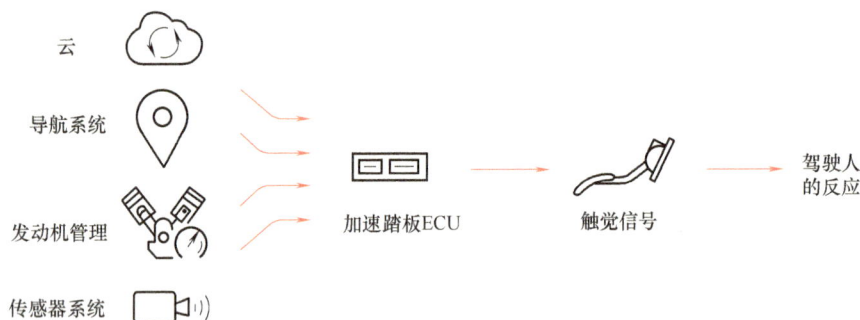

图 7-20　智能电子加速踏板

【温馨提示】

线控节气门控制系统结构原理视频请扫教学资源 7.8 对应的二维码进行观看。

（2）**线控转向系统**　汽车线控转向（Steering-by-Wire，SBW）系统由转向盘总成、转

向执行总成和主控制器（ECU）三个主要部分以及自动防故障系统、电源等辅助系统组成，如图 7-21 所示。

线控转向技术由于取消了转向盘与转向轮之间的机械连接，即转向盘与转向轮之间通过控制信号连接，彻底摆脱了传统转向系统所固有的约束限制，不但可以自由设计汽车转向系统的力传递特性和角传递特性，而且改变了转向盘的路感反馈特性，可以提高汽车的操纵稳定性、安全性和舒适性，给汽车转向特性带来无限的设计空间，是汽车转向系统的一次重大革新。

线控转向已经得到实际应用，目前的电子助力转向（EPS）非常接近线控转向。如图 7-22 所示，EPS 与线控转向之间的主要差异就是线控转向取消了转向盘与车轮之间的机械连接，用传感器获得转向盘的转角数据，然后由 ECU 将其折算为具体的驱动力数据，用电动机推动转向器转动车轮。而 EPS 则根据驾驶人的转角来增加转向力。线控转向的缺点是需要模拟转向盘的力回馈，因为转向盘没有和机械部分连接，驾驶人感觉不到路面传来的阻力，会失去路感，不过在智能网联汽车上无须考虑这个。线控转向还保留机械装置，保证即使电子系统全部失效，依然可以正常转向。

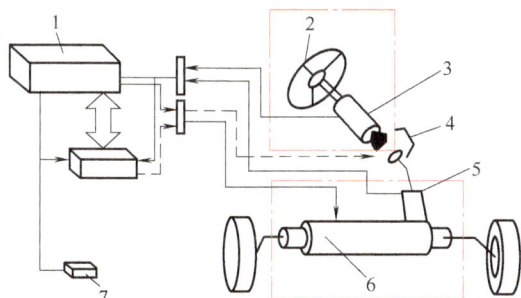

图 7-21　线控转向系统组成示意图
1—主控制器（ECU）　2—转向盘总成　3—转向回正
力矩电动机　4—故障离合器　5—转向器
6—转向执行机构　7—传感器

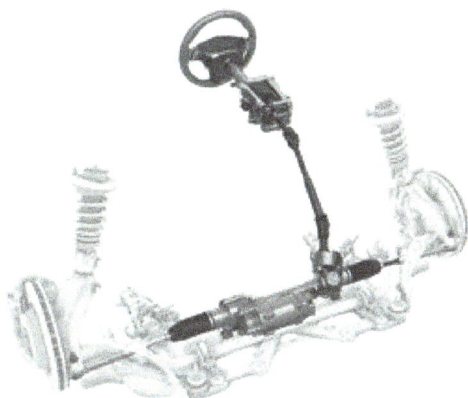

图 7-22　EPS 系统组成

【温馨提示】

线控转向系统结构原理视频请扫教学资源 7.9 对应的二维码▣进行观看。

（3）线控换档系统　线控换档系统由换档选择模块、换档电控单元、换档执行模块、停车控制 ECU、停车执行机构和档位指示灯等组成。在该系统中，驾驶人通过操纵杆的传感器将换档信号传递给电控单元，电控单元处理信号后将指令发给换档电机，实现前进档、倒档和空档的切换。其停车控制 ECU 会根据换档电控单元发出的换档指令，控制停车执行机构。

线控换档系统的优点如下：

1）线控换档消除了传统机械部件与变速器联动的约束，从而提升了设计自由度。

2）换档齿轮的切换由电机驱动，减少了操纵力。

3）结构简化，换档响应快，操控灵敏。驻车时，只需轻触驻车开关就可实现驻车换档。

4）提高燃油经济性，可节油5%左右。

5）减少维护费用。

线控换档是一种不需要借助其他任何机械结构，仅通过电信号控制传动的机构。同其他线控技术一样，线控换档需要通过CAN总线实现与整车的通信，通过LIN线实现背光灯随档增亮、面板按键等各种功能。

线控换档看似简单，实则是一个复杂的电子机械系统。图7-23所示为线控换档的通信原理图。

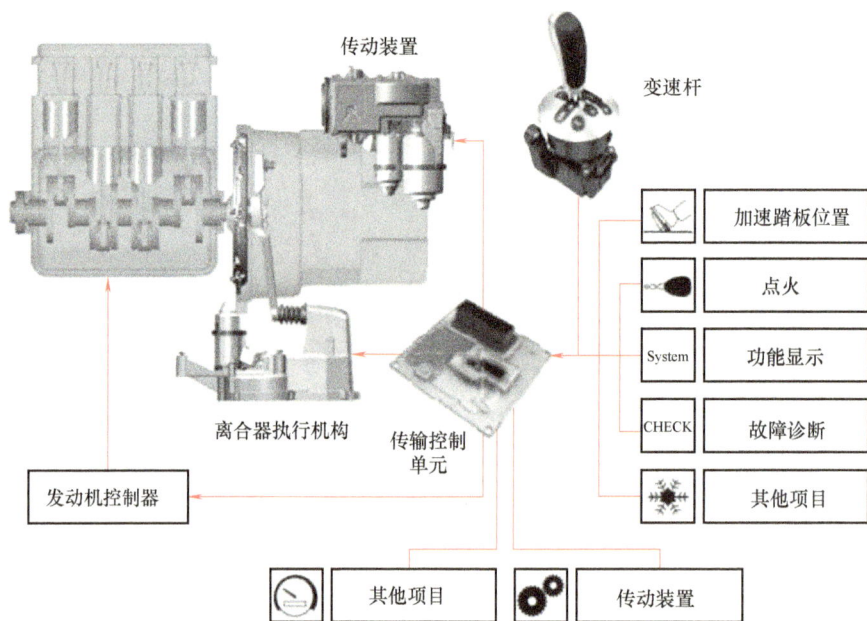

图7-23　线控换档通信原理图

线控换档主要由变速杆和传感器控制单元组成。当驾驶人挂入某一个档位时，传感器就会将档位请求信号传送到变速器控制单元（TCU），同时，TCU会根据汽车上其他各种信号（比如发动机转速、车速、节气门开度，以及安全带、车门开关信号等）进行分析，根据通信协议进行判断是否执行换档请求。

如果确认没有任何问题，TCU会发出指令，给变速器中相应的电磁阀通电或断电，来控制各种液压控制阀的通断，从而实现档位的切换，并将策略档位发送给仪表显示当前档位。同时，传感器从CAN总线上接收TCU发出的反馈档位信号，再通过LIN线点亮副仪表板上的档位指示灯。

如果被分析到有错误操作的存在，比如高速行驶中突然向前挂R档，会被TCU认为是错误信号，这种情况下TCU就不会给变速器发操作指令。

【温馨提示】

线控换档系统结构原理视频请扫教学资源 7.10 对应的二维码进行观看。

（4）线控制动系统 线控制动系统由制动踏板模块、车轮及制动执行机构、传感器和电控单元等组成。驾驶人进行制动操作时，踏板行程传感器探测驾驶人的制动意图，把这一信息传递给电控单元，电控单元汇集轮速传感器、转向角传感器等各种信息，根据车辆行驶状态计算出每个车轮的最大制动力，再发指令给制动执行器对各个车轮实施制动。同时，控制系统也接收其他电控系统（ABS、ESP、ACC 等）传感器的信号，从而保证最佳的减速制动和车辆的行驶稳定性。

线控制动系统的优点如下：

1）制动响应时间短，提高制动性能的同时，可优化 ABS 和 ESP 功能。

2）结构简单，系统装配、测试快捷。采用模块化结构，减少机械制动部件，更利于车厢布置，提升了被动安全性。

3）增加汽车堵车辅助制动和起步辅助功能。堵车时，驾驶人只需控制节气门踏板，系统就会自动施加一定的制动力以减速停车。当车辆在斜坡上起动时，迅速踩踏一下制动踏板，松开驻车制动，车辆就会平稳起步。

线控制动将原有的制动踏板用一个模拟发生器替代，用以接收驾驶人的制动意图，产生、传递制动信号给控制和执行机构，并根据一定的算法模拟反馈给驾驶人。显而易见，它需要非常安全可靠的结构，用以正常地工作。其基本工作原理如图 7-24 所示。

线控制动系统分为电子机械制动系统（EMB）及电控液压制动系统（EHB），其在传力路径上大有不同，其工作原理也不相同。

1）电子机械制动系统。EMB 与常规的液压制动系统截然不同，EMB 以电能为能量来源，通过电机驱动制动垫块，由电线传递能量，数据线传递信号。整个系统中没有连接制动管路，结构简单，体积小，信号通过电传播，反应灵敏，减小制动距离，工作稳定，维护简单，没有液压油管路，不存在液压油泄漏问题，通过 ECU 直接控制，易于实现 ABS、TCS、ESP、ACC 等功能。

图 7-24 线控制动系统原理图

如图 7-25 所示，踏板信号及车辆信号首先传导到 ECU，决策后再向四个车轮制动模块发出制动指令。车轮制动模块上的电机驱动制动摩擦材料块，然后实现摩擦制动。每一个车轮都有一个制动模块，可以分别单独控制，每个模块的驱动电机也都有单独的电机控制器。四个模块共同作用下，实现制动力分配、制动稳定性控制等功能。

2）电控液压制动系统。EHB 没有真空助力器，结构更简单紧凑；电动驱动，响应也更加迅速；方便实现四轮制动分别控制；容易集成 ABS、TCS 及 ESC 等辅助功能，兼容性强；

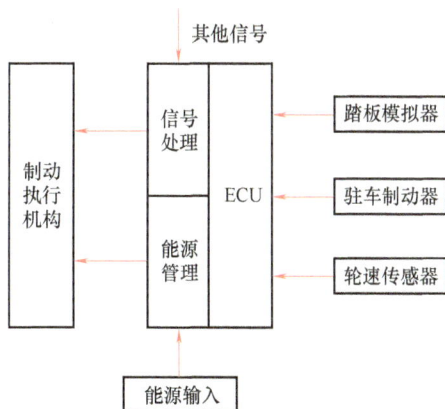

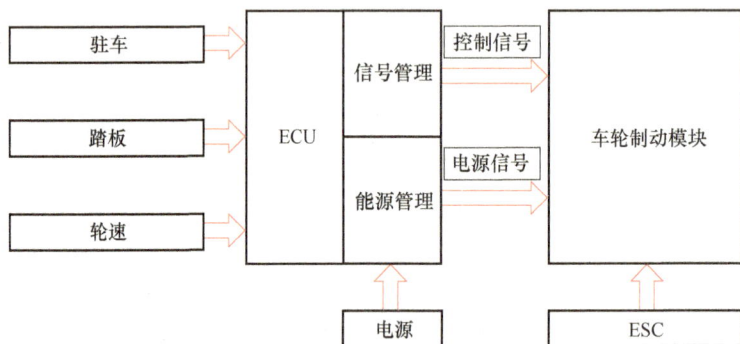

图 7-25　电子机械制动系统原理图

踏板解耦，能够主动制动以及能量回收。EHB 系统仍保留了传统的液压管路部分，是电子和液压相结合的产物。其工作过程如下：

① 驾驶人踩下制动踏板，输入机械力。

② E-Booster 通过电机对驾驶人的输入进行助力。

③ 制动主缸将驾驶人的输入力和 E-Booster 的助力转化成制动系统液压。

④ 主缸液压通过制动硬管和软管传递至每一个车轮的制动卡钳轮缸。

⑤ 液压推动轮缸的活塞，产生压力，将摩擦片压紧到旋转的制动盘上。

⑥ 摩擦片在垂直压力的作用下，产生摩擦力和制动力矩，对整车进行制动。

⑦ 典型带有 E-Booster 的 EHB 系统如图 7-26 所示。踏板位移和踏板力经电子传感器传导给电子 ECU，然后经过不同的助力形式，如电动液压泵高压蓄能器或者直流电机等推动建立起液压，液压再分配给四个制动轮缸。

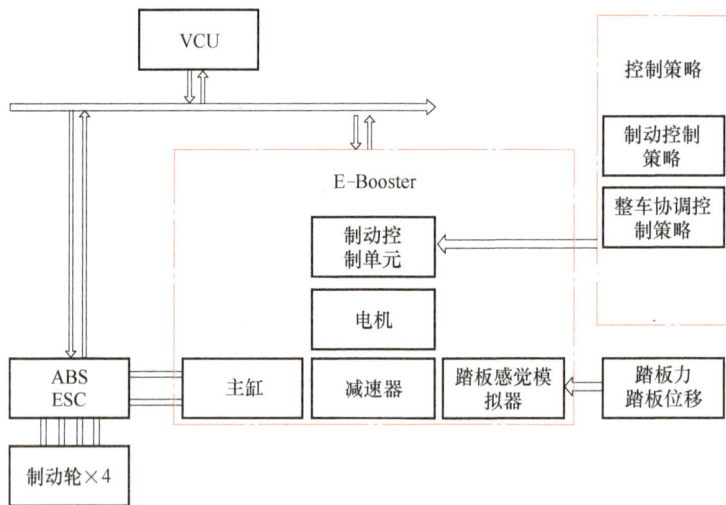

图 7-26　电控液压制动系统原理图

【温馨提示】

　　线控制动系统结构原理视频请扫教学资源 7.11 对应的二维码 进行观看。

7.4　智能网联汽车关键技术

智能网联汽车关键技术包含环境感知技术、无线通信技术、智能互联技术、车载网络技术、先进驾驶辅助技术、信息融合技术、信息安全与隐私保护技术、人机界面（HMI）技术等。

1. 环境感知技术

环境感知技术包括车辆本身状态感知、道路感知、行人感知、交通信号感知、交通标识感知、交通状况感知、周围车辆感知等，如图7-27所示。

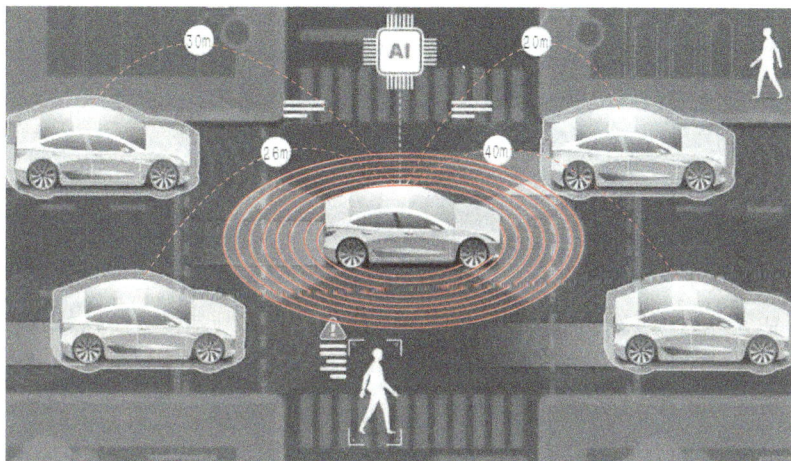

图7-27　车辆环境感知

其中车辆本身状态感知包括行驶速度、行驶方向、行驶状态、车辆位置等。道路感知包括道路类型检测、道路标线识别、道路状况判断、是否偏离行驶轨迹等。行人感知主要判断车辆行驶前方是否有行人，包括白天行人识别、夜晚行人识别、被障碍物遮挡的行人识别等。交通信号感知主要是自动识别交叉路口的信号灯、如何高效通过交叉路口等。交通标识感知主要是识别道路两侧的各种交通标志，如限速、弯道等，及时提醒驾驶人注意。交通状况感知主要是检测道路交通拥堵情况、是否发生交通事故等，以便车辆选择通畅的路线行驶。周围车辆感知主要检测车辆前方、后方、侧方的车辆情况，避免发生碰撞，也包括交叉路口被障碍物遮挡的车辆。在复杂的路况交通环境下，单一传感器无法完成环境感知的全部，必须整合各种类型的传感器，利用传感器融合技术，使其为智能网联汽车提供更加真实可靠的路况环境信息。

2. 无线通信技术

长距离无线通信技术用于提供即时的互联网接入，主要采用4G/5G技术，特别是5G技术，有望成为车载长距离无线通信专用技术。短距离通信技术有专用短程通信技术（DSRC）、蓝牙、Wi-Fi等，其中DSRC重要性高且亟须发展，它可以实现在特定区域内对高速运动下移动目标的识别和双向通信，例如V2V、V2I双向通信，实时传输图像、语音和数据信息等。

3. 智能互联技术

当两辆车距离较远或被障碍物遮挡，直接通信无法完成时，两者之间的通信可以通过路侧单元进行信息传递，构成一个无中心、完全自组织的车载自组织网络。车载自组织网络依靠短距离通信技术实现 V2V 和 V2I 之间的通信，使得在一定通信范围内的车辆可以相互交换各自的车速、位置等信息和车载传感器感知的数据，并自动连接建立起一个移动的网络。典型的应用包括行驶安全预警、交叉路口协助驾驶、交通信息发布以及基于通信的纵向车辆控制等。

4. 车载网络技术

目前汽车上广泛应用的网络有 CAN、LIN 和 MOST 总线等，它们的特点是传输速率小、带宽窄。随着越来越多的高清视频应用进入汽车，如先进驾驶辅助系统（ADAS）、360°全景泊车系统和蓝光 DVD 播放系统等，它们的传输速率和带宽已无法满足需要。以太网最有可能进入智能网联汽车环境下工作，它采用星形连接架构，每一个设备或每一条链路都可以专享 100M 带宽，且传输速率达到万兆级。同时以太网还可以顺应未来汽车行业的发展趋势，即开放性兼容性原则，从而可以很容易地将现有的应用嵌入到新的系统中。

5. 先进驾驶辅助技术

先进驾驶辅助技术通过车辆环境感知技术和自组织网络技术对道路、车辆、行人、交通标识、交通信号等进行检测和识别，对识别信号进行分析处理，传输给执行机构，保障车辆安全行驶。先进驾驶辅助技术是智能网联汽车重点发展的技术，其成熟程度和使用多少代表了智能网联汽车的技术水平，是其他关键技术的具体应用体现。

6. 信息融合技术

信息融合技术是指在一定准则下利用计算机技术对多源信息分析和综合以实现不同应用的分类任务而进行的处理过程。该技术主要用于对多源信息进行采集、传输、分析和综合，将不同数据源在时间和空间上的冗余或互补信息依据某种准则进行组合，产生出完整、准确、及时、有效的综合信息。智能网联汽车采集和传输的信息种类多、数量大，必须采用信息融合技术才能保障实时性和准确性。

7. 信息安全与隐私保护技术

智能网联汽车接入网络的同时，也带来了信息安全的问题。在应用中，每辆车及其车主的信息都将随时随地地传输到网络中被感知，这种暴露在网络中的信息很容易被窃取、干扰甚至修改等，从而直接影响智能网联汽车体系的安全。因此在智能网联汽车中，必须重视信息安全与隐私保护技术的研究。

8. 人机界面技术

人机界面技术，尤其是语音控制、手势识别和触摸屏技术，在全球未来汽车市场上将被大量采用。不同国家汽车人机界面技术发展重点也不同，美国和日本侧重于远程控制，主要通过呼叫中心实现；德国则把精力放在车主对车辆的中央控制系统，主要是奥迪的 MMI、宝马的 iDrive、奔驰的 COMMAND。我国在智能网联汽车人机界面的设计方面，其最终目的在于提供好的用户体验，增强用户的驾驶乐趣或驾驶过程中的操作体验。它更加注重驾驶的安全性，这样使得人机界面的设计必须在好的用户体验和安全之间做平衡，很大程度上安全

始终是第一位的。智能网联汽车人机界面应集成车辆控制、功能设定、信息娱乐、导航系统、车载电话等多项功能，方便驾驶人快捷地从中查询、设置、切换车辆系统的各种信息，从而使车辆达到理想的运行和操纵状态。未来车载信息显示系统和智能手机将无缝连接，人机界面提供的输入方式将会有多种选择，通过使用不同的技术允许消费者能够根据不同的操作、不同的功能进行自由切换。

7.5 智能网联汽车技术分级

各国对智能网联汽车的技术分级是不完全相同的，美国分为5级，德国分为3级，我国分为5级。

知识点1　美国关于智能网联汽车的技术分级

美国国家公路交通安全管理局（NHTSA）分以下5级定义汽车的自动化等级。

（1）无自动驾驶阶段（0级）　在无自动驾驶阶段，驾驶人拥有车辆的全部控制权，在任何时刻，驾驶人都单独控制汽车的运动，包括制动、转向、加速和减速等。

（2）驾驶人辅助阶段（1级）　在驾驶人辅助阶段，驾驶人拥有车辆的全部控制权。车辆具备一种或多种辅助控制技术，例如倒车影像与倒车雷达、电子稳定控制系统、车道偏离报警系统、正面碰撞预警系统、定速巡航系统以及汽车并线辅助系统等。这些辅助控制系统独立工作，在特定情况下，通过对车辆运行状况及运行环境的检测，提示驾驶人驾驶相关的信息或警告驾驶人驾驶中可能出现的危险，方便驾驶人在接到提示或警告后及时做出反应。相对于其他发展阶段，这一阶段的技术发展已很成熟，已经成为一些汽车的标准配置，随着成本的降低，其应用范围将逐步扩大。

（3）半自动驾驶阶段（2级）　在半自动驾驶阶段，驾驶人和车辆共享对车辆的控制权。车辆至少有两种先进驾驶辅助系统，而且这些系统能同时工作，例如自适应巡航控制系统和车道保持辅助系统的功能结合，在一定程度上协助驾驶人控制车辆。这一阶段也是当前处于并在快速发展的阶段，未来几年中，将有更多的先进驾驶辅助系统应用在量产车上，如图7-28所示的基于深度学习的车辆识别。

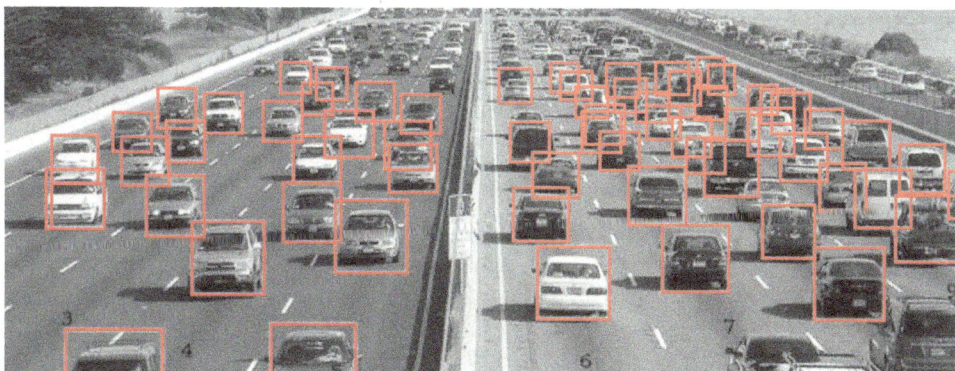

图7-28　基于深度学习的车辆识别

2级和1级的主要的区别是，2级在特殊操纵条件下，自动操纵模式可以让驾驶人脱离对汽车的操纵，而1级在任何条件下都不能离开驾驶人对汽车的操纵。

（4）高度自动驾驶阶段（3级）　在高度自动驾驶阶段，车辆和驾驶人共享对车辆的控制权。在特定的道路环境下（高速公路、城郊或市区），驾驶人完全不用控制车辆，车辆完全自动行驶，而且可以自动检测环境的变化以判断是否返回驾驶人驾驶模式。现阶段已经提出的高度自动驾驶技术有堵车辅助系统、高速公路自动驾驶系统和泊车引导系统等。目前，高度自动驾驶技术尚未应用在量产车型上，在未来几年，部分技术的量产将会实现。

3级和2级的主要区别是，3级在自动驾驶条件下，驾驶人不必时常监视道路，而且以自动驾驶为主，驾驶人驾驶为辅；2级在自动驾驶条件下，驾驶人必须监视道路，而且以驾驶人驾驶为主，自动驾驶为辅。

（5）完全自动驾驶阶段（4级）　在完全自动驾驶阶段，车辆拥有车辆的全部控制权，驾驶人在任何时候都不能获得控制权。驾驶人只需提供目的地信息或者进行导航输入，整个驾驶过程无须驾驶人参与。车辆能在全工况全天候环境下完全掌控所有与安全有关的驾驶功能，并监视道路环境。完全自动驾驶的实现将意味着自动驾驶汽车真正驶入了人们的生活，也将使驾驶人从根本上得到解放。驾驶人可以在车上从事其他活动，如上网、办公、娱乐和休息等。完全自动驾驶汽车还要受到政策、法律等相关条件的制约，真正量产还任重而道远。

驾驶级别越高，应用的先进驾驶辅助系统越多，车辆系统的集成与融合度越高，软件控制的重要性越高。

知识点2　德国关于智能网联汽车的技术分级

德国联邦公路研究院把智能网联汽车发展划分为3个阶段，即部分自动驾驶、高度自动驾驶以及最终的完全自动驾驶。

（1）部分自动驾驶阶段　在部分自动驾驶阶段，驾驶人需要持续监控车辆驾驶辅助系统的提示，车辆无法做出自主动作。

（2）高度自动驾驶阶段　在高度自动驾驶阶段，驾驶人不再需要对驾驶辅助系统持续监控，驾驶辅助系统可以在某些状态下暂时代替驾驶人做出一定的动作，并且能由驾驶人随时接管对车辆的操控。

（3）完全自动驾驶阶段　在完全自动驾驶阶段，真正实现无人驾驶的状态。

知识点3　我国关于智能网联汽车的技术分级

我国把智能网联汽车发展划分为5个阶段，即辅助驾驶阶段（DA）、部分自动驾驶阶段（PA）、有条件自动驾驶阶段（CA）、高度自动驾驶阶段（HA）和完全自动驾驶阶段（FA）。

（1）辅助驾驶阶段（DA）　通过环境信息对行驶方向和加减速中的一项操作提供支援，其他驾驶操作都由驾驶人完成。适用于车道内正常行驶，高速公路无车道干涉路段行驶，无换道操作等。

（2）部分自动驾驶阶段（PA）　通过环境信息对行驶方向和加减速中的多项操作提供支援，其他驾驶操作都由驾驶人完成。适用于变道以及泊车、环岛等市区简单工况；还适用于高速公路及市区无车道干涉路段进行换道、泊车、环岛绕行、拥堵跟车等操作。

（3）有条件自动驾驶阶段（CA）　由无人驾驶系统完成所有驾驶操作，根据系统请求，

驾驶人需要提供适当的干预。适用于高速公路正常行驶工况；还适用于高速公路及市区无车道干涉路段进行换道、泊车、环岛绕行、拥堵跟车等操作。

（4）高度自动驾驶阶段（HA）　由无人驾驶系统完成所有驾驶操作，特定环境下系统会向驾驶人提出响应请求，驾驶人可以对系统请求不进行响应。适用于有车道干涉路段（交叉路口、车流汇入、拥堵区域、人车混杂交通流等市区复杂工况）进行的全部操作。

（5）完全自动驾驶阶段（FA）　无人驾驶系统可以完成驾驶人能够完成的所有道路环境下的操作，不需要驾驶人介入。适用于所有行驶工况下进行的全部操作。

无论怎样分级，从驾驶人对车辆控制权角度来看，可以分为驾驶人拥有车辆全部控制权、驾驶人拥有部分车辆控制权、驾驶人不拥有车辆控制权三种形式。其中驾驶人拥有部分车辆控制权时，根据车辆 ADAS 的配备和技术成熟程度，决定驾驶人拥有车辆控制权的多少，ADAS 装备越多，技术越成熟，驾驶人拥有车辆控制权越少，车辆自动驾驶程度越高。

7.6　智能网联汽车的应用

智能网联汽车在驾驶辅助、商业运输、节能环保、商务办公、信息娱乐等方面有着广泛的应用前景。

知识点 1　在驾驶辅助方面的应用

驾驶辅助是智能网联汽车最主要的功能，它是主要为提高驾驶的安全性和舒适性从而提醒驾驶人或执行器介入汽车操纵的一项技术的总称。驾驶辅助系统分为网联式驾驶辅助系统和自主式驾驶辅助系统。

网联式驾驶辅助系统是基于车与外界的通信互联完成环境感知，通过云端大数据进行分析决策的驾驶辅助系统，主要应用在交通信息提示等方面。

自主式驾驶辅助系统是基于车载传感器完成环境感知，通过车载控制系统进行数据分析并决策的辅助驾驶系统。如图 7-29 所示，自主式驾驶辅助系统按照不同的功能分为避险辅助类、视野改善类、倒车/泊车辅助类以及驾驶人状态监测类。避险辅助类先进驾驶辅助系统主要有汽车自适应巡航控制（ACC）系统、车道偏离预警（LDW）系统、车道保持辅助（LKA）系统、汽车并线辅助系统、汽车自动制动辅助（AEB）系统等；视野改善类先进驾驶辅助系统主要有汽车自适应前照明系统、汽车夜视辅助系统、汽车平视显示系统等；

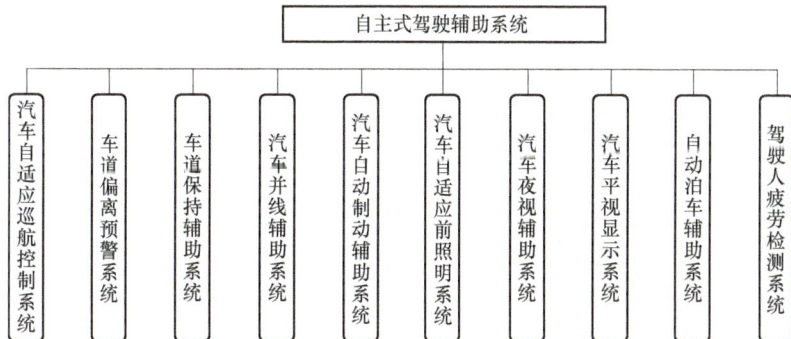

图 7-29　驾驶辅助系统

倒车/泊车辅助类先进驾驶辅助系统主要有倒车影像监视系统、全方位车身影像系统、自动泊车辅助系统；驾驶人状态监测类先进驾驶辅助系统主要有驾驶人疲劳检测系统等。

1. 避险辅助类

（1）汽车自适应巡航控制（ACC）系统 汽车自适应巡航控制系统的原理是通过安装在车辆前端的传感器对行驶道路进行数据采集，通过车辆的轮速传感器采集车速数据，ACC系统的电子控制单元将采集到的数据进行分析处理，通过与车辆ABS系统、发动机控制系统、自动变速器控制系统协调动作对车辆的速度进行控制，使车辆与前车之间始终保持安全距离，如图7-30所示。

图 7-30　汽车自适应巡航控制系统

如图7-31所示，汽车的ACC系统主要是由信息感知单元、电子控制单元、执行单元及人机交互界面组成。

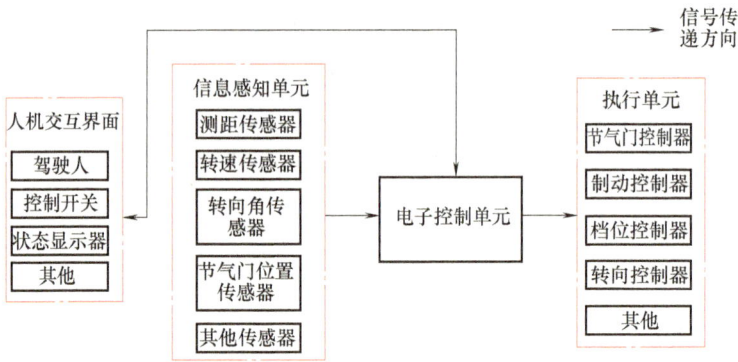

图 7-31　汽车自适应巡航控制系统组成

1）信息感知单元。信息感知单元主要作用是为电子控制单元提供数据信息。它包含了测距传感器、转速传感器、转向角传感器、节气门位置传感器和其他传感器等。测距传感器一般采用激光雷达或毫米波雷达，主要用于测量车间距离信息；转速传感器一般采用霍尔式传感器，主要用于获取车辆实时速度信息；转向角传感器主要用于获取车辆转向信息；节气门位置传感器主要用于获取节气门开度信息。

2）电子控制单元。电子控制单元根据驾驶人提前设定的车距与速度等信息，结合信息感知单元采集的信息分析车辆实时的信息状态，决策出车辆的控制作用并输出给执行单元。

3）执行单元。执行单元是ECU发出的指令，主要包括节气门控制器、制动控制器、档

位控制器和转向控制器等。节气门控制器用于控制节气门的开度从而控制车辆行驶的速度；制动控制器主要用于紧急情况下的车辆紧急制动；档位控制器主要用于车辆变速器的档位控制；转向控制器主要用于控制汽车行驶的方向。

4）人机交互界面。人机交互界面是用于显示系统状态信息及驾驶人对系统参数的设定。驾驶人通过人机交互界面对 ACC 系统启动与关闭、设定 ACC 系统速度参数和车距参数等，同时 ACC 系统可将车辆实时信息显示出来，如果出现特殊情况可起到警示作用。

【温馨提示】

汽车自适应巡航控制系统组成视频请扫教学资源 7.12 对应的二维码▨进行观看。

（2）车道偏离预警（LDW）系统　车道偏离预警系统是通过报警或者振动等方式辅助驾驶人减少汽车因为车道偏离而发生交通事故的系统。其工作原理是利用安装在汽车上的图像采集模块获取车辆前方的道路信息，控制单元进行图像分析处理从而获得汽车在当前车道的位置参数，同时车辆状态传感器采集车辆的速度、转向等状态信息输出给控制单元，控制单元结合各道路信息和车辆状态信息通过算法分析车辆是否发生车道偏离。

如图 7-32 所示，车道偏离预警系统主要是由信息采集单元、电子控制单元及人机交互单元组成。

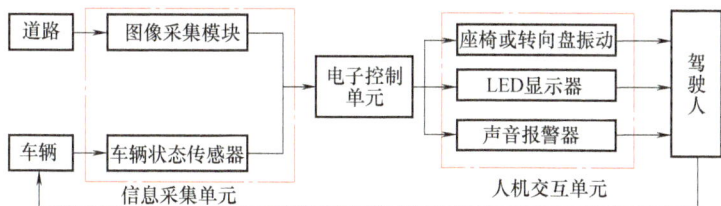

图 7-32　车道偏离预警系统组成

1）信息采集单元。信息采集单元包括了图像采集模块和车辆状态传感器。图像采集模块主要用于车辆前方的道路图像和环境信息采集，并将模拟的视频信号转换为数字视频信号；车辆状态传感器主要用于采集车速、车辆转向等车辆运动参数。

2）电子控制单元。电子控制单元主要用于数字图像处理、车辆状态分析以及决策控制等，从而判断车辆是否偏离车道，如果发生偏离，则发出报警信号。

3）人机交互单元。人机交互单元包括座椅或转向盘振动、LED 显示器以及声音报警器等，它的主要作用是向驾驶人报告当前车辆行驶状态。

（3）车道保持辅助（LKA）系统　车道保持辅助系统是在车道偏离预警系统的基础上对转向和制动系统协调控制，使汽车保持在预定的车道上行驶，减轻驾驶人的负担，防止驾驶失误的系统。它的工作原理与车道偏离预警系统相似，主要利用图像采集模块采集道路图像信息，利用车辆状态传感器采集车辆车速、转向等运动信息，电子控制单元对各项信息进行结合分析并做出决策控制。

如图 7-33 所示，车道保持辅助系统主要是由信息采集单元、电子控制单元及执行单元组成。

1）信息采集单元。信息采集单元包括了图像采集模块和车辆状态传感器。图像采集模

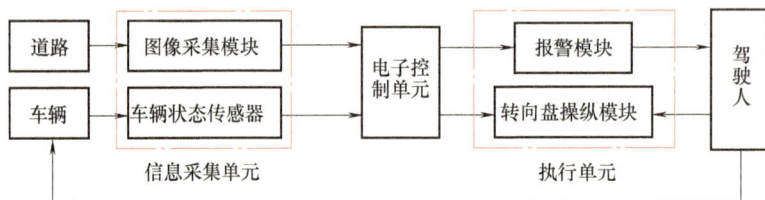

图 7-33　车道保持辅助系统组成

块主要用于车辆前方的道路图像和环境信息采集，并将模拟的视频信号转换为数字视频信号；车辆状态传感器主要用于采集车速、车辆转向等车辆运动参数。

2）电子控制单元。电子控制单元主要用于数字图像处理、车辆状态分析以及决策控制等，从而把控制指令发送给执行单元。

3）执行单元。执行单元是执行电子控制单元的指令，实施报警或转向盘操纵。

（4）汽车并线辅助系统　汽车并线辅助系统也称盲区监测系统，它是通过车载传感器检测后方来车，在左右两个后视镜内或者其他地方提醒驾驶人后方安全范围内有无来车，从而消除视线盲区，提高行车安全。它的工作原理是通过安装在车辆尾部或安装在侧方的传感器检测后方来车或行人，传感器有视觉传感器、激光雷达等，电子控制单元对于传感器采集的信息进行分析处理，如果盲区内有车辆或行人，预警显示单元发出报警。

对于智能网联汽车，也可以采用 V2V 和 V2I 之间通信，告知驾驶人盲区内是否有车辆或行人。

如图 7-34 所示，汽车并线辅助系统由信息采集单元、电子控制单元及预警显示单元构成。

图 7-34　汽车并线辅助系统组成

1）信息采集单元。信息采集单元是利用传感器检测汽车盲区里是否有行人或其他行驶车辆，并把采集到的有用信息传输给电子控制单元，传感器有超声波传感器、摄像头或探测雷达等。

2）电子控制单元。电子控制单元对采集到的信息进行分析判断，向预警显示单元发送信息。

3）预警显示单元。预警显示单元接收电子控制单元的信息，如果有危险则发出预警显示，此时不可变道。

汽车并线辅助系统的传感器一般安装在后保险杠两侧，可以实现盲区检测、并线辅助和倒车辅助。

（5）汽车自动制动辅助（AEB）系统　汽车自动制动辅助系统是预知潜在的碰撞危险并及时通知驾驶人，而且在必要的情况下，此系统会自动控制制动踏板完成制动操作，以避免或减轻碰撞伤害。它的工作原理是利用测距传感器测出与前车或者障碍物的距离，然后利用电子控制单元将测出的距离与报警距离、安全距离等进行比较，小于报警距离时就进行报警提示，而小于安全距离时即使在驾驶人没来得及踩制动踏板的情况下，AEB 系统也会启动，使汽车自动制动。

如图 7-35 所示，AEB 系统主要由行车环境信息采集单元、电子控制单元及执行单元组成。

1）行车环境信息采集单元。行车环境信息采集单元由测距传感器、车速传感器、节气门传感器、制动传感器、转向传感器、路面选择按钮等组成。测距传感器常用的有超声波测距、毫米波雷达测距、激光测距、红外线测距和视频传感器测距，主要用来检测本车与前方目标的相对距离以及相对速度；车速传感器用来检测本车的速度；节气门传感器用来检测驾驶人在收到系统提醒报警后是否及时松开节气门，对本车采取减速

图 7-35　汽车自动制动辅助系统组成

措施；制动传感器用来检测驾驶人是否踩下制动踏板，对本车采取制动措施；转向传感器用来检测车辆目前是否正处于弯道路面行驶或者处于超车状态，系统凭此来判断是否需要进行报警抑制；路面选择按钮是为了方便驾驶人对路面状况信息进行选择，从而方便系统对报警距离的计算。需要采集的信息因系统不同而不同。所有采集到的信息都将被送往电子控制单元。

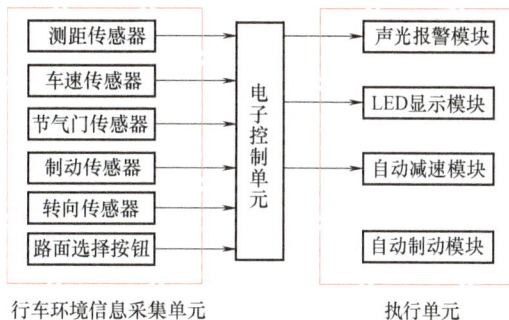

2）电子控制单元。电子控制单元接收行车环境信息采集单元的检测信号后，综合收集到的数据信息，依照一定的算法程序对车辆行驶状况进行分析计算，判断车辆所适用的预警状态模型，同时对执行单元发出控制指令。

3）执行单元。执行单元可以由多个模块组成，如声光报警模块、LED 显示模块、自动减速模块和自动制动模块等，根据系统不同而不同。它用来接收电子控制单元发出的指令，并执行相应的动作，达到预期的预警效果，实现相应的车辆的制动功能。

当检测到存在发生碰撞风险时，通过 V2V、V2I 通信系统向车辆发送危险信息，如障碍物的位置、速度、行驶方向等，帮助避免发生车辆之间、车辆与其他障碍物之间的碰撞，并避免与相邻车道上变更车道的车辆发生横向碰撞等。

【温馨提示】

汽车自动制动辅助系统组成与控制原理视频请扫教学资源 7.13 对应的二维码进行观看。

2. 视野改善类

视野改善是指提高在视野较差环境下的行车安全。视野改善类先进驾驶辅助系统主要有汽车自适应前照明系统、汽车夜视辅助系统、汽车平视显示系统等。

（1）汽车自适应前照明系统　汽车自适应前照明系统（Adaptive Front Lighting System，AFS）是一种照明装置，它能够根据天气情况、外部光线、道路状况以及行驶信息来自动改变前照明系统的工作模式，调整照射光线的光形，消除因为夜间或者能见度低时转弯或者其他特殊行驶条件下带来的视野暗区，能够为驾驶人提供更宽范围、更为可靠的照明视野，保证驾驶人和道路行人的安全。汽车 AFS 是未来汽车前照明系统的主要发展方向。

图 7-36 所示为汽车有无 AFS 照明效果对比。可以看出，AFS 的转向灯能够根据转向盘的角度转动，把有效的光束投射到驾驶人需要看清的前方路面上。

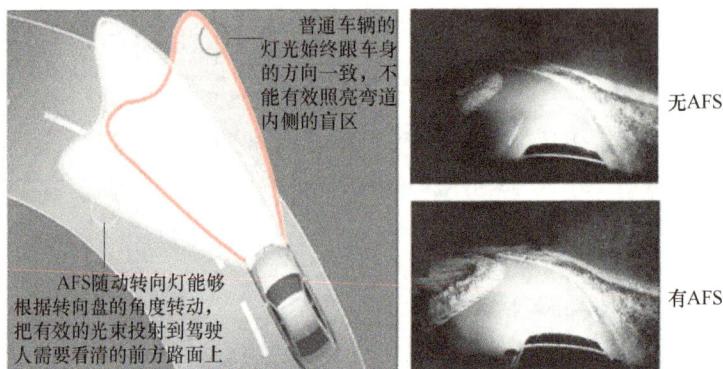

普通车辆的灯光始终跟车身的方向一致，不能有效照亮弯道内侧的盲区

无AFS

有AFS

AFS随动转向灯能够根据转向盘的角度转动，把有效的光束投射到驾驶人需要看清的前方路面上

图 7-36　汽车有无 AFS 照明效果对比

汽车自适应前照明系统主要由传感器单元、CAN 总线传输单元、控制单元（ECU）和执行单元等组成，如图 7-37 所示。

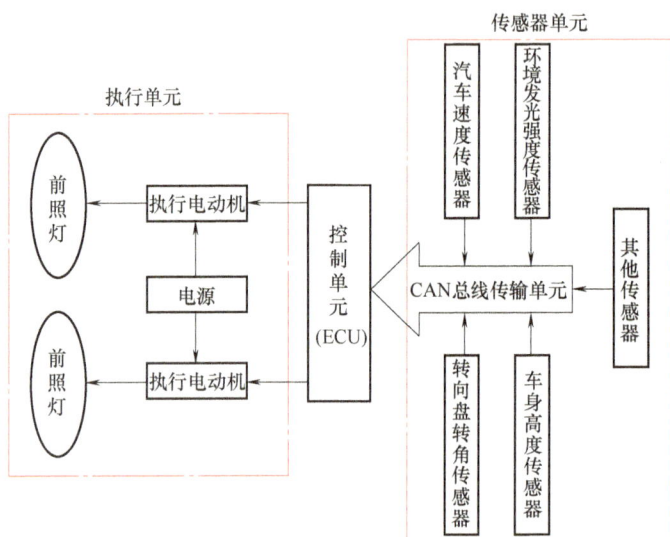

图 7-37　AFS 组成结构示意图

1）传感器单元。传感器单元是采集车辆当前信息（如车速、车辆姿态、转向角度等）和外部环境（如弯道、坡度和天气等）的变化信息，包括汽车速度传感器、转向盘转角传感器、环境发光强度传感器、车身高度传感器、位置传感器等。

2）CAN 总线传输单元。CAN 总线传输单元负责把各种传感器采集的信息传输给控制单元，实现内部控制与各种传感器检测以及执行机构之间的数据通信。

3）控制单元（ECU）。控制单元需要对车辆行驶状态做出综合判断，输出脉冲变量给执行单元。

4）执行单元。控制单元输出信号给执行单元的执行电动机，调节前照灯的照射距离和角度，为驾驶人提供更广阔的视野，保障行车安全。

汽车自适应前照明系统实现的基本原理是，通过安装在车辆上的车速、姿态、转角、位置等传感器采集汽车动态信号参数，经过控制单元的分析判断和算法运算并产生控制信号，

执行单元控制前照明系统运转。系统主要功能按以下方法实现：

① 系统通过开关器件获取功能开关信号，通过轮速传感器获取车速信号，通过转向盘转角传感器获取转角信号，通过车身高度传感器获取姿态信号等。经过巡检算法判断，如果前照灯需要进行转动，系统会根据角度算法计算出需要转动的角度，通过控制单元输出控制信号控制水平和垂直安装的步进电机转动，最后通过机械传动机构实现前照灯转动，让照明光束始终与道路保持一致，这样驾驶人能够清楚地看到即将出现的弯道上的路况，以便及时采取预防或者紧急避险。

② 系统通过获取前照灯开关器件信号和环境发光强度传感器的光照强度信号，对前照灯开关进行控制，系统会设置一个光照阈值。当光照强度小于阈值时，系统自动延时打开前照灯；当光照强度大于阈值时，系统自动延时关闭前照灯。

③ 系统在前照灯初始化置位时，通过获取霍尔式传感器的位置信号，判断前照灯实际运行的角度与控制单元输出角度之间的误差。如果误差不大，通过角度 PD 调节算法对误差进行调节；如果误差过大，说明前照灯出现了故障，系统会产生故障报警信号提醒驾驶人前照灯出现故障。

④ 系统通过液晶显示装置实时显示系统的工作状态，包括车速状态、转向盘转角状态、车灯转角状态等。

(2) 汽车夜视辅助系统　汽车夜视辅助系统是一种利用红外线技术，辅助驾驶人在黑夜中看清道路、减少事故发生、增强主动安全的系统，如图 7-38 所示。

图 7-38　汽车夜视辅助系统

按照工作原理不同，汽车夜视辅助系统可分为汽车主动夜视辅助系统和汽车被动夜视辅助系统，主要采用主动红外成像技术和热成像技术。两者的区别在于：主动红外成像技术是把目标物体反射或自身辐射的红外辐射图像，转换成人眼可观察的图像；而热成像技术则是基于目标与背景的温度及辐射率的差别，利用辐射测温技术对目标逐点辐射强度，而形成可见的目标热图像。

汽车主动夜视辅助系统主要由红外发射单元、红外成像单元、电子控制单元和图像显示单元等组成，如图 7-39 所示。

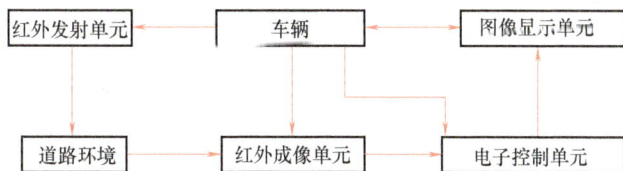

1）红外发射单元。红外发射单元位于两个前照灯内，当它被激

图 7-39　汽车主动夜视辅助系统组成

活时，产生的红外线用于照射车辆前方区域，相应的夜视图等同于在远光灯下透过风窗玻璃所见到的情景。

2）红外成像单元。红外成像单元主要是红外图像摄像头，记录车辆前方区域内的图像，并提供其探测范围内是否存在行人或障碍物的信息，然后通过数字视频线将数据发送给 ECU。

3）电子控制单元。ECU 分析红外成像单元传来的数据，再通过集成化数据处理，将画面传输给图像显示单元，其中识别的行人和动物以高亮度显示。一般对于数字化的 CCD 摄像头，采集到信号后，会进行必要的去噪声、信号增强等处理，然后再送给图像显示单元。

4）图像显示单元。图像显示单元接收电子控制单元传来的信号并显示，驾驶人就可以清晰地看到前照灯照射范围之外的景物，避免出现意外。

汽车被动夜视辅助系统没有红外发射单元，主要由红外成像单元、电子控制单元和图像显示单元等组成。

汽车主动夜视辅助系统主要由红外发射装置发射一定强度的红外波束，利用图像传感器感应从目标物体上反射回来的红外波束，并把图像显示在车载显示屏上。

汽车被动夜视辅助系统利用自然界绝大多数物体的温度都大于绝对温度的原理，此情况下的物体都会向外发射一定波长的红外光束，其光谱处于 $3\mu m$ 以上范围，由于所发射红外光束的能量很弱，需要利用昂贵的专用红外图像传感器来感知目标物，主要用于军事方面。

(3) 汽车平视显示系统　汽车平视显示系统（Head up Display，HUD）也称抬头显示系统，它是利用光学反射原理，将汽车驾驶辅助信息、导航信息、检查控制信息以及 ADAS 信息等以投影方式显示在风窗玻璃上或约 2m 远的前方、发动机罩尖端的上方，阅读起来非常舒适，同时还可以显示来自各个驾驶辅助系统的警告信息，例如车道偏离警告、来自带行人识别功能的夜视辅助系统的行人避让警告等，避免驾驶人在行车过程中频繁低头看仪表或车载屏幕，对于行车安全起着很好的辅助作用。

汽车平视显示系统如图 7-40 所示。图中 80km/h 表示当前车速，100m 表示前方 100m 左转。

汽车平视显示系统主要由图像源、光学系统和图像合成器等组成。图像源一般采用液晶显示屏，实现 HUD 系统的各种功能，并输出视频信号。光学系统将视频信号投射出去，并且可以调节大小、位置等参数。一般将前风窗玻璃作为图像合成器，把

图 7-40　汽车平视显示系统

外部景物信息和内部投影信息合成到一起。投射的图像在风窗玻璃上发生反射，以达到和前方路况信息叠加、融合的效果。

因此，带平视显示系统的车辆安装的是特设的前风窗玻璃，其与传统前风窗玻璃的区别在于前风窗玻璃的两侧扁平玻璃中间的 PVB（聚乙烯醇缩丁醛）膜的厚度不是恒定不变的，而是略微呈楔形，这样的结构使驾驶人不会看到重影。

【温馨提示】

汽车平视显示系统组成与工作原理视频请扫教学资源 7.14 对应的二维码  进行观看。

3. 倒车/泊车辅助类

倒车/泊车辅助是指辅助驾驶人进行倒车、泊车操作，防止在该过程中发生碰撞危险。倒车/泊车辅助类先进驾驶辅助系统主要有倒车影像监视系统、全方位车身影像系统、自动泊车辅助系统等。

自动泊车辅助（Park Assist，PA）系统是利用车载传感器探测有效泊车空间并辅助控制车辆完成泊车操作的一种汽车先进驾驶辅助系统，如图 7-41 所示。

图 7-41　自动泊车辅助系统

自动泊车辅助系统主要由信息检测单元、电子控制单元和执行单元等组成，如图 7-42 所示。

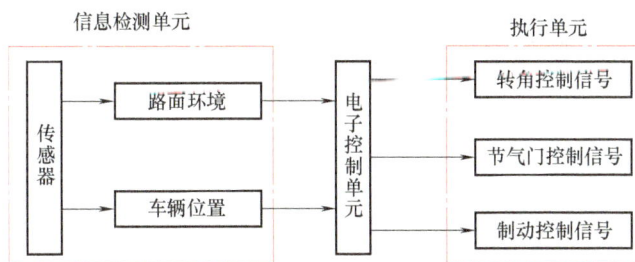

图 7-42　自动泊车辅助系统组成

信息检测单元是自动泊车辅助系统的耳目，利用摄像头或雷达传感器等对路面环境和车辆位置等进行检测，可采集图像数据及周围物体距车身的距离数据，并通过数据线传输给电子控制单元。

电子控制单元是自动泊车辅助系统的核心，将信息检测单元上传的数据进行分析处理后，得出汽车的当前位置、目标位置以及周围的环境参数，依据这些参数做出自动泊车策略，并将其转换成电信号。

执行单元接收电子控制单元的指令，精确控制转向盘的转动、节气门和制动的运动，以使汽车能准确跟踪路径，并随时准备接收中断以紧急停车。

自动泊车辅助系统工作原理是通过车载传感器扫描汽车周围环境，通过对环境区域的分析和建模，搜索有效泊车位，当确定目标车位后，系统提示驾驶人停车并启动自动泊车程序，根据所获取的车位大小、位置信息，由程序计算泊车路径，然后自动操纵汽车泊车入位。

【温馨提示】

汽车自动泊车辅助系统组成与工作原理视频请扫教学资源 7.15 对应的二维码 进行观看。

4. 驾驶人状态监测类

驾驶人状态监测是通过监测驾驶人自身的身体状态及驾车行为，以保证驾驶人处于安全健康的驾车状态。

驾驶人疲劳检测系统是指驾驶人精神状态下滑或进入浅层睡眠时，系统会依据驾驶人精神状态指数分别给出语音提示、振动提醒、电脉冲警示等，警告驾驶人已经进入疲劳状态，需要休息，如图 7-43 所示。其作用就是监视并提醒驾驶人自身的疲劳状态，减少驾驶人疲劳驾驶的潜在危害。

驾驶人疲劳检测系统一般由信息采集单元、电子控制单元和预警显示单元等组成，如图 7-44 所示。

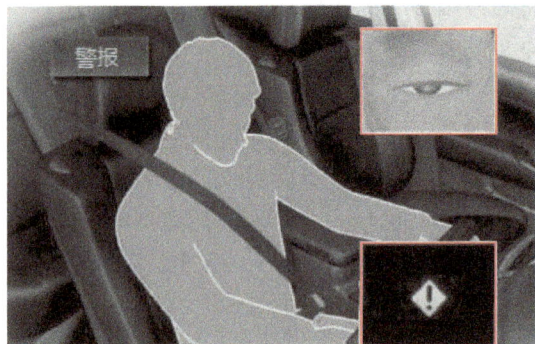

图 7-43　驾驶人疲劳检测系统

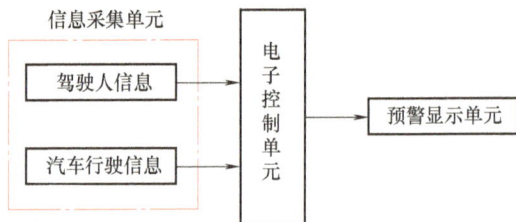

图 7-44　驾驶人疲劳检测系统组成

信息采集单元主要利用传感器采集驾驶人信息和汽车行驶信息（驾驶人信息包括驾驶人的面部特征、眼部信号、头部运动性等）。汽车行驶信息包括转向盘转角、行驶速度、行驶轨迹等，这些信息的采集取决于系统的设计。

电子控制单元接收信息采集单元传送的信号，进行运算分析，判断驾驶人疲劳状态，如果经计算分析发现驾驶人处于一定的疲劳状态，则向预警显示单元发出信号。

预警显示单元根据 ECU 传递的信息，通过语音提示、振动提醒、电脉冲警示等方式对驾驶人疲劳进行预警。

知识点 2　在商业运输方面的应用

智能网联汽车作为信息化与工业化深度融合的重要领域，新产品、新业态、新模式不断涌现，具有巨大的产业发展潜力和应用市场空间。对于带动传统汽车行业、交通行业和电子信息行业的产业转型升级、系统创新和融合发展具有深远的意义。

随着当前技术的快速演进以及产业的加速布局，智能网联汽车需要探索新的商业模式与之配合才能发挥作用，取得更多实质性的成果。

1. 智能网联汽车商业模式新兴应用场景的探索

当前复杂城市道路上的智能网联汽车自动驾驶还面临道德伦理、法律法规、技术等多层面问题，因此大量自动驾驶公司开始专注于短周期内易实现的应用场景，例如半封闭道路的营运车辆，封闭园区、码头、矿山、港口等场景的低速货运等，同时通过技术迁移逐步扩展到部分高速公路和城区开放道路的应用场景。

在此背景下，智能网联汽车的发展催生了丰富的应用场景，包括 RoboTaxi（自动驾驶出租车）、无人巴士（城市公交、摆渡车、长途客运）、无人物流、干线物流、港口自动驾驶、无人矿车、自主代客泊车、无人环卫等。目前，国家和地方政府为推进智能网联汽车产业发展，陆续开放了园区、城市、港口和矿山道路以及高速公路等交通环境供智能网联汽车企业开展示范运营。

随着智能网联汽车技术与产业的发展，应用场景不断丰富，与之相关的商业模式正在不断更新。行业内新兴企业正在积极探索立足于自动驾驶和相关的增值服务，以软件销售、平台运营等方式提升盈利水平。

当前与智能网联汽车落地应用相关的商业模式包括提供技术方案、提供硬件产品、提供软件产品、提供平台服务、提供数据增值服务以及提供高精度地图等六大类。

1）提供技术方案是指从事智能网联汽车关键技术领域攻关，面向零部件供应商、整车企业和运营方提供自动驾驶、网联通信、安全测评等方面的技术方案。

2）提供硬件产品是指研发并销售智能网联汽车功能实现相关的硬件产品，如人工智能芯片、计算平台、线控机构等。

3）提供软件产品是指开发并销售智能网联汽车操作系统以及功能和应用软件，满足车辆控制、信息娱乐等需求，并提供 OTA（空中下载技术）升级素材。

4）提供平台服务是指通过云平台技术进行智能网联汽车的规划调配等。

5）提供数据增值服务是通过收集用户端数据进行大数据分析，获取价值取向信息。

6）提供高精度地图数据、特定地区交通场景数据等支持自动驾驶功能实现。

2. 智能网联汽车商业运输案例介绍

（1）无人物流 无人物流就是快递全程无人运送，包裹从无人仓库出发，通过无人驾驶的货车被迅速运输到分拨中心，然后运上最后一公里无人配送小车，登上电梯，送到客户手中。

无人物流可以通过小型无人运输车或配送机器人代替人类快递员，从而有效解决短途物流和最后一公里配送中面临的服务需求分散、人力成本高和服务质量难以保障等问题。同时，作为小型低速运输车辆，无人物流配送车辆的技术门槛较低，关键技术和零部件已能够全面实现国产化，保障了产业链安全。其结构如图 7-45 所示。

图 7-45　无人物流配送车

【温馨提示】

无人驾驶物流配送车工作视频请扫教学资源 7.16 对应的二维码 进行观看。

（2）无人矿车　由于矿山通常地处偏僻，工作环境恶劣，不适宜人类驾驶人长时间工作，因而对自动驾驶具备刚性需求。同时矿山环境封闭、车辆行驶路线单一、车速较低等特点也有利于自动驾驶技术的落地应用。自动驾驶矿车队可以根据管理平台智能化的路径调度指令，实现矿车与矿车之间、矿车与电铲间的高效协同，提升作业的安全性与效率，也可以根据管理平台对行驶状态监测数据的分析，实现变速、制动、节气门、转向等系统智能化线控。其外观如图 7-46 所示。

（3）无人巴士　无人巴士是一种通过计算机系统实现无人驾驶的智能汽车。无人巴士依靠人工智能、视觉计算、雷达、监控装置和全球定位系统协同合作，让计算机可以在没有任何人类主动的操作下，自动安全地操作机动车辆。其结构如图 7-47 所示。

图 7-46　无人矿车

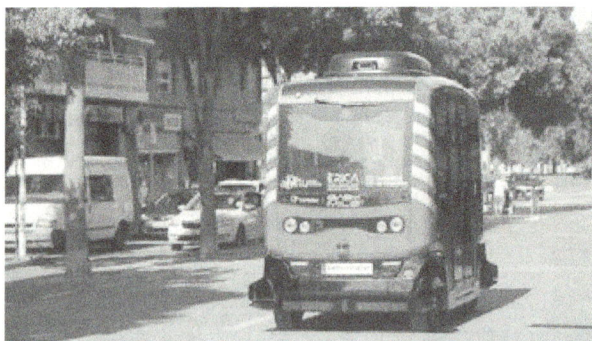

图 7-47　无人巴士

本章小结

1. 智能网联汽车（ICV）是指通过搭载先进传感器、控制器、执行器等装置，并融合现代通信与网络技术，实现车与 X（车、路、人、云端等）智能信息交换、共享，具备复杂环境感知，智能决策，协同控制等功能，可实现"安全、高效、舒适、节能"行驶，并最终可实现替代人来操作的新一代汽车。

2. 智能网联汽车主要由环境感知层、智能决策层及控制和执行层组成。

3. 环境感知层的主要功能是通过车载环境感知技术、卫星定位技术、4G/5G 及 V2X 无线通信技术等，实现对车辆自身属性和车辆外在属性（如道路、车辆和行人等）静、动态信息的提取和收集，并向智能决策层输送信息。

4. 智能决策层的主要功能是接收环境感知层的信息并进行融合，对道路、车辆、行人、交通标志和交通信号等进行识别，决策分析和判断车辆驾驶模式和将要执行的操作，并向控

制和执行层输送指令。

5. 控制和执行层的主要功能是按照智能决策层的指令，对车辆进行操作和协同控制。

6. 智能网联汽车关键技术包含环境感知技术、无线通信技术、智能互联技术、车载网络技术、先进驾驶辅助技术、信息融合技术、信息安全与隐私保护技术、人机界面（HMI）技术等。

7. 智能网联汽车技术在我国分为5级，分别是辅助驾驶阶段（DA）、部分自动驾驶阶段（PA）、有条件自动驾驶阶段（CA）、高度自动驾驶阶段（HA）和完全自动驾驶阶段（FA）。

8. 智能网联汽车在驾驶辅助、商业运输、节能环保、商务办公、信息娱乐等方面有着广泛的应用前景。

思考题

1. 智能网联汽车的定义是什么？
2. 智能网联汽车要实现的最终目的是什么？
3. 智能网联汽车的技术路线有哪几种？分别是什么？
4. 智能网联汽车的系统构成有哪几部分？
5. 智能网联汽车的关键技术是什么？
6. 我国智能网联汽车的技术分级如何？

参 考 文 献

[1] 江境宏，明志茂，赵可沦，等. 动力电池系统检测评价标准体系探讨与检测关键技术分析 [J]. 电子测量技术，2022，45（4）：45-52.

[2] 田丰源，刘江. 固体氧化物燃料电池的制备工艺 [J]. 硅酸盐学报，2021，49（1）：136-152.

[3] 王章杰，黄鹏超. 新能源汽车驱动系统 [M]. 北京：机械工业出版社，2021.

[4] 凌永成. 车载网络技术 [M]. 2版. 北京：机械工业出版社，2021.

[5] 田振芳. 浅析纯电动汽车驱动电机控制系统的控制过程 [J]. 内燃机与配件，2020（6）：84-85.

[6] 于海东. 电动汽车结构原理与维修 [M]. 北京：北京理工大学出版社，2019.

[7] 李仲奎，夏卫群，樊树军，等. 纯电动汽车车身结构特点分析与研究 [J]. 汽车工程学报，2019，9（5）：385-390.

[8] 杨光明，陈忠明. 电动汽车动力电池及管理系统原理与检修 [M]. 北京：化学工业出版社，2019.

[9] 孙伟，蒋世杰，陈闯，等. HNSAE 19003 纯电动汽车轻量化现状及趋势分析：第十六届河南省汽车工程科技学术研讨会论文集 [C]. 郑州：河南省汽车工程学会，2020.

[10] 蔡兴旺，康晓清. 新能源汽车结构与维修 [M]. 2版. 北京：机械工业出版社，2019.

[11] 刘春晖，贺红岩，柳学军. 图解电动汽车结构原理 [M]. 北京：化学工业出版社，2018.

[12] 王洋. 我国新能源汽车企业的竞争战略研究：以 G 汽车公司为例 [D]. 南京：东南大学，2017.

[13] 周华英，陈晓宝. 纯电动汽车结构与原理 [M]. 北京：北京理工大学出版社，2016.

[14] 卢兰光，李建秋，华剑锋，等. 电动汽车锂离子电池管理系统的关键技术 [J]. 科技导报，2016，34（6）：13.

[15] 段敏. 电动汽车技术 [M]. 北京：北京理工大学出版社，2015.

[16] 夏云飞. 层状三元材料 LiNi（0.6）Co（0.2）Mn（0.2）O_2 的烧结工艺及其 Al 离子掺杂改性研究 [D]. 哈尔滨：哈尔滨工业大学，2015.

[17] 崔胜民. 新能源汽车概论 [M]. 2版. 北京：北京大学出版社，2015.

[18] LU L G, HAN X B, LI J Q, et al. A review on the key issues for lithium-ion battery management in electric vehicles [J]. Journal of Power Sources, 2013, 226: 272-288.

[19] 熊田忠. 运动控制技术与应用 [M]. 北京：中国轻工业出版社，2012.